Systèmes alimentaires /
Food Systems

2022, n° 7

Systèmes alimentaires / Food Systems

PARIS
CLASSIQUES GARNIER
2022

La revue *Systèmes alimentaires / Food Systems*, éditée par les éditions Classiques Garnier, Paris, se situe dans le prolongement de la série « Systèmes agroalimentaires » de la revue *Économies et Sociétés* qui a cessé de paraître en décembre 2015. Éditée dans le cadre de la collection *Économies, gestion et sociétés*, elle est publiée en format électronique et sur papier.

Elle accueille des auteurs de disciplines scientifiques variées (économie, gestion, sociologie, anthropologie, histoire, géographie, etc.) s'intéressant à un objet empirique commun, le système alimentaire, dans la perspective du progrès de la connaissance et de l'aide à la décision.

Différents types de textes sont publiés, avec des modalités d'évaluation interne (membres du comité de rédaction – CR) et externe sous anonymat en double aveugle (membres du comité de lecture) conformes au standard académique ambitionné par la série :

- *Articles scientifiques* (5 000 à 7 000 mots, comprenant une revue de la littérature, une méthode d'analyse et un traitement empirique ou une proposition théorique. Les standards académiques devront être respectés).
- *Expertises ou libres propos* (2 000 à 3 000 mots, expertise/point de vue sur une filière, une entreprise, une question de politique publique, etc., ne nécessitant pas une revue approfondie de la littérature mais incluant quelques références essentielles sur le sujet).
- *Notes de lecture* sur un ouvrage scientifique récent ou republié (2 à 4 pages).
- *Comptes rendus de séminaires et colloques* (2 à 4 pages).
- *Dossiers thématiques* : le CR peut inviter des éditeurs (de 1 à 3 scientifiques appartenant à des institutions françaises et étrangères) en vue de constituer un dossier sur un thème spécifique en relation avec les centres d'intérêt de la revue. Le dossier thématique comporte de 3 à 5 articles ou expertises évalués selon les modalités ci-dessus et une introduction générale préparée par les éditeurs invités, révisée par le seul CR. Dans un objectif de renouvellement des thèmes et des équipes, les éditeurs invités changent d'un numéro à l'autre. Un éditeur invité une première fois ne peut l'être à nouveau avant 3 ans.
- *Textes d'auteurs invités* : le CR a la faculté de solliciter des auteurs reconnus par la communauté scientifique internationale en vue d'une contribution sous forme de synthèse théorique et/ou empirique de leurs travaux (4 000 à 6 000 mots), révisés par le seul CR.
- *Discutants* : le CR a également la possibilité de publier les commentaires qu'il aurait reçus (sous réserve qu'ils respectent les standards académiques et n'excèdent pas 1 000 mots) sur les publications de la revue, avec droit de réponse du ou des auteurs.

Les tapuscrits sont à adresser au secrétariat (revue-essa@supagro.fr) en précisant la formule retenue. Une notice éditoriale plus complète sera adressée aux auteurs des publications acceptées.

The journal *Systèmes alimentaires / Food Systems*, published by Classiques Garnier, Paris, is continuing the series "Agrifood systems" of the *Économies et Sociétés* journal until 2015. As part of of the *Economics, Management and Societies* collection, it is published in electronic and paper format.

It hosts authors from different scientific disciplines (economics, management, sociology, anthropology, history, geography, etc.), interested in a common empirical object, the food system, with the prospect of advancing knowledge and help the decision.

Different types of texts are published, with modalities of internal (members of the editorial board–EB) and external review under anonymity in double blind (members of the reading committee) according to the academic standard sought by the journal :

- *Scientific articles* (5,000 to 7,000 words, including a review of the literature, a method of analysis and an empirical treatment or a theoretical proposal). Academic standards must be respected.
- *Expertises* (2,000 to 3,000 words, expertise / point of view on a sector, a company, a public policy issue, etc., which does not require a thorough review of the literature but includes some essential references on the subject).
- *Reading notes* on a recent or republished scientific work (2 to 4 pages).
- *Reports of seminars and symposia* (2 to 4 pages).
- *Thematic files* : the EB can invite editors (from 1 to 3 scientists belonging to French and foreign institutions) to form a dossier on a specific theme related to the interests of the journal. The thematic dossier contains 3 to 5 articles or assessments evaluated according to the above modalities and a general introduction prepared by the invited editors, revised only by the EB. In order to renew themes and teams, guest editors change from one issue to another. A invited publisher cannot be again before 3 years.
- *Invited authors* : The EB has the possibility to solicit authors recognized by the international scientific community for a contribution in the form of theoretical and / or empirical synthesis of their works (4,000 to 6,000 words), revised only by the EB.
- *The discussants* : The EB also has the possibility to publish the comments which it would have received (under reserve that they respect the academic standards and do not exceed 1,000 words) on the publications of the journal, with right of reply of the author(s).

Proposals will be sent to the secretariat of the journal (revue-essa@supagro.fr) specifying the formula chosen. Once papers are accepted, authors will receive full editorial details.

ISBN 978-2-406-14228-7
ISSN 2555-4670

SOMMAIRE

AUTEURS INVITÉS

ARTICLES

DOSSIER THÉMATIQUE

ENTREPRENEURIAT ET INNOVATIONS AGRICOLES

CHRONIQUE DES CHERCHEURS

REGARDS CROISÉS SUD ET NORD SUR LES SYSTÈMES ALIMENTAIRES

ACTUALITÉS SCIENTIFIQUES

NOTES DE LECTURE

CONTENTS

GUEST AUTHORS

ARTICLES

THEMATIC FILE

ENTREPRENEURSHIP AND AGRICULTURAL INNOVATIONS

RESEARCHER'S CHRONICLE

SOUTHERN AND NORTHERN CROSS SIGHTS ON FOOD SYSTEMS

SCIENTIFIC NEWS

BOOK REVIEWS

ÉDITORIAL

Pour une sécurité alimentaire durable : refonder la gouvernance de nos systèmes alimentaires

Jean-Louis Rastoin
Institut Agro Montpellier
UMR MoISA

Dans le monde entier, des initiatives pour une alimentation plus durable foisonnent. Elles résultent d'une double prise de conscience. D'une part, qu'une bonne alimentation est un élément décisif de la santé humaine et plus largement du bien-être individuel et collectif. D'autre part, que les conditions dans lesquelles sont produits et consommés nos aliments, du gène à la poubelle, ont un impact significatif sur l'environnement naturel, économique et social (Bozino *et al.*, 2021). Pour passer du diagnostic à l'action, le mode de gouvernance des acteurs publics et privés des systèmes alimentaires constitue un levier essentiel qui conditionne la réussite des politiques alimentaires.

CONVERGENCE ENTRE OBJECTIFS D'UN DÉVELOPPEMENT DURABLE ET CONCEPT « UNE SEULE SANTÉ »

Le concept « Une seule santé » – de l'homme, des animaux et de l'environnement – lancé en 2004 à l'initiative des vétérinaires fait aujourd'hui l'objet d'un large consensus international, avec le soutien de 3 grandes organisations intergouvernementales, la FAO (agriculture et alimentation), l'OIE (épizooties) et l'OMS (santé). Il stipule une interdépendance entre ses 3 composantes et préconise en conséquence une action systémique (Destourmieux-Garzon *et al.*, 2018). Les 17 ODD (objectifs de développement durable) définis par l'assemblée générale des Nations Unies en 2015 pour l'horizon 2030 se situent dans une telle perspective. La pandémie covid-19 est venue apporter une confirmation au paradigme « Une seule santé » et à la pertinence des ODD. Une abondante littérature scientifique (Béné *et al.*, 2020) et le dernier rapport du GIEC (IPCC, 2022) insistent sur l'urgence d'une transition socio-écologique.

En effet, l'anthropocène, caractérisé par une exploitation inconsidérée des ressources naturelles, mais aussi du capital humain, a conduit au dépassement de plusieurs limites planétaires : prolifération d'entités nouvelles, intégrité de la biosphère, flux biogéochimiques, changement d'affectation des sols, changement climatique, soit 5 limites sur les 9 identifiées par les chercheurs (Wang-Erlandsson *et al.*, 2022). Après le premier choc déstabilisateur provoqué par la crise financière de 2007-2008, le second choc de la covid-19, outre les effets sanitaires, a ébranlé les économies nationales et l'économie mondiale avec un retour de l'inflation et de sérieux problèmes budgétaires, particulièrement dans les pays à faible revenu.

La violente secousse géopolitique résultant de l'agression russe en Ukraine en février 2022 est venue augmenter les risques de non-réalisation de la plupart des ODD. La prophétie d'Antonio Gramsci sur les « phénomènes les plus morbides » surgissant dans les périodes de passage de l'ancien au nouveau monde retrouve une actualité alarmante. Ainsi la triple crise survenue en moins de 15 ans devrait inciter à revoir en profondeur des modes de gouvernance des sphères publique et privée qui l'ont provoquée.

ENJEUX ET STRATÉGIES DE BONNE GOUVERNANCE PUBLIQUE POUR UNE ALIMENTATION DURABLE

Dans le domaine de l'alimentation, le modèle agroindustriel, devenu hégémonique, se caractérise par une intensification chimique et thermo-fossile, une spécialisation productive, une concentration et une financiarisation des entreprises, une globalisation des marchés. Ce modèle, après avoir permis d'accroitre – en moyenne, mais avec de fortes inégalités – la sécurité alimentaire mondiale dans un contexte de forte croissance démographique, se trouve aujourd'hui dans une impasse. Plusieurs rapports récents de structures intergouvernementales (CNUCED, FAO, GIEC, IFPRI, OCDE, UE-JRC) permettent de regrouper les externalités négatives générées par les systèmes alimentaires contemporains en 5 domaines :

- *Santé humaine* : évolution quantitative et qualitative de la diète alimentaire (insécurité alimentaire pour 40 % de la population mondiale, cause directe ou indirecte de 50 % de la mortalité annuelle)
- *Changement climatique* : baisse des rendements agricoles et irrégularité aggravée des récoltes, accroissement des gaz à effet de serre (GES) dont le système alimentaire mondial représente 30 % des émissions
- *Ressources naturelles dégradées* : 1/3 des ressources en terres utilisées pour l'agriculture, l'élevage et la forêt perdu ou menacé, pénurie en eau et stress hydrique impactant 50 pays en 2020 et 2,4 milliards de personnes, 59 pays et 5,4 milliards en 2050[1]
- *Inégalités économiques* : concentration des acteurs fragilisant l'agriculture familiale et les TPE/PME industrielles et commerciales et forte contraction de l'emploi
- *Instabilité des marchés.*

On observe aujourd'hui quatre phénomènes qui expliquent en grande partie les crises à répétition qui secouent le système alimentaire mondial et les difficultés à relever les défis qui viennent d'être mentionnés : le déficit informationnel, l'effacement des États, l'asymétrie dans les représentations des acteurs, les lacunes de la formation des producteurs et des consommateurs. Or, une bonne gouvernance[2] repose sur ces quatre piliers[3].

1 https://ecologicalthreatregister.org (consulté le 15 mai 2022)

2 Gouvernance est ici entendue comme l'organisation, le fonctionnement et le contrôle des instances de décision politique dans le secteur public (*public governance*) et privé (*corporate governance*).

3 Les 4 paragraphes suivants sont tirés d'une communication à l'Académie d'Agriculture de France (Kroll et Rastoin, 2011), révisée et actualisée.

LE DÉFICIT INFORMATIONNEL PUBLIC ET L'AVALANCHE PUBLICITAIRE

Il concerne les marchés et les produits. Au niveau européen, Eurostat, ou, au niveau international, la FAO, publient des mercuriales sur les marchés des produits agricoles et alimentaires et l'on dispose des données des marchés à terme tels que celui de Chicago. Ces statistiques permettent d'estimer des tendances dans le domaine des prix, mais d'une part elles ne concernent qu'une faible part de la production totale (de l'ordre de 20 %), d'autre part elles fournissent peu d'informations publiques sur les déterminants des prix (notamment la localisation et le niveau de stocks et la nature des opérateurs) ou les communiquent trop tard pour des actions correctrices.

À l'heure de la finance « haute fréquence » conduisant à des marchés très spéculatifs, il devient souhaitable de consacrer les moyens nécessaires pour mettre en place un système d'information performant sur les marchés alimentaires en vue de permettre une anticipation des crises et des actions préventives ou correctrices des pouvoirs publics et des acteurs privés. La FAO a créé au début des années 1970 un système mondial d'information et d'alerte rapide (SMIAR) sur la sécurité alimentaire, qui publie des rapports par pays, mais dont les moyens d'investigation sont limités. En 2011, suite à la crise financière de 2007-2008 le G20 a créé AMIS (Agricultural Market Information System), plateforme dont l'objectif était de mieux connaitre l'évolution des marchés afin de prévenir les crises. La grosse lacune de ce dispositif est de ne pas suivre les stocks, certains pays (dont la Chine) et les plus gros opérateurs de négoce international refusant de fournir leurs chiffres. Le conflit russo-ukrainien de 2022 avec l'envolée des prix des commodités agricoles sur marchés spot et l'extrême difficulté à accéder à des informations fiables sur les marchés est venu confirmer les lacunes du SMIAR et d'AMIS.

L'Union européenne est défaillante dans ce domaine. L'information relative aux produits agricoles et alimentaires concerne – de façon partielle – l'étiquetage et la mention de l'origine des produits et des ingrédients ayant servi à le fabriquer et le profil nutritionnel de l'aliment. Il existe depuis 1979 un système d'alerte rapide pour les denrées alimentaires et les aliments pour animaux (RASFF, selon l'acronyme anglais) qui signale les infractions aux normes européennes de qualité sanitaire des produits fabriqués dans l'UE et importés. Ces dispositifs d'information ont le mérite d'exister, mais se caractérisent par leur incomplétude. Or, on constate que les discussions, au niveau de la Commission européenne comme sur le plan international sur l'amélioration de leurs performances, piétinent depuis des années du fait du lobbying agroindustriel. En conséquence les marchés ne peuvent être efficacement régulés et les consommateurs restent mal informés sur ce qu'il mange. Enfin, les conditions socio-économiques de la création et du partage de la valeur dans les filières agroalimentaires demeurent opaques. Pour les produits, comme pour les marchés, la transparence reste à construire.

D'un autre côté, les consommateurs sont soumis à des influences multiples, dont la plus persuasive émane des annonceurs publicitaires. Les budgets alloués à la publicité par les entreprises sont devenus considérables dans l'agroalimentaire et représentent aujourd'hui en France environ 15 % du prix final des produits. Le « marketing direct » résultant de la captation des données personnelles conduit à une saturation des consommateurs par des messages n'encourageant guère à une bonne nutrition et générant des maladies chroniques dommageables telles que l'obésité et le diabète de type 2. Les États généraux de l'alimentation (EGalim) réunis en France en 2017 avaient préconisé une interdiction de la publicité sur les écrans aux heures de grande écoute des enfants. Cette mesure de santé publique a pourtant été rejetée par le Parlement lors du vote de la loi EGalim en 2018. La convention citoyenne sur le climat tenue en France en 2019-2020 avait proposé d'interdire la publicité des produits les plus émetteurs de gaz à effet de serre (GES) – rappelons que le système alimentaire est responsable de 30 % des GES (Crippa *et al.*, 2021). Cette proposition ne figure pas dans la loi Climat de 2021, comme 89 % des recommandations de la convention[4]. Une information générique garantie par des labels officiels est indispensable dans ce domaine.

---

4 https://reporterre.net/Convention-pour-le-climat-seules-10-des-propositions-ont-ete-reprises-par-le-gouvernement (consulté le 3 mars 2022).

L'EFFACEMENT DES ÉTATS

On observe un recul de la régulation des marchés depuis le milieu des années 1980 avec la dérèglementation mise en place aux États-Unis (présidence Ronald Reagan) et au Royaume-Uni (Margaret Thatcher, Première ministre). Ce retrait a conféré un pouvoir croissant aux marchés financiers. Dans un contexte d'instabilité économique et de recomposition géopolitique, un renforcement de la régulation, en particulier dans le domaine des biens publics dont la sécurité alimentaire devrait faire partie, redevient indispensable. Par ailleurs, la bipolarisation sino-américaine et les difficultés d'émergence d'une gouvernance mondiale incitent à œuvrer pour une gouvernance régionale européenne et inter-continentale Afrique-Méditerranée-Europe mobilisant les complémentarités géo-économiques Sud-Nord et Sud-Sud (Guigou et Beckouche, 2017).

LES INSTITUTIONS PUBLIQUES ET PROFESSIONNELLES

Elles ont un rôle central à jouer dans la gouvernance du système alimentaire puisque de leur composition et de leurs règles de fonctionnement et de contrôle vont dépendre la nature des décisions prises. Les institutions sont les héritières de l'Histoire et donc le reflet des groupes de pression. À cet égard, on observe dans l'Union européenne comme au niveau mondial, d'une part, une dispersion et de fortes inerties et, d'autre part, des asymétries en faveur de certaines catégories d'acteurs qui n'ont pas forcément intégré les dynamiques des opinions publiques et les nouveaux enjeux de société pourtant clairement identifiés par la communauté scientifique et médiatisés à travers le paradigme du développement durable. Les institutions de l'Union européenne traitant de la sécurité alimentaire sont éclatées aussi bien au sein de la Commission que du Parlement entre les structures traitant de l'agriculture, de l'agroalimentaire et de la santé (par exemple, au moins trois commissaires et leurs directions générales (DG) sont compétents sur la question alimentaire : DG Agriculture et développement rural, DG Santé et consommateurs, DG Commerce international et DG Concurrence). Ces DG, tout comme les ministères dans les pays, fonctionnent en silo, voire en citadelle. Il y a donc un premier besoin de coordination autour du thème stratégique de la sécurité alimentaire. Ensuite, les mécanismes d'élaboration des décisions sont devenus en théorie participatifs, avec notamment le rôle accru des ONG et du Parlement, mais la puissance des lobbies sectoriels reste proportionnée à leurs capacités financières. Il en résulte une sur-représentation des firmes dominantes et une sous-représentation des acteurs de taille modeste. Une bonne illustration en est donnée par les affectations du budget de la politique agricole commune (PAC) selon les filières et les catégories d'exploitations agricoles ou encore la timidité des avancées de la politique nutritionnelle.

Au niveau mondial règnent les mêmes défauts : foisonnement des institutions (au sein du système des Nations Unies, plusieurs instances sont supposées œuvrer à la sécurité alimentaire mondiale : FAO, PAM, Comité de la sécurité alimentaire (CSA)[5], *High-Level Task Force on the Global Food Security* (HTFL)[6], etc., sans parler du *Global Agriculture and Food Security Program* de la Banque Mondiale et des initiatives nationales) et asymétrie dans les échelons décisionnels (la voix des PMA reste inaudible). L'amélioration de la gouvernance passe ainsi nécessairement par une coordination horizontale macro-régionale et mondiale, une recomposition plus équilibrée des institutions, l'adoption de règles de bonnes pratiques et des mécanismes de contrôle indépendants.

---

5 Créé en 1974, en même temps que le PAM, le CSA a été réformé en 2008, avec pour mission de constituer un forum international de concertation entre gouvernements, agences internationales, entreprises du secteur privé et organisations de la société civile et de définir un cadre stratégique global incluant des objectifs et un plan d'action. Il s'est adjoint en 2009 le HLPE (*High Level Panel of Experts on Food Security and Nutrition*) faisant l'interface avec la sphère scientifique. Le HLPE a produit 14 rapports entre 2011 et 2019. Bien que contraint à un consensus entre parties prenantes, dont le puissant lobby des firmes agroindustrielles multinationales, le HPLE apporte un appui précieux à la transition agroécologique comme en témoigne son dernier rapport (HPLE, 2019).

6 Créé en 2008 et dirigé par le Secrétaire général des Nations Unies, ce groupe de travail réunit les agences spécialisées de l'ONU (FAO, Fida, Pam, Unicef, OMS, Pnud), l'OMC, le FMI et la Banque Mondiale. Son opérationnalité est réduite car il n'implique pas directement les États.

REDÉPLOIEMENT DE LA CHAINE DES SAVOIRS

La crise environnementale, sociale et économique qui frappe la planète depuis 2007-2008 a, selon une large majorité de scientifiques, un caractère structurel et incite à de profonds changements pour être dépassée. En d'autres mots, il faut inventer de nouveaux modèles de production et de consommation. Les recherches sur une agriculture et une alimentation durable ont été initiées voilà une vingtaine d'années et s'intensifient. Des résultats sont d'ores et déjà disponibles. Cependant, l'innovation est le fait d'un très faible nombre d'acteurs et se trouve principalement orientée vers des technologies artificialisantes et de massification, c'est-à-dire de prolongation du modèle hégémonique de l'anthropocène. Elle doit donc être redéployée dans une perspective de transition écologique. D'autre part, la diffusion de telles innovations de rupture ne peut se faire qu'à partir d'un effort important de formation pour faire évoluer les mentalités, développer l'apprentissage de nouvelles techniques et changer les comportements. De plus, l'inertie, en matière de méthodes de production agricole ou d'habitudes de consommation alimentaire, est considérable, que ce soit au sein des établissements d'enseignement ou dans les entreprises et les ménages. La révolution agroindustrielle a conduit à une dilution du lien entre la terre et l'alimentation et à une banalisation de l'aliment, voire à une mise en concurrence de l'alimentation avec les autres biens. Or, l'aliment est porteur de fortes spécificités biologiques et sociales. Un plan d'éducation et de formation ambitieux s'avère en conséquence indispensable pour créer les conditions d'une connaissance (et d'une reconnaissance) renouvelée et élargie de modèles durables de production et de consommation agricoles et alimentaires.

DROIT À L'ALIMENTATION ET SOUVERAINETÉ ALIMENTAIRE

En définitive, l'exercice du droit à l'alimentation et la souveraineté alimentaire, qui constituent les fondements d'une bonne gouvernance de la sécurité alimentaire en Europe comme partout dans le monde, suggère plus de transparence et de pertinence dans les systèmes d'information sur les marchés, les filières et les produits, une large diffusion, par la formation, des connaissances scientifiques et techniques sur des modes de production et de consommation alimentaires durables, un rééquilibrage des pouvoirs entre acteurs et une meilleure coordination institutionnelle. La sécurité alimentaire et, au-delà, la sécurité géopolitique impliquent une réorientation profonde des politiques agricoles et leur élargissement à la question alimentaire, en donnant une priorité à la production d'aliments par rapport aux utilisations non alimentaire de la terre et de l'eau. L'envolée des prix sur le marché du blé depuis quelques mois est en partie due à son usage en alimentation animale et celle des prix du maïs à la production massive d'agrocarburants principalement aux États-Unis (Galtier, 2022). L'Union européenne, toujours premier importateur et exportateur mondial de produits agricoles et alimentaires en 2020 (y compris les échanges intra-communautaires), avec son expérience originale et globalement réussie de la PAC, pourrait développer un nouveau modèle permettant d'affronter les lourds défis alimentaires du XXIe siècle. La stratégie « De la ferme à la fourchette » inscrite dans le Pacte Vert lancé par Ursula von der Leyen, présidente de la Commission, en 2021 est porteuse d'évolution vers un développement durable du système alimentaire européen, avec valeur d'innovation et d'expérimentation pour d'autres régions du monde.

Une bonne gouvernance des systèmes alimentaires dans un cadre gouvernemental ou intergouvernemental est une condition nécessaire, mais non suffisante pour assurer une sécurité alimentaire durable. Le rôle des structures privées, notamment des entreprises et de leurs instances professionnelles sera déterminant pour atteindre cet objectif.

LA GOUVERNANCE DES ENTREPRISES DANS LE SYSTÈME ALIMENTAIRE

Si les organismes publics nationaux ou internationaux souffrent d'un empilement de structures générateur d'inertie et d'un manque de coordination, les entreprises peinent à prendre le chemin de la transition socio-écologique, non seulement du fait de leur aversion au changement, mais aussi en raison de leur statut de société par actions. Ce statut induit un mode de gouvernance qualifiée d'actionnariale avec une priorité donnée au retour sur investissement et à la plus-value des actifs, c'est-à-dire un objectif financier, alors que le contexte de crise systémique aggravée décrit plus haut appelle à prendre en compte les 3 composantes du développement durable de façon équilibrée parfois appelée « triple performance » : sociale, environnementale et économique. L'économie sociale et solidaire (ESS) y contribue – sur le volet social de la gouvernance – avec les associations, les mutuelles et les coopératives. L'appui à la reprise d'une entreprise par ses salariés, prévu en France par la loi Hamon de 2014 sur l'ESS, avec la formule des SCOP (société coopérative et participative) bénéficie d'avantages fiscaux. Selon une enquête de l'Insee, l'ESS comptait (en 2015) 165 000 entreprises en France totalisant 2,4 millions de salariés, soit 10,5 % de l'effectif total, avec une forte présence d'acteurs agricoles du fait de l'antériorité du mouvement coopératif dans ce secteur.

De façon plus large, le statut d'entreprise à mission créé par la loi française du 22 mai 2019 relative à la croissance et à la transformation des entreprises (PACTE) ouvre la voie à la prise en compte des critères du développement durable. Son article 176 donne la possibilité aux entreprises d'affirmer publiquement, en l'inscrivant dans ses statuts, sa raison d'être, ainsi qu'un ou plusieurs objectifs sociaux et environnementaux qu'elle entend poursuivre dans son activité. Il s'agit là d'une vision élargie de l'entreprise que l'on considère dès lors comme une communauté d'intérêts rassemblant les différentes parties prenantes (propriétaires, salariés, fournisseurs et clients, citoyens concernés) et non plus les seuls actionnaires (Favereau et Euvé, 2018).

D'après l'Observatoire des sociétés à mission[7], fin 2021, les entreprises à mission étaient au nombre de 505 (dont 79 % de moins de 50 salariés et 39 % créées depuis 2920) comptant au total 530 000 emplois, en forte croissance sur l'année, malgré le limogeage en 2021 du PDG de Danone qui en avait fait la première entreprise à mission en France. Les secteurs concernés sont principalement les services (informatique, finances, conseil, etc., 79 % des entreprises), puis de façon très modeste, le commerce

7 https://www.observatoiredessocietesamission.com (consulté le 15 juin 2022).

alimentaire (10,6 %) et l'industrie agroalimentaire et des cosmétiques (10 %) et l'agriculture (0,4 %). Hors du secteur des services, c'est donc dans les systèmes alimentaires que se concentre la grande majorité des entreprises à mission. Cette répartition traduit les préoccupations des consommateurs de biens essentiels à la vie cumulant les 3 dimensions du développement durable dont les créateurs d'entreprises sont conscients et constitue un indicateur positif pour la transition agroécologique.

LA GOUVERNANCE PARTENARIALE, FACTEUR DE PROGRÈS

Les déficits institutionnels et organisationnels ont conduit à une aggravation de l'insécurité alimentaire partout dans le monde. Pour inverser cette tendance délétère, la transition socio-écologique constitue une alternative plausible au scénario tendanciel comme le montrent plusieurs études prospectives robustes (dont Afterres de l'association Solagro[8], TYFA de l'IDDRI[9]).

Dans ces scénarios, les auteurs insistent sur la nécessité d'un changement en profondeur des comportements des consommateurs et des producteurs et distributeurs. Ainsi de la réduction de la consommation de produits issus de l'élevage bovin – viande et lait et leurs dérivés – pour ceux, nombreux, qui sont en surconsommation dans les pays à haut revenu. Pour les entreprises industrielles et commerciales, les préconisations portent sur de nouveaux itinéraires techniques réduisant fortement la pression sur la santé, les ressources naturelles et le climat. Il s'agit finalement de mettre en place des politiques alimentaires ambitieuses dont le succès dépendra largement du mode de gouvernance des institutions publiques et des entreprises, et de la place accordée à l'éthique dans les décisions. De plus, les moyens humains et matériels nécessaires devront être mobilisés dans la chaine des savoirs (recherche-développement, transfert d'innovations, formation et information) et les dispositifs d'incitation (infrastructures physiques et numériques,

8 https://afterres2050.solagro.org (consulté le 3 février 2022).
9 https://www.iddri.org/fr/publications-et-evenements/billet-de-blog/une-europe-agroecologique-en-2050-un-scenario-credible-un (consulté le 12 juin 2020).

investissements et fiscalité). La transition socio-écologique des systèmes alimentaires, désormais actée dans les discours de la plupart des responsables politiques et économiques, sera un long et difficile chemin ponctué d'avancées et de blocages du fait d'objectifs divergents, voire opposés, des acteurs en présence. Cette transition est cependant devenue une condition existentielle pour nos sociétés comme l'ont montré les violentes secousses provoquées dans la période récente par la pandémie covid-19, des événements climatiques extrêmes et le conflit militaire russo-ukrainien.

Les nombreuses initiatives qui émanent dans leur majorité de la société civile et, à un degré plus modeste, de producteurs agricoles, de TPE et PME agroalimentaires, d'opérateurs commerciaux portés par une dynamique de changement incitent néanmoins à l'optimisme. Ces initiatives se présentent comme une réponse positive à la question que se pose le journaliste et écrivain Georges Orwell dans ses *Essais* : « Quand on me présente quelque chose comme un progrès, je me demande avant tout s'il nous rend plus humains ou moins humains », réponse s'inscrivant, un peu moins de 2 siècles plus tard dans l'héritage du Contrat social de Jean-Jacques Rousseau.

RÉFÉRENCES BIBLIOGRAPHIQUES

Béné C., Fanzo J., Prager S.D., Achicanoy H.A., Mapes B.R., Alvarez Toro P. *et al.*, 2020, "Global drivers of food system (un)sustainability: A multi-country correlation analysis", *PLoS ONE* 15(4): e0231071.

Bozino A., Régnier E., Soler L.-G., Thomas A., 2021, « Vers une alimentation saine et durable ? Dossier de 'Ressources' », *La Revue INRAE*, Paris : 10-39.

Charreaux G., dir., 1997, *Le Gouvernement des entreprises : "Corporate Governance"*, Paris, Economica (Théories et faits).

Crippa M., Solazzo E., Guizzardi D. *et al.*, 2021, "Food systems are responsible for a third of global anthropogenic GHG emissions", *Nat Food* 2, 198-209.

Destoumieux-Garzón D. *et al.*, 2018, "The One Health Concept: 10 Years Old and a Long Road Ahead", *Front. Vet. Sci.*, 5:14.

Favereau O, Euvé F., 2018, « Réformer l'entreprise », *Études*, 9, Paris : 55-66.

Galtier F., 2022, *Nous pouvons (et devons) stopper la crise sur les marchés internationaux*, Paris, Fondation Farm, 5 p.

Guigou J.L., Beckouche P., 2017, *Afrique – Méditerranée – Europe : la Verticale de l'avenir*, Paris, Nevicata, 99 p. (L'âme des peuples).

HLPE, 2019, *Agroecological and other innovative approaches for sustainable agriculture and food systems that enhance food security and nutrition.* A report by the High-Level Panel of Experts on Food Security and Nutrition of the Committee on World Food Security, Rome.

IPCC, 2021, "Climate Change 2022: Impacts, Adaptation, and Vulnerability", *Contribution of Working Group II to the Sixth Assessment Report of the IPCC* [H.-O. Pörtner *et al.* (ed.)], Cambridge University Press, In Press: 3675 p.

Kroll J.-C., Rastoin J.-L, 2011, « Quelle gouvernance pour la sécurité alimentaire européenne et mondiale ? », Communication en séance publique hebdomadaire, *Académie d'Agriculture de France*, 11 janvier, Paris, 3 p.

Steffen W. *et al.*, 2015, "Planetary boundaries: Guiding human development on a changing planet", *Science*, Vol. 347, Issue 6223.

Wang-Erlandsson L., Tobian A., van der Ent R.J. *et al.*, 2022, "A planetary boundary for green water", *Nat Rev Earth Environ*, 3: 380-392.

AUTEURS INVITÉS

LA VAT ET LES SAT

Deux concepts pour orienter les politiques de développement

Gabriel Colletis
Université de Toulouse 1 Capitole,
LEREPS

Osanne Billand
LEREPS

INTRODUCTION
L'émergence de nouveaux concepts de politique publique en temps de crises

La proposition de nouveaux concepts de politique publique est un processus qui résulte parfois d'un travail commun entre des acteurs publics et des acteurs du monde de la recherche. Les premiers sont chargés non seulement de mettre en œuvre les politiques qu'ils considèrent appropriées pour répondre à un enjeu qui leur semble nécessiter une action publique mais aussi de penser, concevoir ces politiques. Les seconds sont, par définition, plus proches des questions d'ordre conceptuel mais ont besoin de vérifier si leurs propositions de concepts nouveaux sont opératoires, c'est-à-dire ici ont un potentiel performatif effectif. Ils ont donc besoin du contact avec le « réel », le « terrain » pour valider leurs propositions conceptuelles, surtout si elles sont nouvelles.

Ajoutons à cela que les périodes de crises, de chocs ou encore de transition (écologique, économique, sociale, politique) constituent des moments d'effervescence car ces périodes ont ceci de particulier qu'elles posent des problèmes ou des enjeux sinon nouveaux du moins dont la réponse ou la formulation ne semble plus pouvoir attendre. Ces périodes sont ainsi marquées par un sentiment d'urgence qui pousse les acteurs de ces deux mondes à intensifier leurs échanges.

C'est dans un contexte marqué par l'accumulation, voire l'enchevêtrement de plusieurs crises (écologique, sanitaire, économique, sociale) que des concepts nouveaux de politique publique ont pu apparaître récemment dont deux qu'il s'agit d'exposer succinctement dans cette contribution : celui de « système alimentaire territorialisé », un peu plus ancien, celui de « valeur ajoutée territoriale », plus récent. Ces deux concepts se rejoignent sur une dimension essentielle : leur territorialité. Ils peuvent aussi être mis en dialogue.

1. FAIRE CONNAÎTRE ET PROMOUVOIR L'APPROCHE EN TERMES DE VALEUR AJOUTÉE TERRITORIALE

L'approche en termes de valeur ajoutée territoriale (VAT) a été développée par le Club d'analyse économique de la Région Occitanie. Dans un premier temps, nous donnons quelques précisions sur l'existence de ce Club. Puis nous introduisons la notion de VAT avant d'en exposer les trois modalités d'accroissement.

1.1. LE CLUB D'ANALYSE ÉCONOMIQUE

La notion de valeur ajoutée territoriale a été forgée par le Club d'analyse économique (CAE) de la région Occitanie. Le CAE dont l'existence date de 2008 rassemble une soixantaine de chefs d'entreprises ou de groupes de la région Occitanie. Il produit régulièrement des *Notes de mutation* à destination de l'exécutif régional. Le thème de chacune de ces notes est élaboré conjointement entre les membres du Club et la Région.

Toutes les notes, après avoir établi un constat/état de l'art partagé par les chefs d'entreprises de la question posée, proposent un ensemble de préconisations. L'exécutif régional doit se situer en rapport à ces préconisations, indiquer celles qu'il retient et comment il compte les mettre en œuvre, celles qu'il ne retient pas et pour quelles raisons.

Afin d'établir son constat et proposer ses préconisations, le CAE s'appuie sur des universitaires et des experts identifiés le plus souvent par l'économiste du Club, lui-même universitaire.

C'est dans ce contexte qu'a été produite en 2019 une note qui pose la notion de VAT[1].

Cette notion n'apparaît pas de façon fortuite. Sa production intervient à un moment marqué par la montée des crises sociale, économique et écologique. La note de mutation produite en 2020, qui mobilise la notion de VAT en l'opérationnalisant dans quatre domaines-clés d'activité pour la région (l'aéronautique, le couple agriculture/industries agro-alimentaires, la santé et le tourisme), est marquée par la crise sanitaire qui vient complexifier les crises précédentes et imposer un sentiment d'urgence que le politique ne peut ignorer dans la définition et, plus encore, le renouvellement de ses objectifs stratégiques.

On remarquera d'ailleurs que la production de la note de 2020[2] a donné lieu à une intensification des travaux du CAE en dépit des conditions de son fonctionnement rendues difficiles, essentiellement à distance. Cette intensification s'est traduite par un accroissement des navettes entre le CAE et la Région et une utilisation, chemin faisant, des travaux du CAE dans les processus d'élaboration des décisions de la Région au plus fort de la crise sanitaire.

1.2. LA VALEUR AJOUTÉE TERRITORIALE : UNE NOTION PLUTÔT QU'UN CALCUL

Les PIB régionaux sont calculés par l'INSEE selon des modalités bien décrites par cette institution[3].

La VAT n'est pas à proprement parler un calcul mais une notion créée par des acteurs économiques qui se sont interrogés sur la façon d'articuler le devenir de leur entreprise ou groupe et celui de l'économie régionale. Une telle interrogation mérite d'être remarquée, voire d'être saluée. Elle montre qu'au-delà du profit, certaines entreprises sont

1 *Note de mutation du Club d'analyse économique Occitanie*, 7e éd. 2019 (décembre) : « Mutations et valeur ajoutée territoriale : comment se saisir des mutations actuelles et des nouveaux modèles économiques afin de favoriser la progression de la VAT de la région Occitanie ? »

2 *Note de mutation du Club d'analyse économique Occitanie*, 8e éd. 2020 (décembre) : « Valeur ajoutée territoriale, transition écologique et autonomie productive sélective ».

3 La méthode d'élaboration des PIB régionaux est décrite ici : https://www.insee.fr/fr/statistiques/5020211#documentation (consulté le 20/05/2022).

susceptibles de prendre en compte d'autres dimensions parfois qualifiées d'« externalités positives ». Mais il peut sembler que la démarche est ici différente en ce que les entreprises concernées estiment pouvoir tirer un avantage de la hausse de la VAT. Tout se passe comme si ces entreprises en contribuant à l'accroissement de la VAT estimaient pouvoir en bénéficier elles-mêmes. Renforçant le potentiel endogène du territoire, ces entreprises considèrent qu'elles peuvent en tirer un avantage économique. Cet avantage se double d'un avantage politique car elles influent sur les conditions d'élaboration de la politique économique régionale.

1.3. LES TROIS MODALITÉS D'ACCROISSEMENT DE LA VAT

On peut identifier trois axes de développement de la VAT : 1) une hausse des quantités produites par les entreprises implantées sur le territoire régional ; 2) une progression de la valeur des produits offerts par les entreprises, permis par un meilleur positionnement sur la chaîne de valeur ; 3) la densification des relations entre acteurs du territoire permettant de proposer des solutions productives nouvelles.

Nous reprenons chacune des trois modalités en les explicitant.

L'augmentation des volumes produits s'apparente à ce que l'on considère le plus généralement sous le terme de croissance. Produire plus (de biens agricoles, d'avions, d'énergie pour satisfaire une demande croissante, etc.) est la façon la plus simple d'accroitre la VAT. Cette modalité ne se différencie pas de la hausse du PIB régional en volume.

Les critiques opposées à cette option sont nombreuses et bien connues, issues d'approches diverses ayant en commun la mise en évidence des limites et dangers d'une croissance quantitative. Par ailleurs, quand bien même ne récuserait-on pas l'augmentation des volumes, on ne peut ignorer la difficulté à produire davantage sans changer de modèle économique avec des biens et services offerts dont la valeur d'usage ne serait pas améliorée. Ce, alors que la demande, voire l'injonction d'innovation est désormais perçue comme irrésistible.

L'augmentation de la valeur des biens produits, deuxième modalité d'accroissement de la VAT, répond à la demande de biens innovants. La bijection entre biens innovants et biens plus chers est, cependant, tout sauf évidente. Ce, pour au moins deux raisons. La première est qu'une partie importante des biens innovants, issus de l'électronique ou du numérique ou intégrant ces technologies, a longtemps bénéficié de conditions d'industrialisation très avantageuses en termes de coûts et de prix en Chine et dans les pays émergents. Les consommateurs se sont ainsi habitués à accéder à des biens plus innovants mais dont le prix n'augmentait pas pour autant. La seconde raison est que les économistes ont l'habitude de considérer que la hausse des prix est un signe défavorable, qu'ils associent à tort à de l'inflation. Le signal prix est ainsi souvent considéré comme un mauvais signal et non comme le résultat logique d'une proposition de valeur plus élevée.

C'est pourtant cette perspective qui est celle qui correspond à la deuxième modalité d'accroissement de la VAT. Il est logique que des biens à valeur plus élevée, de meilleure qualité et comprenant des innovations soient plus chers. La question est alors de savoir si l'acheteur est prêt à payer ces biens à un prix supérieur.

La réponse du CAE est positive et consiste à mieux distinguer le coût d'acquisition du bien et son coût d'usage. Des biens de meilleure qualité, plus innovants et surtout, plus écologiques dans leur process comme dans leurs usages, à durée de vie plus longue peuvent et même doivent avoir une valeur d'acquisition plus forte : l'avion de demain sera sans doute plus cher à l'achat. Mais son coût d'usage sera plus faible car il consommera moins et produira moins de gaz à effet de serre. Cet avion pourrait aussi être plus durable avec une maintenance allégée, une réparabilité plus aisée, un recyclage mieux assuré en fin de vie. La même perspective s'applique aux produits de l'agriculture. Des produits agricoles protégeant la santé de ceux qui les consomment et celle de la planète sont et seront plus chers mais leur valeur nutritive, sociale et environnementale, sera plus élevée et par conséquent les coûts induits par leur production comme pour leur consommation seront plus faibles (par exemple, les coûts induits par l'usage d'intrants non naturels dégradant non seulement la santé des personnes mais aussi celle des sols et des nappes phréatiques).

Plutôt que de ne considérer que le seul coût d'acquisition, il devient de plus en plus nécessaire de considérer le coût global ou complet, coût qui combine coût d'acquisition et coût d'usage. Une telle approche détermine ce que l'on peut considérer comme un achat responsable de la part de celui qui l'assume, qu'il s'agisse d'un acteur privé (entreprise ou ménage) ou d'un acteur public qui ne peut plus désormais s'en tenir au principe souvent irresponsable du choix du moins disant.

La troisième modalité d'accroissement de la VAT consiste en une densification des relations entre acteurs du territoire permettant de proposer des solutions productives nouvelles, de développer une offre productive territoriale.

Quatre remarques semblent devoir être faites à ce stade. La première est que cette appréhension du territoire consiste à le considérer comme un système d'interrelations et pas comme une simple somme d'acteurs colocalisés (comme c'est le cas, par exemple, dans une zone d'activités). La deuxième remarque est que le territoire peut être représenté comme disposant d'un potentiel latent de création de richesses. Ce potentiel est alors révélé par la coordination des acteurs. La troisième remarque est que les solutions productives nouvelles peuvent répondre à une demande extérieure au territoire mais aussi et de préférence répondre aux besoins du territoire. La quatrième remarque est que, dans ce cas, l'offre productive nouvelle se substitue à une offre importée.

L'ensemble de ces remarques débouche sur une notion que le CAE introduit de façon corollaire à la notion de VAT, la notion d'autonomie productive spécifique. Entre acceptation de la mondialisation et autarcie, l'autonomie spécifique d'un territoire peut s'appuyer sur :

- la réduction des apports extérieurs par substitution des dits imports obtenue par une hausse de la densité des relations entre acteurs du système productif régional (*cf.* remarques supra) ;
- un fonctionnement plus solidaire des filières locales ;
- des chaînes de valeur plus territorialisées.

Préférable à la notion ambiguë de relocalisation, celle d'autonomie productive spécifique suggère que cette autonomie ne saurait être recherchée pour tous les domaines d'activités. Une plus grande autonomie productive du territoire peut être recherchée dans des domaines où les besoins du territoire sont importants, vitaux ou stratégiques[4], dans

4 Un besoin peut être considéré comme vital si sa non-satisfaction, au moins partielle, par des solutions locales entraîne l'impossibilité pour les acteurs du territoire de vivre sur le territoire. Les besoins vitaux concernent l'alimentation, la santé, le logement, certains services publics selon la taille ou le périmètre du territoire. Il n'existe pas de définition universelle d'un bien stratégique. Est stratégique un bien que les acteurs du territoire considèrent comme tel et pour lequel ils ne veulent pas dépendre d'acteurs extérieurs. La ressource en eau peut, par exemple, être considérée comme stratégique par des acteurs d'un territoire qui ne souhaiteraient pas dépendre d'autres territoires pour leur approvisionnement.

le cas où ceux-ci sont satisfaits par des importations. Ce, alors qu'une offre productive locale serait possible, les acteurs du territoire détenant les compétences complémentaires pour la développer. Dans un tel cas, une coordination est cependant le plus souvent nécessaire pour assurer ce développement.

1.4. L'ORIGINALITÉ DE LA DÉMARCHE EN TERMES DE VAT

La démarche en termes de VAT a été utilisée par le CAE dans des domaines aussi différents que ceux de l'agroalimentaire, de l'aéronautique, de la santé ou encore du tourisme. Il semble ainsi que la possibilité d'exploitation méthodologique de la notion de VAT dans le cadre de recherches appliquées à des domaines d'activité très divers est avérée, même si cela devra encore être confirmé empiriquement.

L'originalité de la démarche en termes de VAT réside dans les propositions suivantes :

- ne pas réduire l'accroissement de la VAT à la seule croissance en volume ;
- prendre en compte centralement la valeur des produits ;
- suggérer que cette valeur doit dépendre principalement des objectifs de transition écologique et des besoins locaux ;
- mettre l'accent sur la densification des relations entre les acteurs du territoire permettant de révéler celui-ci et réduire ses importations. Cette démarche s'inscrit dans une forme avancée d'économie circulaire appréhendée ici non comme le recyclage des déchets mais comme un circuit économique marqué par des flux de production, de consommation, d'importations et d'exportations.

Ce circuit peut aussi être désigné par la métaphore du « métabolisme économique ».

Une remarque essentielle : les entreprises sont invitées désormais à contribuer à l'augmentation de la VAT. Dans cette perspective, le CAE a préconisé de lier les aides publiques (quelles que soient leurs modalités) à l'évaluation de leur efficacité à la réalisation d'objectifs de transition écologique, de réduction de la consommation et de développement d'énergies renouvelables.

La réponse de la Région a été la suivante :

> La Région a adopté à l'Assemblée plénière de novembre 2020 dans le cadre du rapport sur le Plan de Transformation (Green New Deal) de nouveaux critères de conditionnalité des aides. Ces critères intègrent notamment des engagements en matière de transition écologiques, de réduction de la consommation et de développement d'énergies renouvelables.
>
> La Région s'est engagée dans une démarche d'analyse de son « métabolisme économique » qui doit notamment permettre d'identifier et promouvoir de nouveaux modèles économiques incluant l'empreinte carbone et l'ensemble des enjeux environnementaux de façon à pouvoir relocaliser une partie d'activité. L'approche en termes de coûts complets devrait pouvoir à terme appuyer cette démarche.

1.5. LA DÉMARCHE VAT ET LES ACTEURS DU SYSTÈME AGROALIMENTAIRE

La démarche en termes de VAT a été largement débattue au sein du CAE, à la fois par les représentants du secteur agroalimentaire, les universitaires sollicités et les experts mobilisés pour la circonstance. Même si les représentants du secteur agroalimentaire sont peu nombreux à faire partie du CAE, largement dominé par les industriels de l'industrie manufacturière (l'aéronautique), leurs débats ont considérablement enrichi les travaux du CAE montrant une réelle convergence de préoccupations entre l'industrie manufacturière et l'agroalimentaire. Des questions comme celles de la résilience des systèmes productifs, celle de leur ancrage territorial, celle de la sécurité des approvisionnements, voire celle de la souveraineté ont été débattues au sein du CAE, souvent portées par les représentants du secteur agroalimentaire ainsi que par les universitaires et experts du secteur. Des notions comme celle d'autonomie spécifique préférée à celle de relocalisation, et d'économie circulaire (ou de métabolisme économique) en tant que déclinaison du circuit économique intégré plutôt que focalisée sur les déchets s'appliquent bien à l'agroalimentaire mais aussi au monde industriel dans son ensemble.

2. ENGAGER UNE TRANSITION VERS DES SYSTÈMES ALIMENTAIRES TERRITORIALISÉS POUR AUGMENTER LA VAT

Pouvant s'inscrire dans la perspective de la notion de VAT, les systèmes alimentaires territorialisés (SAT) sont des leviers pour répondre à la fois aux enjeux économique et écologique que nous connaissons. Par leur dimension territoriale et les finalités qu'ils poursuivent, ils nous invitent à repenser en profondeur le système alimentaire dominant dont les externalités sont aujourd'hui largement reconnues.

Dans un premier temps, nous rappelons les limites du système agro-industriel dominant qui appellent à la mise en œuvre de SAT et interrogeons les conditions à la transition vers de tels systèmes. Nous mettons notamment en avant les liens étroits entre les notions de SAT et de VAT. Puis, nous présentons un nouveau dispositif de politique publique susceptible de favoriser leur émergence et, ce faisant, d'aller dans le sens d'une augmentation de la valeur ajoutée territoriale.

2.1. L'URGENCE DE REPENSER NOTRE SYSTÈME ALIMENTAIRE

Le système alimentaire, entendu comme « la façon dont les hommes s'organisent dans l'espace et dans le temps pour obtenir et consommer leur nourriture » (Malassis, 1994, p. 110), n'a cessé d'évoluer au cours du temps. S'il en existe une diversité dans le monde, le système qualifié d'agro-industriel est bien celui qui domine à notre époque. Mis en place à partir de la révolution industrielle, dans un contexte d'explosion démographique (Touzard et Fournier, 2014), ce modèle est à la fois intensif, spécialisé, concentré, financiarisé et globalisé (Rastoin et Ghersi, 2010). Il s'appuie sur une logique de maximisation de la productivité et se traduit par la recherche d'une compétitivité par les prix.

La logistique productiviste du système alimentaire dominant est à l'origine de nombreuses externalités négatives sur l'environnement ou encore la santé. Par exemple, la production alimentaire joue un rôle important dans le changement climatique, le déclin de la biodiversité ou encore la pollution de l'air et de l'eau. D'un point de vue socio-économique, la mondialisation des chaînes de valeurs induit une forte interdépendance des pays avec une multiplication des flux d'importations et d'exportations, affectant ainsi la résilience de ces systèmes. Elles sont par ailleurs marquées par une inégale répartition de la valeur créée entre les acteurs, principalement captée par les entreprises agroalimentaires et de distribution au détriment des agriculteurs.

Ainsi, la transition vers des systèmes alimentaires plus durables est une nécessité pour préserver les écosystèmes naturels, améliorer la santé des citoyens et garantir une sécurité alimentaire, notamment dans un contexte marqué par des ruptures d'approvisionnement et des crises climatiques à l'échelle mondiale. En ce sens, des initiatives émergent depuis plusieurs années en réponse aux limites de ce modèle aujourd'hui largement contesté, mais peinent encore à le transformer en profondeur.

2.2. AU-DELÀ DES INITIATIVES LOCALES, ENGAGER DES TRAJECTOIRES DE TRANSITION VERS DES SYSTÈMES ALIMENTAIRE TERRITORIALISÉS

Ces initiatives sont portées par une diversité d'acteurs (collectifs de citoyens, d'agriculteurs, collectivités) et s'orientent autour des circuits courts de proximité, de l'agroécologie, de l'agriculture urbaine ou encore des signes de qualité (Deverre et Lamine, 2010 ; Goodman *et al.*, 2012). Parallèlement, des dispositifs de politiques publiques ont été mis en œuvre pour tenter d'implanter de tels changements avec, par exemple, les plans Ecophytos pour réduire l'utilisation de produits phytosanitaires, les programmes nationaux de nutrition et santé (PNNS), les mesures agroenvironnementales, l'émergence de groupements d'intérêts économiques et environnementaux (GIEE) ou encore, plus récemment, la loi EGalim. À l'échelle européenne, cela s'est traduit par l'élaboration d'une stratégie « de la ferme à la fourchette » ayant l'ambition d'accélérer la transition vers des systèmes alimentaires plus durables[5]. Or, les mesures politiques mises en place, portant principalement sur du changement d'ordre technique, ainsi que la somme des initiatives engagées par les institutions et la société civile ne semblent pas suffire à la transformation plus globale du régime dominant.

Le concept de SAT, mis en avant dans un colloque co-organisé par la Région Bretagne et l'Association des Régions de France en 2014 et proposé par Jean-Louis Rastoin (2016), permet à ce titre de dépasser l'échelle de l'initiative pour considérer la transformation du système

5 La stratégie est détaillée ici : https://ec.europa.eu/food/horizontal-topics/farm-fork-strategy_en (consulté le 20/05/2022).

dans son intégralité, en l'appréhendant notamment sous le prisme de son organisation territoriale, de sa gouvernance et des valeurs qui le fondent. Les SAT renvoient à un « ensemble de filières agroalimentaires répondant aux critères du développement durable, localisées dans un espace géographique de dimension régionale et coordonnées par une gouvernance territoriale » (*ibid.*, 2016). Ils ont pour objectif de relocaliser l'alimentation à l'échelle d'un territoire, dans une perspective de développement durable, et constituent à ce titre une alternative au système agro-industriel dominant (Page, N'diaye, Duvernoy et Duru, 2022). Ils ont notamment pour but de valoriser des modèles de production et de consommation respectueux de l'environnement et de la santé, dans une démarche agroécologique ; de réduire le gaspillage à toutes les étapes de la chaîne alimentaire ; de valoriser les produits dans des filières de proximité ; de mieux partager la valeur créée entre les parties prenantes et au sein du territoire. Ils sortent ainsi de la logique dominante, associée à la recherche de compétitivité par les prix et de maximisation du profit à court terme, pour considérer le coût global de l'alimentation. De cette façon, les SAT sont des leviers pour augmenter la valeur ajoutée territoriale. Ils peuvent contribuer à une plus grande autonomie relative des territoires et favoriser une alimentation de qualité bénéfique pour la santé et l'environnement. Cependant, cette qualité se traduira nécessairement par une augmentation du prix des produits. Elle devra alors s'accompagner du développement de dispositifs adaptés pour en permettre l'accès aux personnes en situation de précarité (sécurité sociale de l'alimentation, paniers solidaires, épiceries sociales et solidaires, etc.).

Nous pouvons ainsi considérer que la mise en place de tels systèmes repose sur trois leviers principaux, qui correspondent aux différents axes de la VAT : augmenter la production d'aliments manquants jusqu'ici importés, dans une logique de diversification, pour répondre aux besoins des territoires ; améliorer la qualité des biens produits dans une perspective de durabilité, en faisant notamment évoluer les pratiques qui les sous-tendent ; densifier les relations entre les acteurs de la chaîne alimentaire pour développer des filières locales territorialisées.

Ces modèles restent actuellement en partie théoriques et semblent difficile à mettre en œuvre. Cela suppose d'agir sur une multiplicité de leviers, comme l'accompagnement au changement de pratiques, l'installation d'agriculteurs, la mise en relation des acteurs de l'aval et de l'amont ou encore le développement d'outils logistiques et de transformation. Au-delà de faire évoluer les modes de production et de consommation, il s'agit alors de reconfigurer l'ensemble du système agri-alimentaire (Bui, 2015 ; Lamine, 2012).

2.3. LES PAT, DES DISPOSITIFS AU SERVICE DE NOUVELLES TRAJECTOIRES DE TRANSITION VERS DES SAT ?

Aujourd'hui, se pose la question des conditions d'émergence de SAT. Les projets alimentaires territoriaux (PAT) semblent en constituer un exemple de réponse. Apparus en 2014 avec la Loi d'avenir pour l'agriculture, l'alimentation et la forêt (LOAAF), ils visent précisément à mettre en œuvre des systèmes alimentaires territorialisés. L'article 39 de cette loi précise qu'ils « participent à la consolidation de filières territorialisées et au développement de la consommation de produits issus de circuits courts, en particulier relevant de la production biologique ». Les PAT permettent ainsi aux collectivités volontaires de se saisir pleinement de ces sujets et de développer une stratégie ainsi qu'un plan d'action pour aller vers des SAT. Selon Darrot *et al.*, (2019), les PAT sont le résultat d'une évolution du référentiel de politique publique en France en matière d'alimentation et d'agriculture, qui est passé du référentiel de modernisation agricole au référentiel individualiste de marché. Ils sont intimement liés au mouvement de reterritorialisation de l'alimentation qui a notamment débuté dans les années 2000 et s'est traduit par l'émergence et la structuration de niches d'innovation telles que l'agriculture biologique ou les circuits courts, qui ont ensuite été reconnues, institutionnalisées et se sont peu à peu multipliées.

Ces projets s'élaborent de manière concertée et s'appuient pour cela sur des dispositifs délibératifs (ateliers, forums) favorisant la participation d'une multiplicité d'acteurs à la définition des enjeux, de la stratégie et d'actions opérationnelles à mettre en œuvre à l'échelle du périmètre défini par le projet. Contrairement aux politiques publiques orientées vers le changement technique, les PAT privilégient ainsi une approche en termes de mobilisation et d'engagement des acteurs.

Une étude réalisée par le réseau national des projets alimentaires territoriaux (RNPAT), portant sur l'analyse d'une trentaine de PAT, a mis en évidence qu'ils s'articulaient autour de six principaux champs thématiques : l'économie alimentaire, l'environnement, le patrimoine culturel et gastronomique, l'urbanisme et l'aménagement, l'accessibilité sociale, et la santé/nutrition (Macé, 2017). Ils sont principalement portés par des collectivités territoriales et témoignent d'approches plus ou moins transversales. Le cadre général apporté par la loi leur accorde une marge de manœuvre assez grande, à la fois dans les thématiques abordées, les acteurs associés et leurs modalités de mise en œuvre. Globalement, ces démarches favorisent une définition plus localisée des problèmes en y associant une pluralité d'acteurs, contribuant ainsi à les mobiliser dans la définition d'une vision partagée des enjeux et dans la construction d'une trajectoire de transition commune. En mettant en lien ces différents acteurs, les PAT jouent ainsi un rôle d'intermédiation territoriale (Corade et Lemarié-Boutry, 2020).

Si les SAT constituent un concept encore théorique, les PAT sont des dispositifs au service de leur mise en œuvre concrète, ils en constituent ainsi une traduction en termes de politiques publiques. Plus précisément, nous souhaitons montrer que les PAT peuvent contribuer à l'émergence de SAT de deux manières : à travers la mise en place d'instances de délibération, qui favorisent l'interconnaissance, la compréhension mutuelle et l'apprentissage collectif et, plus largement, dans la construction d'un processus de traduction qui vise à l'enrôlement des acteurs dans une trajectoire commune.

2.3.1. La délibération au service de la construction d'une proximité institutionnelle

Dans la littérature, le concept de délibération est mobilisé pour appréhender l'élaboration de décisions collectives et est perçu comme un processus qui fonde la légitimité de l'action publique. Au-delà, la délibération est également le moyen de favoriser, dans un processus communicationnel, l'intercompréhension et la coopération entre acteurs (Del Corso *et al.*, 2012). Elle peut permettre à des individus d'apprendre des éléments nouveaux, de réactualiser leurs croyances et représentations, et de se former ainsi une certaine vision à l'égard d'une multitude de problèmes et de solutions, vision qui n'est pas nécessairement déterminée en amont du processus de délibération, mais peut évoluer dans l'interaction avec les parties prenantes. Pour Habermas, la délibération est en effet un « processus d'apprentissage engagé de façon réflexive » (1997, p. 347, cité dans Marques, 2008, p. 3). À travers les différentes instances de concertation qu'ils mettent en place, les PAT parviennent à réunir dans des arènes une diversité d'acteurs qui n'ont pas l'habitude d'échanger, ne se connaissent pas nécessairement et ne partagent pas toujours les mêmes représentations. En travaillant collectivement à la définition des enjeux, des problèmes à résoudre et des solutions à mettre en œuvre, ces acteurs expriment leurs visions et mobilisent un ensemble de justifications pour tenter de s'accorder sur des représentations communes. En cela, les PAT peuvent favoriser les dynamiques d'apprentissages collectifs, l'émergence de valeurs et de représentations communes ou encore le renforcement et la création des relations de confiance, qui contribuent à la construction d'une proximité institutionnelle entre les acteurs, condition à leur coordination (Torre et Beuret, 2012).

2.3.2. Le processus de traduction au cœur des PAT : de la problématisation à l'enrôlement des acteurs

La construction de cette proximité institutionnelle s'inscrit dans un processus plus large de traduction au cœur des démarches de PAT. Ce processus peut se définir comme « l'ensemble des opérations par lesquelles des énoncés sont mis en relation non seulement les uns avec les autres [...], mais également avec des éléments matériels (des substances, des instruments techniques), des compétences incorporées dans des êtres humains, des procédures ou des règles » (Callon, 2006, p. 235). Dans le cadre d'instances de délibération, le processus de traduction amène des acteurs portant parfois des visions différentes à formuler et s'accorder sur une ou plusieurs problématisations communes. Cette phase de problématisation est centrale dans la mise en place des PAT et en conditionne la trajectoire. Tout d'abord, elle permet de définir les enjeux et controverses sur lesquels le projet va se fonder. Il peut s'agir, selon les territoires et les parties prenantes de la démarche, de la spécialisation productive du territoire, de sa dépendance aux importations, de la diminution des actifs agricoles liée à l'agrandissement des exploitations et aux difficultés d'accès au foncier, de la précarité alimentaire ou encore de l'impact environnemental lié aux pratiques agricoles intensives. Dans un second temps, les problématisations ainsi formulées conduisent les participants à identifier les différents acteurs à enrôler pour qu'il y ait une possible transformation du système alimentaire.

Ces acteurs, considérés parfois comme incontournables, sont à la fois ceux qui sont directement concernés par le changement de pratiques à opérer (les agriculteurs conventionnels, les artisans, les cuisiniers des restaurants scolaires, les consommateurs) et ceux qui peuvent agir sur leur évolution (les conseillers agricoles, les lycées professionnels, les centres sociaux, les services techniques des collectivités, de l'État, etc.). Ce processus met ainsi en mouvement plusieurs écosystèmes d'acteurs organisés autour de différentes problématiques. Cela participe à leur « entre-définition », au sens où ces derniers sont identifiés par les traducteurs (ici, par les participants des démarches de PAT) et définis selon la perception qu'ils ont de leur positionnement à l'égard de la ou des problématiques identifiées.

Pour que les PAT contribuent à l'émergence de SAT, leur enjeu est précisément d'être en capacité « d'intéresser » les acteurs identifiés comme ayant un rôle à jouer dans la démarche, qui souvent ne participent pas à l'étape de problématisation et ne portent pas nécessairement des positionnements et des buts en phase avec ceux qui sont partagés par les traducteurs, afin de les enrôler. L'intéressement renvoie ici au processus par lequel l'entité traductrice va tenter d'assurer l'alliance des acteurs identifiés. De nombreux dispositifs et stratégies sont mis en œuvre par les PAT en ce sens (sollicitation, information, sensibilisation, argumentation), en s'appuyant souvent sur des acteurs intermédiaires qui vont jouer un rôle de porte-parole et éventuellement de mobilisation, comme les chambres consulaires, par exemple. Cependant, les difficultés de mobilisation auxquelles sont souvent confrontés les PAT peuvent conduire à une sous-représentation de certains acteurs et enjeux dans la démarche, limitant leur capacité d'enrôlement et de transformation du système.

CONCLUSION
Le développement de nouvelles notions en sciences sociales au service d'une action publique renouvelée

Les concepts de SAT et de VAT nous invitent à repenser les politiques publiques et leur façon d'appréhender les enjeux sociaux et écologiques. Ils renouvellent le rapport au territoire, qui n'est plus un simple support pour le développement d'activités économiques dans une perspective de croissance, mais bien un potentiel pour engager une transformation profonde de nos systèmes productifs et répondre aux besoins fondamentaux de la société. Ils permettent, au-delà, de penser en termes de métabolisme économique territorial au travers des flux, des relations et des ressources locales. Les multiples ruptures dans les chaînes d'approvisionnement liées à la crise sanitaire, la guerre en Ukraine ou encore la crise climatique aggravant les phénomènes de sécheresse, ont confirmé cette nécessité. Ce processus de reterritorialisation de l'économie, s'il est d'ores-et-déjà à l'œuvre, tend ainsi à s'accélérer, avec par exemple, l'émergence de politiques en faveur de la souveraineté.

Cependant, pour aller plus loin et agir en faveur de l'opérationnalisation de ces concepts, se pose aujourd'hui la question plus large des conditions et facteurs susceptibles de favoriser l'émergence de nouvelles trajectoires territoriales de transition vers la durabilité. Nous suggérons que les politiques publiques doivent contribuer à l'enrôlement des acteurs et leur coordination à l'échelle locale pour créer les conditions de l'émergence de telles trajectoires. L'accompagnement par la recherche de ces processus permettra d'en identifier les freins et leviers.

Au-delà, les approches en termes de VAT et de SAT, coconstruites par des acteurs du monde académique, ceux du monde des institutions publiques et ceux du monde de l'entreprise, montrent que le renouveau des politiques publiques passe par des espaces de dialogue comme celui que constitue le CAE. Ces approches, coconstruites, ont plus de chance de faire évoluer les politiques publiques que celles qui consistent à chercher à transférer vers le monde de l'économie réelle des concepts entièrement pensés ou issus du monde académique. Cependant, le véritable succès d'approches et de notions nouvelles coconstruites serait que celles-ci se diffusent dans d'autres contextes politiques et institutionnels que celui de la France, au niveau européen, notamment. Ce défi est l'affaire de tous les acteurs impliqués dans ces démarches novatrices.

RÉFÉRENCES BIBLIOGRAPHIQUES

Bui S., 2015, *Pour une approche territoriale des transitions écologiques. Analyse de la transition vers l'agroécologie dans la Biovallée (1970-2015)*, Doctorat, AgroParisTech.

Callon M., 2006, « Sociologie de l'acteur réseau »,in Akrich M., Callon M., Latour B., *Sociologie de la traduction. Textes fondateurs*, Presses des Mines, p. 267-276.

Club d'analyse Économique Occitanie, 2019, *Mutations et valeur ajoutée territoriale : Comment se saisir des mutations actuelles et des nouveaux modèles économiques afin de favoriser la progression de la VAT de la région Occitanie ?*

Club d'analyse économique Occitanie, 2020, *Valeur ajoutée territoriale, transition écologique et autonomie productive sélective.*

Darrot C., Marie M., Hochedez C., Guillermin P., Guillemin P., 2019, « Frises chronologiques de la gouvernance de la transition agricole et alimentaire dans 4 villes de l'Ouest de la France : quels enseignements ? », in *13es Journées de la recherche en sciences sociales, « L'innovation sociale ».*

Del Corso J.-P., Képhaliacos C., 2012, « Améliorer la gouvernance territoriale de biens publics environnementaux au moyen d'institutions discursives », *Géographie, Économie, Société*, 14(4), p. 393-409.

Deverre C., Lamine C., 2010, « Les systèmes agroalimentaires alternatifs : une revue de travaux anglophones en sciences sociales », *Économie rurale, Agricultures, alimentations, territoires*, 317, p. 57-73.

Goodman D., Dupuis E.M., Goodman M.K., 2012, *Alternative Food Networks: Knowledge, Practice, and Politics*, Routledge.

Lamine C., 2012, « 'Changer de système' : une analyse des transitions vers l'agriculture biologique à l'échelle des systèmes agri-alimentaires territoriaux », *Terrains travaux*, 20(1), p. 139-156.

Macé L., 2017, *La prise en compte et l'articulation des différents champs de l'alimentation dans les projets alimentaires territoriaux*, Rapport d'analyse comparative, RNPAT.

Malassis L., 1994, *Nourrir les hommes : un exposé pour comprendre, un essai pour réfléchir*, (vol. 16), Flammarion.

Marques S., 2008, « L'intersection entre le processus communicatif et la délibération publique », *Les Enjeux de l'information et de la communication*, 2008(1), p. 72-84.

Page A., N'diaye A., Duvernoy I., Duru M., 2002, « Système alimentaire territorialisé : définition », *Dictionnaire d'agroécologie*, https://dicoagroecologie.fr/dictionnaire/systeme-alimentaire-territorialise/ (consulté le 20/05/2022).

Rastoin J.-L, 2016, « Les systèmes alimentaires territorialisés : enjeux et stratégie de développement », *Journal Resolis*, 7, p. 12-18.
Rastoin J.-L., Ghersi G., 2010, *Le système alimentaire mondial : concepts et méthodes, analyses et dynamiques*, Éditions Quae, 584 p.
Torre A., Beuret J.E., 2012, *Proximités territoriales*, Economica, 105 p.
Touzard J.-M., Fournier S., 2014, « La complexité des systèmes alimentaires : un atout pour la sécurité alimentaire ? », *[VertigO] La revue électronique en sciences de l'environnement*, 14(1), p. 2-16.

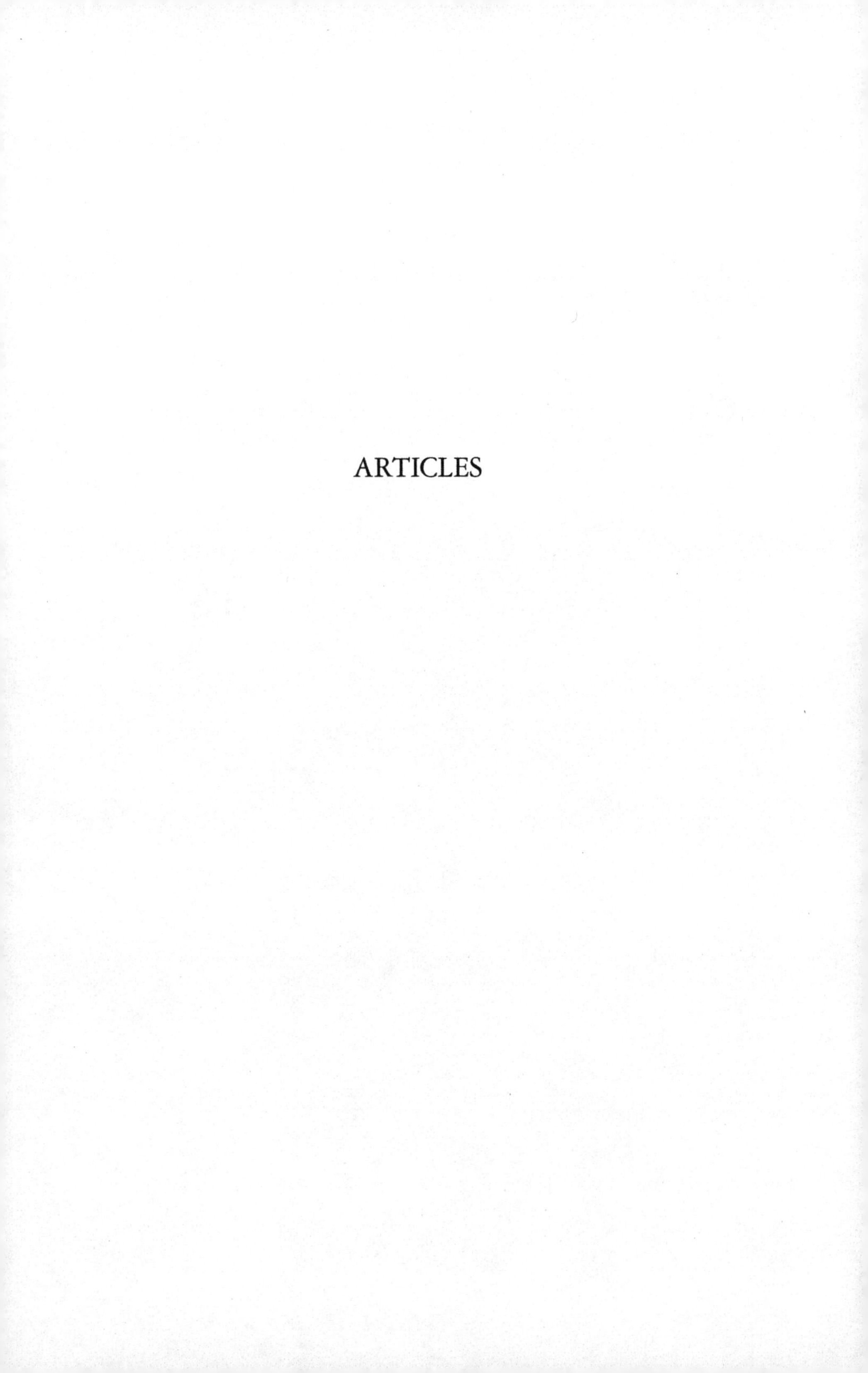

ARTICLES

LÉGITIMITÉ TERRITORIALE DES GRANDES SURFACES ALIMENTAIRES ET VENTE DE PRODUITS LOCAUX

Fabrice Cassou
IRGO, Université de Bordeaux

Marie-France Gauthier-Peiro
Bruno Mazières
CREOP EA 4332,
Université de Limoges

INTRODUCTION

L'ensemble des acteurs de la grande distribution alimentaire, sous le haut patronage du ministre de l'Agriculture et de l'Alimentation, ont signé le 9 novembre 2020 la charte d'engagements de mise en avant des produits frais et des produits locaux en grande distribution. Ses objectifs sont de mettre à la disposition des consommateurs des indications visibles et accessibles sur l'origine des produits locaux, de les mettre en avant ainsi que de nouer des partenariats avec des producteurs locaux afin de développer cette offre.

Aucun organisme ne donne une définition officielle d'un produit local, mais un consensus se dessine pour ne prendre en considération que la seule origine géographique (Aurier et Fort, 2005). Dès lors, il s'agit de prendre en compte différentes distances entre le lieu de production, celui de transformation, éventuellement, celui de distribution et enfin le lieu de consommation. Si la littérature marketing retient généralement une fourchette de 80 à 100 kilomètres (km) entre le lieu de production et celui de distribution (Merle *et al.*, 2016), la plupart des enseignes intègrent les lieux de production et de vente. La définition d'un produit local retenue dans le cadre de cette recherche est un produit fabriqué ou produit à moins de 80 km[1] du lieu de consommation par un producteur, artisan/TPE ou une PME à dimension locale.

Les actions de valorisation des produits locaux présentées ci-avant répondent aux attentes d'un consommateur soucieux de connaître l'origine et le lieu de fabrication des produits alimentaires qu'il achète (Ipsos, 2019)[2]. Face à l'uniformisation de l'alimentation, ce dernier est de plus en plus séduit par des produits proches de lui, de ses origines et de sa culture régionale. Les produits locaux, originaires d'un espace identifié et attachés à un terroir, sont également perçus comme authentiques (Pearson *et al.*, 2011). Ils répondent ainsi à une quête d'authenticité constituant « l'un des traits dominants chez le consommateur » (Fort et Fort, 2006, p. 146).

Le marché des produits locaux et régionaux représenterait 40 milliards d'euros en 2019 (Xerfi, 2020)[3]. Les modalités d'approvisionnement en produits locaux sont relativement variées : en hypermarchés, supermarchés, petits magasins, magasins bio, drive, livraison à domicile, marchés ou dans les lieux de production (François-Lecompte *et al.*, 2020). Les grandes surfaces alimentaires (GSA) sont devenues le deuxième acteur de la vente de produits locaux (Ipsos, 2019)[4]. La grande distribution, qui a longtemps cherché à normaliser et homogénéiser les besoins afin de générer une massification des achats, met en avant une offre locale qui peut jouer, dans l'esprit des consommateurs, sur l'amalgame entre local et durable. De nombreuses enseignes matérialisent ainsi depuis plusieurs années une offre de produits alimentaires locaux clairement identifiable (Produits U de nos régions en 2009, Alliances locales E. Leclerc en 2010 ou encore Le Meilleur d'ici chez Casino en 2011). Elles ont développé

1 Fourchette basse issue des travaux de Merle *et al.* (2016) qui retiennent de 80 à 100 km.

2 Ipsos, 2019, *Pour 79 % des Français l'origine géographique d'un produit est primordiale.* Rapport pour l'Observatoire E. Leclerc des nouvelles consommations, 19 novembre.

3 Xerfi, 2020, Les stratégies des acteurs sur le marché des produits locaux et régionaux, 25 novembre.

4 Deuxième lieu d'approvisionnement en produits locaux derrière les marchés de plein vent et devant les producteurs commercialisant sur leur exploitation et les magasins de producteurs (enquête Ipsos 2019).

le nombre de fournisseurs locaux partenaires, le nombre de références proposées et le linéaire qui leur est consacré (au sein d'espaces spécifiques, en têtes de gondoles ou à l'aide de stop-rayons). Les distributeurs ont adopté une politique de communication spécifique : catalogues spéciaux, animations ou organisation de salons en présence des producteurs sur le point de vente (Mazières et Gauthier, 2015).

Toutes ces actions sont certainement amenées à perdurer : une enquête Ipsos de 2019 révèle en effet que 95 % des Français trouvent important que leur grande surface habituelle soutienne l'économie locale et 92 % d'entre eux qu'elle sélectionne des produits provenant de leur région d'implantation. Ces chiffres tendent à démontrer que les produits locaux sont un outil au service de la légitimation de la grande distribution. En effet, si la question de la légitimité des circuits courts de proximité semble aller de soi dans les différentes études menées (Hérault-Fournier, 2013 ; Hérault-Fournier *et al.*, 2014 ; Dufeu et Ferrandi, 2013), ce n'est pas nécessairement le cas pour la grande distribution, régulièrement décriée dans les médias pour le caractère conflictuel des relations entretenues avec les producteurs locaux. Aussi, assurer la promotion des produits locaux permet aux GSA d'accroître leur légitimité (Messeghem, 2005). Le soutien apporté durant le confinement du printemps 2020 aux producteurs locaux, privés de débouchés sur les marchés et sur la restauration collective, est un autre exemple d'action visant à asseoir la légitimité des enseignes dans la commercialisation des produits locaux.

Donc, dans la mesure où les GSA sont légitimes dans la vente de produits locaux dont elles sont un acteur majeur, l'objectif de cette recherche est de s'intéresser aux conséquences que cela peut engendrer sur les intentions comportementales des consommateurs. Est-ce que cela permet de fidéliser leurs consommateurs ? Est-ce que ceux-ci vont alors recommander à leurs proches le magasin en question ? Enfin, sont-ils fidèles dans leurs achats de produits locaux à leur point de vente ? Ce travail repose sur une étude quantitative menée sur des consommateurs de GSA. Le cadre conceptuel est présenté en premier lieu, suivi de la méthodologie employée, les résultats et leur discussion. La conclusion et les voies de recherche termineront cette contribution.

1. CADRE CONCEPTUEL

Deux concepts sont au centre de cette recherche : la légitimité territoriale des enseignes de GSA, et la relation au point de vente de leurs clients consommateurs de produits locaux.

1.1. LÉGITIMITÉ TERRITORIALE DU POINT DE VENTE

La théorie institutionnelle implique que les normes définissent ce qui est ou non acceptable socialement (DiMaggio et Powell, 1983). Cela concerne directement les organisations dont le comportement est affecté par la perception des parties prenantes (Suchman, 1995). La légitimité de l'organisation comprend des dimensions pragmatiques, morales et cognitives (Suchman, 1995 ; Handelman et Arnold, 1999). La légitimité pragmatique vise à satisfaire l'intérêt des parties prenantes. La légitimité morale prend en compte les normes partagées telles que les valeurs socialement responsables ou la solidarité. Enfin, la légitimité cognitive correspond aux modalités mises en place par une organisation pour se faire comprendre de son environnement.

En marketing, la légitimité est relative au jugement des consommateurs. Comme le soulignent d'ailleurs Slimane *et al.* (2019, p. 392), « il existe un large consensus aussi bien en marketing qu'au regard de la théorie institutionnelle selon lequel les consommateurs sont des parties prenantes cruciales dans les processus de changement institutionnel ». Dans le contexte des produits locaux, les consommateurs achètent un produit répondant à leur besoin (dimension pragmatique) tout en privilégiant l'économie locale à travers les producteurs (dimension morale) dans un modèle de développement économique alternatif au financiarisme (dimension cognitive). Dans le champ de la distribution, il est admis que le respect des normes sociales par un distributeur peut lui permettre de se légitimer vis-à-vis des consommateurs (Arnold *et al.*, 2001). De plus, l'émergence du concept de responsabilité sociétale des entreprises (RSE) a contribué à la légitimation des distributeurs (Beylier *et al.*, 2012). Toutefois, les consommateurs doivent percevoir le partage de valeurs socioculturelles avec les distributeurs en question (Kates, 2004).

La notion d'authenticité est étroitement liée à la notion de légitimation (Dion *et al.*, 2012). Ainsi, il s'agit pour un distributeur de mettre en scène son assortiment de produits locaux (Pécot et De Barnier, 2017) en usant de signes à teneur symbolique (Camus, 2004) et d'éléments visuels pour communiquer sur des attributs spécifiques des produits (Celhay *et al.*, 2020). Les GSA mobilisent alors différents supports visuels pour faciliter le repérage des produits locaux (panneaux et habillage du mobilier) et mettre des informations au sujet des producteurs – affiches, promotion sur le lieu de vente (PLV) ou information sur le lieu de vente (ILV) et autres mécanismes de théâtralisation. De plus en plus, les GSA en font des espaces thématiques car l'effet de catégorisation au sein d'un même rayon améliore la visibilité de ce type de produits. En effet, le caractère local du produit, présent sur le packaging (mention de l'origine, ville et code postal du lieu de production), l'étiquette ou l'affiche tarifaire (indication du lieu d'origine pour les fruits et légumes) ne suffit pas toujours à l'identifier. Le regroupement au sein d'un même rayon combiné à la mise en œuvre de symboles visuels met en évidence l'importance accordée par le distributeur à la thématique et influe potentiellement sur l'authenticité perçue par les consommateurs de l'offre proposée.

Dion *et al.* (2012) insistent sur la nécessité pour une marque régionale et par extension locale de justifier sa légitimité. Différents auteurs ont axé leurs recherches sur l'origine de cette légitimité, qu'elle concerne les produits ou les organisations. Lapoutte et Cadiou (2014) considèrent que le niveau local ou l'ancrage territorial d'une organisation est un facteur de légitimité. Enfin, Beylier *et al.* (2012) avancent que la légitimité territoriale des producteurs locaux peut être transférée vers les points de vente distribuant leurs produits, assurant ainsi leur légitimité. Aussi, la proposition d'une offre locale par une GSA et la démonstration de ses relations bénéfiques avec les producteurs locaux peuvent attester de sa légitimité en tant qu'acteur de ce marché.

La question de la légitimité territoriale a été abordée récemment dans le champ de la distribution alimentaire (Beylier *et al.*, 2012 ; Lacœuilhe *et al.*, 2018). D'après Marchesnay (1998), la légitimité d'une entreprise peut provenir soit de la légitimité concurrentielle visant à maximiser l'efficience, soit de la légitimité territoriale en écho aux attentes du milieu environnant. Cette deuxième forme de légitimité, qui permet d'apprécier si une organisation répond ou non aux attentes de son environnement, comprend deux dimensions (Beylier *et al.*, 2012) : 1) l'imprégnation territoriale, dimension spatiale représentant la nature et l'intensité des liens mis en place avec les producteurs locaux ; 2) l'enracinement territorial, dimension temporelle de l'implantation de l'entreprise dans un territoire donné.

Sur le plan de l'objet de la recherche, les travaux, dans le contexte de la grande distribution alimentaire, ont jusque-là été menés sur les marques de distributeurs (MDD) de terroir ou plus largement sur les produits de terroir. Les GSA, acteurs majeurs de la commercialisation de produits locaux représentant 30 % de parts de marché des produits locaux et régionaux (Xerfi, 2020), souffrent également de contestations sur leurs relations avec les producteurs. Dekhili (2016) souligne que les objectifs définis par les distributeurs et l'impact de leur activité sont négatifs des points de vue sociaux et environnementaux, ceci en dépit d'engagements pris par les GSA avec leurs parties prenantes (Binninger, 2009). C'est ainsi qu'a été décidée en 2018 la mise en place d'une commission d'enquête parlementaire (en parallèle du vote de la loi Egalim) afin de mener des investigations sur la « situation et les pratiques de la grande distribution et de ses groupements dans leurs relations commerciales avec leurs fournisseurs[5] ». La question de la perception par les consommateurs de la légitimité territoriale des grandes surfaces alimentaires en tant qu'acteurs de la vente de produits locaux est donc particulièrement importante et stratégique.

1.2. LÉGITIMITÉ TERRITORIALE ET RELATION AU POINT DE VENTE DES CONSOMMATEURS DE PRODUITS LOCAUX

Dans la mesure où les consommateurs considèrent un point de vente de type GSA comme un acteur légitime sur le territoire pour vendre des produits locaux, se pose la question de l'impact de cette perception sur leur relation au point de vente. Ce questionnement est renforcé par le fait que différentes contributions soulignent l'importance de l'offre de produits locaux dans la relation entre consommateurs et points de vente. Selon Conche (2010), « la présence des producteurs régionaux et locaux est un élément souvent valorisant pour les enseignes ». De plus,

5 Dénomination de la commission parlementaire.

les produits locaux généreraient de meilleures intentions d'achat (Merle *et al.*, 2016). Enfin, au regard des recommandations de Lacœuilhe *et al.* (2018), les conséquences comportementales de la légitimité territoriale au sein des GSA mériteraient d'être examinées. Aussi, l'impact de la légitimité territoriale sera-t-il appréhendé ici en termes de qualité de la relation et d'intentions comportementales futures.

1.2.1. Intentions comportementales futures envers le point de vente

Les travaux de recherche s'intéressent généralement aux antécédents de la légitimité (Beylier *et al.*, 2012 ; Dekhili, 2016). Toutefois, il est reconnu que la perception par les consommateurs de la légitimité d'un distributeur a des effets positifs sur sa performance (Arnold *et al.*, 2001). Aussi, quelques recherches ont été menées sur les conséquences de la légitimité. Elles se sont intéressées aux impacts relationnels (Martinez-Navalon *et al.*, 2019 ; Del-Castillo-Feito, 2020) mais également comportementaux (Chaney *et al.*, 2015 ; Chaney *et al.*, 2016).

Les questions de la fidélité et de la recommandation d'un point de vente ou d'un produit sont centrales au sein de la littérature en distribution (Zorgati, 2008). Afin d'étudier la notion même de fidélité *in fine*, la notion d'intentions comportementales futures (Zeithaml *et al.*, 1996), mobilisée dans la perception de la proximité de points de vente (Labbé-Pinlon *et al.*, 2016), sera ainsi intégrée aux dimensions précédentes. Deux mesures de la fidélité par ses conséquences (Lichtlé et Plichon, 2008) peuvent être distinguées : 1) l'intention de revenir au sein du magasin ; 2) l'intention de recommander ce même point de vente. Cette recherche a été menée auprès de consommateurs de produits locaux en GSA. Au regard des recommandations de Lacœuilhe *et al.* (2018), les conséquences comportementales de la légitimité territoriale des GSA sur les futurs achats de produits locaux, pris isolément du reste des achats au sein de la GSA, mériteraient d'être examinées.

L'étude de la fidélité des consommateurs, dans le contexte de la GSA, peut être appréhendée de deux manières : soit au niveau du point de vente, soit au niveau de l'enseigne. Dans l'étude des produits locaux, la notion de capital-enseigne du point de vente semble particulièrement complexe à appréhender, en raison de la mise en œuvre simultanée d'un marketing d'enseigne et d'un marketing du point de vente adapté au contexte local avec des producteurs nationaux, régionaux ou locaux (Fleck et Nabec, 2010). Ceci est particulièrement prégnant en France au sein des grandes surfaces en raison du caractère très entrepreneurial de commerçants appartenant aux réseaux de commerce coopératif et associé tels que E. Leclerc, Système U ou Intermarché (Cassou *et al.*, 2016) ou franchisés (en particulier au sein de Carrefour et Casino), eux-mêmes faisant partie de réseaux mixtes. Dès lors, il semble préférable de se focaliser sur le magasin en tant que tel.

Par conséquent, les hypothèses suivantes sont énoncées :

H1a : La perception de l'imprégnation territoriale du point de vente par les consommateurs de produits locaux a une influence positive sur leurs intentions de revenir au sein de cette GSA.

H1b : La perception de l'enracinement territorial du point de vente par les consommateurs de produits locaux a une influence positive sur leurs intentions de revenir au sein de cette GSA.

H2a : La perception de l'imprégnation territoriale du point de vente par les consommateurs de produits locaux a une influence positive sur leurs intentions de recommander cette GSA.

H2b : La perception de l'enracinement territorial du point de vente par les consommateurs de produits locaux a une influence positive sur leurs intentions de recommander cette GSA.

H3a : La perception de l'imprégnation territoriale du point de vente par les consommateurs de produits locaux a une influence positive sur leurs intentions comportementales futures spécifiques aux produits locaux à l'égard de cette GSA.

H3b : La perception de l'enracinement territorial du point de vente par les consommateurs de produits locaux a une influence positive sur leurs intentions comportementales futures spécifiques aux produits locaux à l'égard de cette GSA.

1.2.2. Qualité de la relation au point de vente

Le concept de qualité de la relation est central au sein de la littérature en marketing (Najjar *et al.*, 2011). De nombreux auteurs s'accordent alors sur le fait que la satisfaction, la confiance et l'engagement sont les trois dimensions majeures de cette qualité relationnelle (Athanasopoulou,

2009). Et, comme le soulignent Cissé-Depardon et N'Goala (2009 ; p. 48), « la satisfaction cumulée, la confiance et l'engagement peuvent être [...] considérés selon une chaîne causale du type : satisfaction cumulée → confiance → engagement → comportements de fidélité ». Il convient de noter que la notion de satisfaction est envisagée dans une optique de construit cumulatif (Garbarino et Johnson, 1999) dans la mesure où il ne s'agit pas d'étudier une transaction en particulier mais bien l'ensemble de la relation, dans une perspective récurrente. Les hypothèses peuvent donc être formulées ainsi :

H4a : La perception de l'imprégnation territoriale du point de vente par les consommateurs de produits locaux a une influence positive sur leur satisfaction à l'égard du point de vente.

H4b : La perception de l'enracinement territorial du point de vente par les consommateurs de produits locaux a une influence positive sur leur satisfaction à l'égard du point de vente.

H5 : La satisfaction des consommateurs de produits locaux à l'égard de leur point de vente a une influence positive sur leur confiance à l'égard de ce point de vente.

H6 : La confiance des consommateurs de produits locaux à l'égard de leur point de vente a une influence positive sur leur engagement à l'égard de ce point de vente

H7 : L'engagement des consommateurs de produits locaux à l'égard de leur point de vente a une influence positive sur leurs intentions de revenir au sein de cette GSA.

H8 : L'engagement des consommateurs de produits locaux à l'égard de leur point de vente a une influence positive sur leurs intentions de recommander cette GSA.

H9 : L'engagement des consommateurs de produits locaux à l'égard de leur point de vente a une influence positive sur leurs intentions comportementales futures spécifiques aux produits locaux à l'égard de cette GSA.

Le modèle de la recherche est synthétisé dans la figure 1.

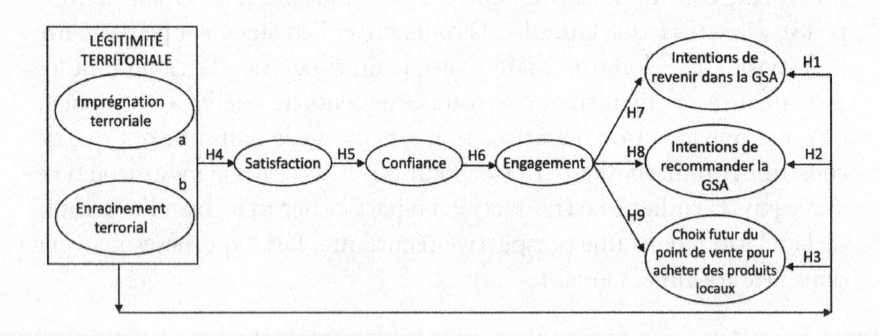

FIG. 1 – Modèle de la recherche.

2. MÉTHODOLOGIE

2.1. LE RECUEIL DES DONNÉES

La récolte des données a été effectuée selon deux techniques (en face-à-face – 77 % des réponses ou par Internet – 23 % des réponses), ceci par convenance. L'administration en face-à-face a été réalisée par des étudiants en DUT Techniques de commercialisation. Cet échantillon représente 421 individus (*cf.* tableau ci-dessous).

TAB. 1 – Caractéristiques de l'échantillon.

Échantillon	(%)
Femmes	61
Hommes	39
Cadres	14,3
Employés	13,9
Enseignants	10,8
Âge	41 ans en moyenne

Les données ont été collectées dans des points de vente de différentes tailles (supermarchés et hypermarchés), de statuts variés (coopératifs, franchisés et intégrés) appartenant à différents groupes de la grande distribution (Auchan, Casino, Cora, Intermarché, E. Leclerc et Système U). Ces magasins sont localisés principalement en zones périurbaines et rurales, dans différents départements du Grand Ouest (Corrèze, Creuse, Deux-Sèvres, Dordogne, Vienne et Haute-Vienne). Dans l'optique de clarifier auprès des répondants le concept de produit local, le questionnaire intégrait la définition suivante : « fabriqué ou produit à moins de 80 km par un petit producteur/artisan ou une PME locale ». Les produits locaux, qu'il s'agisse de ceux de producteurs (à leurs noms) ou réappropriés par le point de vente (en tant que marques de distributeur) ne sont ainsi pas distingués pour des questions de simplification et d'éventuelles difficultés des consommateurs à identifier chacun d'entre eux.

2.2. LES OUTILS DE MESURE

Différents outils de mesure ont été mobilisés (*cf.* tableau 1, en annexe). La perception de la légitimité territoriale de l'enseigne par les consommateurs a été mesurée à l'aide de l'échelle de Beylier *et al.* (2012), qui comporte deux dimensions : 1) l'imprégnation territoriale (quatre items) ; 2) l'enracinement territorial (trois items). Ces deux échelles ont été adaptées au contexte de l'étude : « produits de terroir » a été remplacé par « produits locaux » et « producteurs et TPE » ont été ajoutés à côté des « PME », tout en précisant leur ancrage « local ». Trois échelles ont été mobilisées pour évaluer le triptyque satisfaction-confiance-engagement. Les échelles choisies sont celles de Gurviez et Korchia (2002) pour les trois dimensions de la confiance (crédibilité, intégrité et bienveillance) et de Cissé-Depardon et N'Goala (2009) pour la satisfaction et l'engagement. Certains ajustements effectués par Dufeu et Ferrandi (2013) ont été repris. Des adaptations à notre contexte ont également été réalisées. Dans le prolongement des travaux de Cissé-Depardon et N'Goala (2009), l'hypothèse retenue concernant la chaîne relationnelle tend à ce que chaque concept en amont soit médiatisé totalement par les concepts en aval. L'intention comportementale future des consommateurs a été mesurée par une échelle de quatre items de Zeithaml *et al.* (1996) adaptée par Labbé-Pinlon *et al.* (2016). Deux items correspondaient à l'intention de revenir au sein du magasin et deux autres à l'intention de recommander ce point de vente. À l'instar de Schmitt *et al.* (2012), qui distinguent la notion de recommandation de l'autre dimension identifiée par Zeithaml *et al.* (1996), chaque notion a été testée séparément dans le cadre de cette étude en s'assurant au préalable de la cohérence interne de chacune d'entre elles. Enfin, une échelle sur le choix futur du point de vente de Dixon *et al.* (2005), traduite par Najjar *et al.* (2011), a été adaptée à notre contexte afin d'évaluer le choix futur du point de vente pour acheter des produits locaux.

3. LE TRAITEMENT DES DONNÉES

La méthodologie PLS a été sélectionnée car « particulièrement adaptée au développement théorique et aux approches prédictives » (Fernandes, 2012, p. 103) et sans nécessiter de grands échantillons (Lacroux, 2011). L'analyse a mobilisé le logiciel SmartPLS (Ringle *et al.*, 2015), privilégié au regard de ses qualités prédictives (Hair *et al.*, 2016) particulièrement importantes pour analyser le comportement futur des consommateurs.

Pour évaluer la fiabilité de la cohérence interne, Hair *et al.* (2016) recommandent l'utilisation de la fiabilité composite, pour laquelle les valeurs obtenues sont ici supérieures à 0,708 et peuvent être considérées comme « satisfaisantes ». Ceci est plus particulièrement le cas pour les deux dimensions « revenir au sein du magasin » (0,949) et « intention de recommandation du point de vente » (0,954) dont les valeurs sont très satisfaisantes. La deuxième étape a établi la validité convergente. Pour cela, deux mesures sont retenues : 1) les poids factoriels des indicateurs (*loadings*) ; 2) la variance moyenne extraite (AVE ou *Average Variance Extracted*). L'ensemble des 27 valeurs testées possède un poids factoriel significatif (> 0,708). L'ensemble des valeurs AVE sont supérieures au seuil de 0,50 correspondant à la moitié de la variance des indicateurs. Le tableau 2 présente ces résultats (voir annexes).

4. RÉSULTATS

L'exécution de l'algorithme PLS-SEM génère les relations hypothétiques entre les construits (Hair *et al.*, 2016). Afin de générer les valeurs, une procédure d'amorçage (*bootstrapping*) a été lancée à 5 000 reprises. Le tableau 3 (en annexe) présente l'examen du caractère significatif des chemins du modèle structurel.

Les trois premières hypothèses ont consisté à tester l'influence de la perception de la légitimité territoriale du point de vente dans ses deux dimensions (a - imprégnation territoriale et b - enracinement territorial) sur les trois intentions comportementales identifiées : 1) l'intention de revenir au sein du magasin (H1) ; 2) l'intention de recommander ce même point de vente (H2) ; 3) les intentions comportementales futures spécifiques aux produits locaux à l'égard de cette GSA (H3). L'hypothèse H1 est partiellement validée selon la dimension de la légitimité territoriale. En effet, H1a (imprégnation territoriale) est validée avec une valeur de 0,203 (p<0,01). À l'inverse, l'hypothèse H1b (enracinement territorial) a une influence négative sur les intentions des consommateurs de recommander cette GSA avec une valeur de – 0,159 (p<0,05). L'hypothèse H2 est supportée par nos données et les coefficients de chemins ont des valeurs de 0,185 (H3a ; p<0,01) et 0,109 (H3b ; p<0,05). Enfin, la troisième hypothèse (H3) est validée dans ses deux dimensions avec un poids de 0,231 (H1a ; p<0,01) et 0,184 (H1b ; p<0,01).

Les hypothèses suivantes sont relatives à la chaîne causale « satisfaction → confiance → engagement → comportements de fidélité ». L'hypothèse 4 est supportée par nos données et les coefficients de chemins ont des valeurs de 0,316 (H4a ; p<0,01) et 0,280 (H4b ; p<0,01). L'hypothèse H5, mesurant l'influence de la satisfaction sur la confiance est valide avec une valeur de 0,550 (p<0,01). La sixième hypothèse (H6) testant l'influence de la confiance sur l'engagement est également soutenue par les données avec une valeur de 0,455 (p<0,01). L'hypothèse H7, mesurant l'influence de l'engagement sur les intentions comportementales futures de revenir au sein du point de vente, est validée avec une valeur de 0,121 (p<0,05). C'est également le cas pour la huitième hypothèse (H8) attestant de la relation entre l'engagement et l'intention de recommander ce magasin avec une valeur de 0,381 ($p<0,00$). Enfin, la dernière hypothèse (H9) mesurant l'engagement sur le choix futur du point de vente pour ses achats de produits locaux est validée avec un poids de 0,338 ($p<0,00$). Les différentes hypothèses sont ainsi validées avec une forte significativité pour chacune d'entre elles.

L'analyse des effets indirects permet d'attester de la validité de la relation médiatrice avec des intervalles de confiance à 95 % dont aucun ne contient la valeur de zéro. L'ensemble des chemins entre les deux composantes de la légitimité territoriale et les comportements de fidélité sont significatifs, même si l'un d'entre eux a un caractère négatif. La chaîne causale est donc une relation médiatrice partielle.

DISCUSSION

Cette recherche s'inscrit dans la continuité des études menées sur les effets comportementaux de la légitimité et en particulier des achats futurs et des intentions de recommander (Chaney *et al.*, 2015 et 2016). L'originalité de ce travail tient à plusieurs aspects. Premièrement, les effets comportementaux de la légitimité territoriale n'ont jamais été pris en compte jusqu'alors (Beylier *et al.*, 2012 ; Lacœuilhe *et al.*, 2018). Deuxièmement, la légitimité territoriale a été appliquée au contexte des produits locaux alors que les travaux précédents l'ont appliquée aux MDD de terroir (Beylier *et al.*, 2012 ; Lacœuilhe *et al.*, 2018). Troisièmement, les études précédentes sur les produits locaux ne prenaient en compte que les acteurs plus classiques que sont les AMAP, points de vente collectifs et marchés de plein vent (Hérault-Fournier, 2013 ; Hérault-Fournier *et al.*, 2014 ; Dufeu et Ferrandi, 2013). La prise en considération des GSA permet de combler le manque d'intérêt pour cette forme de distribution qui est pourtant aujourd'hui un acteur incontournable du marché des produits locaux.

L'étude des résultats permet d'examiner les relations du modèle et les différences de poids des chemins entre les variables. Ainsi, la relation médiatrice satisfaction-confiance-engagement entre les deux composantes de la légitimité territoriale et les comportements de fidélité est plus performante que la relation directe vers les intentions de recommandation de la GSA et le choix futur du point de vente pour acheter des produits locaux. La chaîne relationnelle renforce donc les effets comportementaux de la légitimité territoriale. Toutefois, la relation directe entre l'imprégnation territoriale et les intentions de revenir au sein de la GSA est supérieure au poids issu de la relation médiatrice vers cette même variable. Il convient de noter que la relation directe entre l'enracinement territorial et les intentions de revenir au sein de la GSA est négative. Ainsi, la simple mise à disposition d'une offre de produits locaux ne semble pas suffisante pour fidéliser les consommateurs. La GSA doit valoriser son imprégnation territoriale (au travers de l'intensité de ses liens avec les producteurs locaux) ou renforcer la mise à disposition de cette offre grâce à la chaîne relationnelle. En effet, les effets indirects de l'enracinement territorial sur les intentions de revenir au sein de cette GSA sont positifs avec la relation médiatrice mais d'un apport faible (0,008 ; $p<0,1$).

La confiance est un concept central dans le contexte des produits locaux au regard des travaux de Dufeu et Ferrandi (2011) et Hérault-Fournier (2013). Dans ce travail, elle a un rôle conséquent au sein de la relation médiatrice. Dans les effets indirects des deux premières variables de la chaîne relationnelle, la confiance a un impact deux fois plus important que la satisfaction sur la recommandation du magasin (poids de 0,173 pour la confiance versus 0,095 pour la satisfaction) et sur l'intention d'y revenir pour acheter des produits locaux (poids de 0,154 versus 0,084). Ainsi, nos résultats corroborent l'importance de la confiance dans l'achat de produits locaux, même si celle-ci n'est pas essentielle au regard des relations directes significatives entre les construits de la légitimité territoriale et les effets comportementaux. Plus globalement, la chaîne relationnelle a un rôle médiateur déterminant sur la relation entre l'enracinement territorial et les intentions de revenir au sein de la GSA, dont la relation directe est négative (- 0,159).

La congruence entre l'offre et la perception de la qualité du point de vente (sa conception et son ambiance) contribue à la légitimité de celui-ci pour des produits de qualité (Chaney *et al.*, 2015). Aussi, les distributeurs, dans leur volonté de mise en avant des produits locaux, doivent-ils veiller à proposer un espace de vente adéquat (en termes de théâtralisation par exemple). Toutefois, il convient de mettre en garde les responsables de points de vente de ne pas mobiliser trop d'archétypes et de trop vouloir accentuer l'ancrage territorial sous peine que les consommateurs perçoivent les enseignes de distribution comme artificielles (Dion *et al.*, 2012). Ainsi, la légitimité du distributeur pourrait être remise en cause et correspondre à du *local-washing* (Paredis, 2020) qui consisterait à valoriser l'ancrage territorial de manière abusive au regard de l'étendue de l'offre et de sa qualité. Chaney *et al.*, 2016 ont attesté que la diminution de la perception de la légitimité du distributeur affecte négativement les intentions comportementales des consommateurs. Dès lors, il est possible de recommander aux managers de GSA de veiller à un certain équilibre entre la mise en œuvre d'éléments visuels attestant de la légitimité territoriale du point de vente dans la vente de produits locaux.

Certaines échelles, mesurant l'enracinement territorial et les intentions comportementales relatives au point de vente, prêtent à discussion et peuvent constituer une première limite à ce travail. Premièrement, l'aspect temporel de la légitimité territoriale de l'échelle de Beylier *et al.* (2012), mesuré au travers de l'enracinement du point de vente, n'apparaît pas explicitement dans les items. Même si les auteurs considèrent que cette dimension transparaît « grâce à une reconnaissance et une mise en valeur de la tradition » (Beylier *et al.*, 2012, p. 37), il serait intéressant de reformuler les items en prenant en compte la notion d'antériorité (Pecot et De Barnier, 2017). Nous proposons par exemple d'ajouter l'expression : « depuis plusieurs années ». Deuxièmement, la mesure des intentions comportementales futures des clients de GSA implique de mesurer séparément chacune des deux dimensions la composant, à savoir l'intention de revenir au sein du point de vente et l'intention de recommander celui-ci. Ceci se justifie par le fait qu'il s'agit de deux intentions comportementales distinctes (Zeithaml *et al.*, 1996). Le chemin de l'hypothèse 7 est le moins significatif statistiquement et surtout a le coefficient de chemin le plus faible du modèle (0,121). Or, le magasin étudié dans le questionnaire est celui auquel les clients sont censés être fidèles. La question du choix de l'échelle doit être prise en compte. En l'occurrence, Labbé-Pinlon *et al.* (2016) l'ont mobilisée avec un succès relatif dans leurs trois échantillons. En effet, si les poids factoriels étaient satisfaisants concernant les items de recommandation (équivalents à FR1 et FR2), ils étaient insuffisants (car inférieurs au seuil de 0,708) pour les items d'intention de revenir au magasin (équivalents à FV1 et

FV2). Cette étude était, de plus, menée sur des magasins de proximité du réseau Système U, un contexte proche de celui des GSA. Le choix de cette échelle pour mesurer la probabilité pour les clients de revenir dans leur point de vente est donc à relativiser même si le fait d'avoir scindé l'échelle a engendré deux chemins significatifs. L'échelle de Zeithaml *et al.* (1996) ne semble pas être mise en cause par d'autres travaux mais peut-être que la formulation des questions adaptées au contexte francophone par Labbé-Pinlon *et al.* (2016), reprise dans cette recherche, engendre ce niveau de réponses auprès des personnes interrogées.

Aussi, des échelles spécifiques comportant plus de deux items pour mesurer chaque variable auraient pu être mobilisées.

D'autres limites peuvent aussi être identifiées. Dans les travaux précédents sur la légitimité territoriale des GSA, des antécédents à la légitimité ont été intégrés. Aussi, il aurait été enrichissant de prendre en compte l'image et l'attitude des consommateurs à l'égard des produits locaux (Lacœuilhe *et al.*, 2018). Enfin, la collecte des données réalisée sur un espace géographique à dominance rurale peut amener à une certaine prudence quant à la généralisation des résultats obtenus. En effet, la perception des produits locaux pourrait être différente du fait d'une proximité et d'une exposition à une offre locale souvent plus importante.

CONCLUSION ET VOIES DE RECHERCHE

La grande distribution à dominante alimentaire a toujours proposé une offre de produits locaux; elle déploie cependant depuis plusieurs années des efforts importants de communication à cet égard. Cette recherche s'inscrit dans cette perspective et prouve que l'assortiment de produits locaux est un facteur de recommandation et de fidélisation au point de vente, qu'il s'agisse d'acheter des produits locaux ou tout autre type de produit. Les GSA ont donc probablement intérêt à développer cette offre bénéfique à trois niveaux : 1) pour augmenter le panier moyen en évitant que leurs clients fassent leurs achats de produits locaux dans une autre GSA ou un autre canal de distribution; 2) pour développer leur image de marque et d'attractivité vis-à-vis des non clients de leur magasin et des non consommateurs de produits locaux dans le contexte de la GSA ; 3) pour fidéliser les clients ponctuels qui viennent pour cette offre spécifique et qui pourraient y effectuer leurs autres achats, alimentaires ou non. Dans cette perspective, l'offre de produits locaux est un levier de conquête de parts de marché dans un contexte extrêmement concurrentiel.

Dans les travaux futurs, la prise en compte de la typicité du produit (Beylier *et al.*, 2012) pourrait être une variable pertinente dans la perception locale du produit par les consommateurs. Concernant les points de vente, il convient de noter que la majorité des GSA qui communiquent traditionnellement sur leur offre de produits locaux sont des enseignes de commerce coopératif et associé (Système U, Intermarché et E. Leclerc). Au regard de la nature juridique coopérative de Système U et E. Leclerc, qui relève ainsi de l'économie sociale, il serait intéressant d'examiner si ces enseignes peuvent être perçues plus légitimes par les consommateurs que les réseaux succursalistes et franchisés, en particulier pour la dimension cognitive (Lapoutte et Cadiou, 2004). Les réseaux de commerce coopératif et associés sont habitués, du fait de leur fonctionnement plus décentralisé avec le caractère indépendant de leurs membres et la nature de leurs engagements contractuels, à décider d'une partie de leur assortiment (Cassou *et al.*, 2016). Les groupements succursalistes ou mixtes, apparaissent moins enclins à la mise en place d'une offre locale (Xerfi, 2020). Les initiatives à l'égard des produits locaux sont ainsi très variées selon les enseignes. Certains réseaux ont mis en place des MDD de terroir au niveau local (alliances locales d'E. Leclerc), ont noué des initiatives locales d'assortiments (Système U, Intermarché et E. Leclerc voire des magasins franchisés de Carrefour), ont structuré des filiales (Filières Qualité de Carrefour) ou ont pris des initiatives au niveau régional (Auchan). Toutefois, la demande de produits locaux a fortement augmenté avec la crise sanitaire et a abouti à un développement fort des initiatives des GSA, quelle que soit leur nature organisationnelle, envers l'offre locale (Xerfi, 2020). Ces groupements ont ainsi mis en place différentes actions pour faciliter le référencement des producteurs locaux (1 000 pro pour le groupe Casino) ou encore permettre à des *shops in shops* d'intégrer leurs hypermarchés (A2pas d'ici ou Têtes-Bêches en partenariat avec Auchan). Il convient également de se demander dans quelle mesure l'adhésion des principales enseignes de

GSA à la charte gouvernementale du 9 novembre 2020[6], associée à une demande croissante de la part des consommateurs, pourrait conduire à une certaine convergence des pratiques de commercialisation des produits locaux. Cette signature peut être assimilée à la notion d'isomorphisme selon DiMaggio et Powell (1983) dans sa dimension coercitive (attentes culturelles de la société et pression exercée par l'État) qui pourrait être à l'origine d'un isomorphisme mimétique (uniformisation des pratiques des organisations d'un même champ).

6 Ministère de l'Agriculture et de l'Alimentation, 2020, Charte d'engagements de mise en avant des produits frais agricoles, aquatiques et des produits locaux en grande distribution, disponible sur https://agriculture.gouv.fr/charte-dengagements-de-mise-en-avant-des-produits-frais-agricoles-aquatiques-et-des-produits-locaux, consulté le 16/06/2022.

RÉFÉRENCES BIBLIOGRAPHIQUES

Arnold S.J., Kozinets R.V., Handelman J.M., 2001, "Hometown ideology and retailer legitimation: The institutional semiotics of Wal-Mart flyers", *Journal of Retailing*, 77(2), p. 243-271.

Athanasopoulou P., 2009, "Relationship quality: A critical literature review and research agenda", *European Journal of Marketing*, 43, 5/6, p. 583-610.

Aurier P., Fort F., 2005, « Effets de la région d'origine, du produit, de la marque et de leurs congruences, sur l'évaluation des consommateurs : application aux produits agroalimentaires », *Recherche et Applications en Marketing*, 20(4), p. 29-52.

Beylier R.-P., Messeghem K., Fort F., 2012, « Rôle des MDD de terroir dans la construction de la légitimité des distributeurs », *Décisions Marketing*, 66, p. 35-45.

Binninger A.-S., 2009, « Développement durable : une analyse comparative des rapports de cinq enseignes alimentaires », *Revue Française Du Marketing*, 223(3/5), p. 79-91.

Camus S., 2004, « L'authenticité marchande perçue et la persuasion de la communication par l'authentification : une application au domaine alimentaire », *Recherche et Applications en Marketing*, 19(4), p. 39-63.

Cassou F., Cliquet G., Perrigot R., 2016, « L'importance de la solidarité au sein des réseaux de vente au détail : le cas du commerce coopératif et associé à dominante alimentaire », *Management & Avenir*, 89, p. 153-174.

Celhay F., Magnier L., Schoormans J., 2020, "Hip and authentic. Defining neo-retro style in package design", *International Journal of Design*, 14(1), p. 35-49.

Chaney D., Lunardo R., Saintives C., 2015, "In-store quality (in) congruency as a driver of perceived legitimacy and shopping behavior", *Journal of Retailing and Consumer Services*, 24, p. 51-59.

Chaney D., Lunardo R., Bressolles G., 2016, "Making the store a place of learning: The effects of in-store educational activities on retailer legitimacy and shopping intentions", *Journal of Business Research*, 69(12), p. 5886–5893.

Cissé-Depardon K., N'Goala G., 2009, « Les effets de la satisfaction, de la confiance et de l'engagement vis-à-vis d'une marque sur la participation des consommateurs à un boycott », *Recherche et Applications en Marketing*, 24(1), p. 43-67.

Conche J., 2010, *La vente de vin en grande distribution*, Bordeaux, Éditions Féret.

Dekhili S., 2016, « Les enseignes de la grande distribution : quelle légitimité pour commercialiser des produits écologiques du point de vue des consommateurs ? », *Revue Management et Avenir*, 87(5), p. 55-77.

Del-Castillo-Feito C., Blanco-González A., Delgado-Alemany R., 2020, "The relationship between image, legitimacy, and reputation as a sustainable strategy: Students' versus professors' perceptions in the higher education sector", *Sustainability*, 12(3), p. 1189.

DiMaggio P.J., Powell W.W., 1983, "The iron cage revisited: Institutional isomorphism and collective rationality in organizational fields", *American sociological review*, p. 147-160.

Dion D., Sitz L., Rémy É., 2012, « Légitimité et authenticité des affiliations ethniques : le cas du régionalisme », *Recherche et Applications en Marketing*, 27(1), p. 59-77.

Dixon J., Bridson K., Evans J., Morrison M., 2005, "An alternative perspective on relationships, loyalty and future store choice", *International Review of Retail Distribution and Consumer Research*, 15(4), p. 351-374.

Dufeu I., Ferrandi J.-M., 2011, « Proximité perçue, confiance, satisfaction et engagement des consommateurs dans le cadre d'une économie du lien : les AMAP », *5es Journées de recherches en sciences sociales, AgroSup Dijon*, vol. 5, 12 p.

Dufeu I., Ferrandi J.-M., 2013, « Les ressorts de l'engagement dans une forme particulière d'échange collaboratif entre producteur et consommateurs : les AMAP », *Décisions Marketing*, 72, p. 157-178.

Fernandes V., 2012, « En quoi l'approche PLS est-elle une méthode à (re)-découvrir pour les chercheurs en management ? », *M@n@gement*, 15(1), p. 102-123.

Fleck N., Nabec L., 2010, « L'enseigne : un capital pour le distributeur », *Management Avenir*, 8, p. 14-32.

Fort F., Fort F., 2006, « Alternatives marketing pour les produits de terroir », *Revue française de gestion*, 162(3): 145-159.

François-Lecompte A., Innocent M., Kreziak D., Prim-Allaz I., 2020, « Confinement et comportements alimentaires », *Revue française de gestion*, 46(293), p. 55-80.

Garbarino E., Johnson M.S., 1999, "The different roles of satisfaction, trust, and commitment in customer relationships", *Journal of Marketing*, 63, p. 70-87.

Gurviez P., Korchia M., 2002, « Proposition d'une échelle de mesure multidimensionnelle de la confiance dans la marque », *Recherche et Applications en Marketing*, 17(3), p. 41-61.

Hair Jr J.F., Hult G.T.M., Ringle C., Sarstedt M., 2016, *A primer on partial least squares structural equation modeling (PLS-SEM)*, 2d edition, Thousand Oaks, Sage Publications.

Handelman J.M., Arnold S.J., 1999, "The role of marketing actions with a social dimension: Appeals to the institutional environment", *Journal of marketing*, 63(3), p. 33-48.

Hérault-Fournier C., 2013, « Est-on vraiment proche en vente directe ? Typologie des consommateurs en fonction de la proximité perçue dans trois formes de vente : AMAP, points de vente collectifs et marchés », *Management & avenir*, 6, p. 167-184.

Hérault-Fournier C., Merle A., Prigent-Simonin A.-H., 2014, « Diagnostiquer la proximité perçue en vente directe de produits alimentaires », *Décisions Marketing*, 73, p. 89-108.

Kates S.M., 2004, "The dynamics of brand legitimacy: An interpretive study in the gay men's community", *Journal of consumer research*, 31(2), p. 455-464.

Labbé-Pinlon B., Lombart C., Louis D., 2016, « Impact de la proximité perçue d'un magasin sur la fidélité des clients : le cas des magasins d'enseignes alimentaires de proximité », *Management & Avenir*, 2, p. 73-94.

Lacœuilhe J., Louis D., Lombart C., 2018, « Contribution des MDD de terroir à la légitimité et aux images RSE et prix des distributeurs », *Recherche et Applications en Marketing*, 33(4), p. 78-97.

Lacroux A., 2011, « Les avantages et les limites de la méthode 'Partial Least Square' (PLS) : une illustration empirique dans le domaine de la GRH », *Revue de gestion des ressources humaines*, 2, p. 45-64.

Lapoutte A., Cadiou C., 2014, « Gouvernance et entreprise mutualiste : la légitimité en question », *Recherches en Sciences de Gestion*, 2, p. 175-194.

Lichtlé M.C., Plichon V., 2008, « Mieux comprendre la fidélité des consommateurs », *Recherche et Applications en Marketing*, 23(4), p. 121-141.

Marchesnay M., 1998, « L'entrepreneuriat rural en quête de légitimité ». In Miclet G., Sirieix L. et Thoyer S., *Agriculture et alimentation en quête de nouvelles légitimités*, Economica, Paris, p. 199-220.

Martinez-Navalon J. G., Blanco-Gonzalez A., Prado-Roman A., 2019, « Un análisis de la satisfacción de los stakeholders y la legitimidad. El modelo de negocio de la institución universitaria », *Revista Espacios*, 40(16), p. 27.

Mazières B., Gauthier M.F., 2015, « Achat de produits locaux et proximité perçue en grandes surfaces alimentaires », *18e colloque international Étienne Thil*, Paris, 14-16 octobre.

Merle A., Hérault-Fournier C., Werle C.O., 2016, « Les effets de la mention d'origine géographique locale sur les perceptions alimentaires », *Recherche et Applications en Marketing*, 31(1), p. 28-45.

Messeghem K., 2005, « Les distributeurs en quête de légitimité : le cas des accords de coopération avec les PME », *Décisions Marketing*, p. 57-66.

Najjar H., Najar C., Zaiem I., 2011, « Contribution de la qualité relationnelle à la fidélité des consommateurs et au choix du point de vente », *Revue Libanaise de Gestion et d'Économie*, 4(6), p. 47-79.

Paredis E., 2020, "Promoting Local Food: The Thin Line Between Local-Marketing and Local-Washing. An Analysis under EU Consumer Protection and Food Law", *Journal of European Consumer and Market Law*, 9(3), p. 104-115.

Pearson D., Henryks J., Trott A., Jones P., Parker G., Dumaresq D., Dyball R., 2011, "Local food: Understanding consumer motivations in innovative retail formats", *British Food Journal*, 113(7), p. 886-899.

Pecot F., De Barnier V., 2017, « Patrimoine de marque : le passé au service du management de la marque », *Recherche et Applications en Marketing*, 32(4), p. 77-96.

Ringle C.M., Wende S., Becker J.M., 2015, *SmartPLS 3*, Boenningstedt, SmartPLS GmbH, http://www.smartpls.com, consulté le 15/06/2022.

Schmitt P., Meyer S., Skiera B., 2012, « Étude du lien entre l'intention de recommander une entreprise et la valeur à vie de ses clients », *Recherche et Applications en Marketing*, 27(4), p. 121-143.

Slimane K. B., Chaney D., Humphreys A., Leca B., 2019, "Bringing institutional theory to marketing: Taking stock and future research directions", *Journal of Business Research*, 105, p. 389-394.

Suchman M.C., 1995, "Managing legitimacy: Strategic and institutional approaches", *Academy of management review*, 20(3), p. 571-610.

Zeithaml V.A., Berry L.L., Parasuraman A., 1996, "The Behavioral Consequences of Service Quality", *Journal of Marketing*, 60(2), p. 31-46.

Zorgati H., 2008, « Degré d'importance des actions de fidélisation », *La Revue des Sciences de Gestion*, 1, p. 103-109.

ANNEXE 1
Indicateurs de mesure

Variable latente	Indicateurs	
Donnez votre avis sur les phrases suivantes :		
Enracinement territorial	LE1	MON MAGASIN propose suffisamment de produits locaux
	LE2	MON MAGASIN met suffisamment en avant les produits locaux
	LE3	MON MAGASIN facilite l'accès aux produits locaux
Imprégnation territoriale	LI1	MON MAGASIN contribue au développement économique local
	LI2	MON MAGASIN est un partenaire loyal des producteurs, TPE et PME locaux
	LI3	MON MAGASIN est un partenaire indispensable des producteurs, TPE et PME locaux
	LI4	MON MAGASIN aide les producteurs, TPE et PME locaux à se développer en commercialisant leurs produits
Satisfaction	S1	Je suis content·e de la relation que j'ai établie avec MON MAGASIN
	S2	Je suis ravi·e des habitudes prises avec MON MAGASIN
	S3	Je suis satisfait·e de MON MAGASIN
	S4	J'ai bien fait de choisir MON MAGASIN
Confiance	C1	J'ai confiance en la qualité des produits de MON MAGASIN
	C2	Je ne cours aucun risque en achetant des produits de MON MAGASIN
	C3	MON MAGASIN fait attention à ce qui me convient le mieux
	C4	Les producteurs qui collaborent avec MON MAGASIN tiennent compte de mes intérêts
	C5	Je crois en la sincérité de MON MAGASIN
	C6	MON MAGASIN est honnête envers moi

Engagement	E1	Je suis attaché·e à mon MAGASIN
	E2	Je trouverais difficile de changer de MAGASIN
Intentions de revenir au sein du magasin	FV1	Quelle est la probabilité que vous reveniez dans VOTRE MAGASIN à l'avenir ?
	FV2	Quelle est la probabilité que vous reveniez dans VOTRE MAGASIN pour y réaliser de futurs achats ?
Intentions de recomman-dation du magasin	FR1	Quelle est la probabilité que vous recommandiez VOTRE MAGASIN à des gens que vous connaissez ?
	FR2	Quelle est la probabilité que vous recommandiez des produits de VOTRE MAGASIN à des gens que vous connaissez ?
Choix futur du magasin pour acheter des produits locaux	FCL1	Je ferai la plupart de mes achats futurs de produits locaux dans MON MAGASIN
	FCL2	Je visiterai MON MAGASIN très prochainement pour l'acquisition des produits locaux dont j'ai besoin
	FCL3	Je considère ce point de vente comme MON MAGASIN principal pour effectuer mes futurs achats de produits locaux
	FCL4	Je réaliserai la part la plus importante de mes futurs achats de produits locaux dans MON MAGASIN

ANNEXE 2
Résultats des indicateurs de mesure

Variable latente	Indicateurs	Validité convergente		Fiabilité de la cohérence interne	Validité discriminante
		Poids factoriel	AVE	Fiabilité composite	Intervalle de confiance HTMT < 0,85
Enracinement territorial	LE1	0,865	0,793	0,92	Oui
	LE2	0,919			
	LE3	0,887			
Imprégnation territoriale	LI1	0,837	0,77	0,931	Oui
	LI2	0,894			
	LI3	0,869			
	LI4	0,909			
Satisfaction	S1	0,843	0,758	0,926	Oui
	S2	0,896			
	S3	0,877			
	S4	0,864			
Confiance	C1	0,785	0,654	0,919	Oui
	C2	0,787			
	C3	0,803			
	C4	0,747			
	C5	0,871			
	C6	0,854			
Engagement	E1	0,934	0,869	0,93	Oui
	E2	0,931			

Intentions de revenir au sein du magasin	FV1	0,952	0,903	0,949	Oui
	FV2	0,949			
Intentions de recommandation du magasin	FR1	0,956	0,912	0,954	Oui
	FR2	0,954			
Choix futur du magasin pour acheter des produits locaux	FCL1	0,837	0,763	0,928	Oui
	FCL2	0,874			
	FCL3	0,916			
	FCL4	0,866			

ANNEXE 3
Examen du caractère significatif des chemins du modèle structurel

Chemins	Effets directs			Effets indirects		
	Poids original	Valeur p	Caractère significatif	Poids original	Valeur p	Caractère significatif
Imprégnation territoriale -> Satisfaction	0,316	0	Oui ***			
Enracinement territorial -> Satisfaction	0,28	0	Oui ***			
Imprégnation territoriale -> Confiance				0,174	0	Oui ***
Enracinement territorial -> Confiance				0,154	0	Oui ***
Imprégnation territoriale -> Engagement				0,079	0	Oui ***
Enracinement territorial -> Engagement				0,07	0,001	Oui ***
Satisfaction -> Intentions de revenir dans la GSA				0,03	0,039	Oui **
Satisfaction -> Intentions de recommandation GSA				0,095	0	Oui ***
Satisfaction -> Choix futur point de vente pour acheter des produits locaux				0,084	0	Oui ***
Satisfaction -> Confiance	0,55	0	Oui ***			
Satisfaction -> Engagement				0,25	0	Oui ***
Confiance -> Intentions de revenir dans la GSA				0,055	0,03	Oui **
Confiance -> Intentions de recommandation GSA				0,173	0	Oui ***
Confiance -> Choix futur point de vente pour acheter des produits locaux				0,154	0	Oui ***
Confiance -> Engagement	0,455	0	Oui ***			

Imprégnation territoriale -> Intentions de revenir au sein de la GSA	0,203	0,002	Oui ***	0,01	0,054	Oui *
Enracinement territorial -> Intentions de revenir au sein de la GSA	-0,159	0,013	Oui **	0,008	0,079	Oui *
Engagement -> Intentions de revenir dans la GSA	0,121	0,024	Oui **			
Imprégnation territoriale -> Intentions de recom-mandation GSA	0,185	0,001	Oui ***	0,03	0	Oui ***
Enracinement territorial -> Intentions de recom-mandation GSA	0,109	0,034	Oui **	0,027	0,003	Oui ***
Engagement -> Intentions de recommandation GSA	0,381	0	Oui ***			
Imprégnation territoriale -> Choix futur point de vente pour acheter des produits locaux	0,231	0	Oui ***	0,027	0,001	Oui ***
Enracinement territorial -> Choix futur point de vente pour acheter des produits locaux	0,184	0	Oui ***	0,024	0,005	Oui ***
Engagement -> Choix futur point de vente pour acheter des produits locaux	0,338	0	Oui ***			

(risque α = 10 % et p<0,10) - * significatif au seuil de 10 %, ** significatif au seuil de 5 %, *** significatif au seuil de 1 %.

THE ROLE OF ARTISANAL DAIRY VALUE CHAINS IN LOCAL EMPLOYMENT CREATION IN BURKINA FASO

Tuuli ORASMAA
Ministry of Agriculture and
Forestry of Finland

Guillaume DUTEURTRE
Christian CORNIAUX
Cirad, UMR Selmet

INTRODUCTION

Despite the deep transformation that has taken place in agri-food sector all over the developing world in the last 20 years, some agri-food value chains have remained mostly based on small-scale enterprises. Those artisanal values chains remain prominent in some developing regions for certain sectors such as fish processing, grain marketing, vegetable marketing, or in the livestock sector (Herr, 2007; UNDP, 2008).

Micro and small enterprises can spur socio-economic development by creating jobs. The large diversity of micro-enterprises plays an important role in offering outlets for local producers, creating local employment, making the most of local resources, and generating district economies (Grimm et al., 2012; Nichter and Goldmark, 2009; Mead and Liedholm, 1998).

However, micro-entrepreneurs do face considerable challenges in developing their businesses and in creating formal jobs (Grimm et al, 2012). In addition, they suffer from a strong competition from modernized and capitalistic global value chains supported by foreign and domestic investment (Devaux et al., 2016; Fayaerts et al., 2020). Modernized channels make better use of inputs, technology and equipment that allow productivity growth and scale economies. The modernization process also leads to better access to high value markets permitted by global value chains and international trade. This structural change is characterized by institutional innovations such as new quality standards, contract farming, or producers' organizations that support farmers' market participation (Swinnen and Kuipers, 2018).

In that context, what can be the role of artisanal value chains in local employment creation? Would it be more socially efficient to promote modernized channels at the expense of the jobs provided by micro-entrepreneurs? The dairy sector is an interesting case to study this question. Throughout the developing world, small-scale dairy processors, informal milk vendors and smallholder dairy farms represent an important share of the sub-sector's activity. This sector is highly inclusive, although this contribution has rarely been documented in the literature (Pratap et al., 2017; Corniaux et al., 2014). It is estimated that milk production supports 150 million milk producing households over the World, or more than 750 million people. Globally, with half of these households located in India and Pakistan, the average herd size of dairy farms in the world is 3 cows, which underlines the potential of this sector to support the living conditions of the poorest (FAO, 2018). In contrast, formal private industries and large-scale farms compete to acquire new market shares and provide growing returns to the sector. But this formal sector sometimes fails to be inclusive, especially for local jobs, because of higher labor productivity (Duteurtre et al., 2020).

Over the past twenty years, the market for dairy products in developing and emerging countries has grown significantly. In Africa, in particular, total milk consumption rose from 27.2 to 43.6 million tons, milk equivalent (ME) between 2000-2013. While this market expansion was mainly due to population growth, consumption per capita also increased from 37 to 43 kg ME/person/year during the same period (Faostat, 2020). This steady increase of the market has offered opportunities for the local dairy industry to develop further. However, in most African countries, the development of the milk processing sector has not primarily relied on local milk sourcing. Rather, many countries have depended heavily on the importation of milk powder and other manufactured products.

The share of dairy imports is particularly important in West Africa, where imports amount to 32% of the volume of domestic milk supply (Richard et al., 2019). Imported products play an even more important role in urban areas. In Bamako (Mali), Dakar and Saint-Louis (Senegal), they represent more than 90% of dairy consumption (Corniaux et al., 2014). Imported milk powder is primarily used by milk processing industries located in the main cities. Rather than being involved in global value chains from the producers' segment, the West-African milk sector has suffered from a strong competition of cheap imported milk powder (Duteurtre, 2007). As a result, the West-African dairy sector has been characterized by low investment from retailing firms and processors, and by limited export potential.

In parallel, small-scale dairy processors (French: *minilaiteries* or *UTL – Unités de Transformation laitière*) have expanded across West Africa since the early 2000s. As a matter of fact, large-scale industrial processing units have only been settled in the main capital cities, and they remained limited in numbers (Corniaux et al., 2014). Although small-scale units often also use milk powder in addition to local milk (*ibid.*), they offer an interesting opportunity to enhance positive socio-economic impacts of the dairy industry. Small-scale dairy processors represent a large diversity of micro-enterprises such as milk collection centres, artisanal processors, cheese processors, or small industries. They all contribute to offer outlets for producers, and to generate local jobs (Oudet, 2010; VSF, 2020).

While micro-entrepreneurs can support socio-economic development by creating jobs, the question remains as to whether they are an efficient channel to expand local milk processing. Despite their informal features, the absence of standards, and the low industrial investments, *are dairy artisanal value chains able to create local employment, in particular in the production and processing segments of the value chain?* To contribute to respond to this question, we propose to assess the contribution of small-scale dairy processors in employment creation in one region of

Burkina Faso. We choose this country because of the particular importance of the artisanal small-scale mil processors in comparison with its neighbor countries.

1. METHODOLOGY

1.1. CONCEPTUAL FRAMEWORK

In this study, we characterise a *value chain* by the flow of a product or group of products from 'upstream' (primary production) through different 'nodes' (processing, transport, distribution) all the way to 'downstream' (consumption). Among the various commodity chains approaches, the concept of value chain is especially interesting for this study, as it recognizes the unequal distribution of wealth between different nodes of the value chain (Raikes et al., 2000). The "global" or "local" dimensions of the value chains are important to understand since some actors might be involved in both types of value chains. In the milk sector, small-scale processors are involved in two types of marketing chains: local chains based on local raw milk processing, and global chains based on imported milk powder processing. These 2 types of value chains meet at the node of small-scale units, as they often use both types of raw materials. Consequently, it is crucial to identify *competition* mechanisms (or on the contrary *spillover effects*) between global and local value chains (Fayaerts et al., 2020).

We propose to understand value chain development through the concept of upgrading. Value-chain upgrading is about acquiring capabilities and accessing new market segments through participation in particular chains (Bolwig et al., 2010). Humphrey and Schmitz (2002) identify 4 types of upgrading strategies: (i) *process upgrading*: achieving more efficient production by reorganisation; (ii) *product upgrading*: moving into products with increased unit value; (iii) *functional upgrading*: increasing skill content; (iv) *inter-sectorial upgrading*: applying competences acquired in one function to a different sector/chain. This framework allows us to analyze the processors' strategies and practices regarding product processing, product marketing, commercial relations with upstream and downstream actors, and horizontal collaborations.

To analyze the contribution of the dairy sector to employment creation, we consider five types of employment (IFC, 2013): (i) *direct employment*, meaning jobs that are created in the processing sector itself; (ii) *indirect employment*, for jobs created in other sectors or nodes of the value chain; (iii) *induced employment*, meaning jobs resulting from direct and indirect employees spending more money; (iv) *second-order growth effects*, which referred to activities allowing enterprises to produce more, and more efficiently; and finally (v) *net job creation*, which consider job creation as well as job losses among competitors. The following Table 1 illustrates this framework adapted to our situation where few data are available to assess second-order growth effects.

We consider the contribution to direct employment in the production sector as one of the most important indicator of job creation (Swinnen and Kuipers, 2019; Diehl et al., 2018). This indicator relates to the inclusiveness of the value chain. We also consider small-scale milk processers as a potential inclusive business model defined as a "*commercially viable model that benefits low-income communities by including them in a company's value chain on the demand side as clients and consumers, and/or on the supply side as producers, entrepreneurs or employees*" (UNDP, 2008).

To investigate the role of small-scale processors in the dairy value chain, our study pays attention to *micro-entrepreneurship*. Small-scale milk processors are conceptualized as micro and small enterprises (MSEs). MSEs can be defined based on the number of their employees: 1-10 for microbusinesses and up to 50 for small enterprises (OCDE, 2005).

TAB. 1 – Types of employment generated in different commodity chains.

Location	Types of jobs	Actors of the value chain	Yoghurt produced from imported powder	Yoghurt produced from local milk
In Europe	Direct employment	Milk producers Employees of milk processing industries Employees in transport and logistics		
	Indirect employment	Input providers (for milk production, milk processing and transport and logistics)		
	Induced employment	Employees in all sectors that benefit from consumption of goods and services by employees of the milk sector		
In West-Africa	Direct employment	Agropastoral milk producers Intensive milk producers Milk collectors		
		Milk powder importers and traders		
		Employees of small-scale processors Distributors and retailers		
	Indirect employment	Input providers (for milk production)		
		Input providers (for milk processing, transport and logistics)		
	Induced employment	Employees in all sectors that benefit from consumption of goods and services by employees of the milk sector		

1.2. STUDY SITE

Burkina Faso has one of the largest cattle herds in West Africa (9 million heads). Milk production sector is dominated by pastoral and agro-pastoral herders who practice rangeland grazing and transhumance. Those extensive producers also feed their cattle with crop by-products during the dry season. Some intensive farms using forage cultivation and cross-bred cows are located in urban and peri-urban areas, but their number is limited to several dozen (Hamadou and Sanon, 2005). Depending on their livelihood strategy, milk producers (pastoralists, agro-pastoralists and intensive farms) sell between 0 and 80% of the milk produced on farm, depending on the season and on their mobility. Milk is sold mostly through informal channels, but also through collection schemes set up by milk processors (Hamadou and Sanon, 2005; Hamadou et al., 2003).

While quasi-inexistent in the 1980s, there were 175 small-scale processors (*minilaiteries*) in 2014 in Burkina Faso (MRA, 2015). Despite the high number of units they processed only around 3.6 million liters of cow milk in 2014, representing less than 2% of the total domestic milk production of 240 million liters. The rest is self-consumed by herders or sold locally (*ibid.*). At the time of the study, there was no industrial dairy processing plant active in the country. Around 30% of consumed dairy products were imported mostly under the form powder milk and processed products (MASA, 2013). Milk powder played a central role, as it accounted for around 70% of the volume of dairy imports (Faostat, 2020).

The study took place between February to May 2017 in the city of Bobo-Dioulasso (Hauts-Bassins region) located in the south-west Burkina Faso. The Hauts-Bassins region has the second largest number of cattle after the Sahel region, and milk is an important source of livelihoods (MRA, 2015). The population of Bobo-Dioulasso accounted to 800,000 inhabitants in 2017, which made it the second largest city in the country. The consumption of dairy products was relatively low with a vast majority of the inhabitants consuming dairy products less than twice per month except for fermented milk (*yaourt)* which was consumed up to three times per week (Hamadou et al., 2007).

1.3. SAMPLING AND DATA COLLECTION

Our survey focused on assessing the employment generated in the milk processing sector. Since no data were available on this sector, we collected data from the field.

The first step or our field work consisted on selecting the survey sample. To assess to population to be surveyed, we conduct a census of milk processors operating in the city. The names and contacts of local dairy processors were reported from product labels in 45 retail shops of Bobo-Dioulasso. Altogether, 50 processors were identified in an area of ten kilometres around the city centre. All processors were contacted and 15 of them were found to use local milk (at least partially), while the remaining 35 used exclusively milk powder. Among the 15 processors using local milk, only 14 were available for the survey. We selected all of them (14/15). Among the 35 exclusive milk powder processors, and given our limited time for survey, we decided to select 50% of them for the survey in order to get reliable information. We therefore selected 17 of them (17/35) randomly chosen. Totally, from the total population of 50 processors, we selected 31 of them to conduct the survey.

The second step of the work was the implementation of a one-visit questionnaire survey in those 31 processing units. The questionnaire included 3 parts:

i. Characterization of the profiles of the processing units and of their activities (type of business, gender, level of education, investments needs, equipment, quantity processed, types of products processed, type of raw ingredients);
ii. Main difficulties related to their business and to the use local milk in particular;
iii. Assessment of their socio-economic performance (production costs, financial margins and employment creation).

The third step, following the formal survey, was to conduct in-depth case studies. We decided to select 3 processing units, representing 3 contrasted processor types among the surveyed population. The 3 case studies were primarily used to deepen the findings yielded by the survey. To capture the diversity of the situations, we chose 1 small unit exclusively using milk powder (Case A), 1 small unit using local milk (Case B), and 1 middle size unit using local milk (Case C). Each of the three units (A, B and C) were monitored for 4-6 days and data were gathered through 13 semi-structured interviews and both participatory and non-participatory observations. We studied in particular the economic performance of the units, which was more difficult to capture in the formal survey.

The fourth step was to conduct "complementary interviews", in order to get a comprehensive understanding of the whole value chain. 20 retailers and 30 other key-informant stakeholders were interviewed (e.g., milk producers, traders and producer organizations). We also conducted follow-up interviews at the surveyed units after the formal survey, which allowed triangulation of the data.

1.4. DATA ANALYSIS

Our study focused on local direct and indirect employment, since the limited available information did not allow to assess the other employment categories. Local direct employment covered the number of employees and managers in the processing units. Indirect employment took into consideration the employment generated upstream of the value chain, mainly in milk production and collection activities. Indirect employment downstream of the value chain (distribution of processed products) was not considered in our survey given the limited time available on field.

In order to assess the social efficiency of different types of processing units, we proposed 3 indicators: (i) the number of direct and indirect jobs created per 100 liters of processed liquid milk equivalent (ii) the average wage for employees; (iii) and the share of women in total employment.

The data analysis included quantitative analysis conducted with Excel and SPSS and qualitative analysis of interviews using the methods described in Kvale (1996).

The milk equivalent (ME) coefficients used in calculations of technico-economic parameters were 7 for milk powder and 1 for sweet fermented milk and *dégué*, following the average stated by the informants. The coefficients for soft and hard cheeses were 2 and 4.4, respectively, and 6.6 for butter (Meyer et Duteurtre, 1998).

2. RESULTS AND DISCUSSION

2.1. CHARACTERIZATION OF THE SMALL-SCALE MILK PROCESSING UNITS

2.1.1. Profiles of the micro-enterprises and micro-entrepreneurs

Small-scale milk processing included multiple types of enterprises. They employed from 1 to 32 employees: 23 units had only 1 to 10 employees. And 8 of them employed between 11 and 32 employees. Some ran only part-time with rudimentary equipment and others used more sophisticated machinery. This activity had been developing slowly since 1998, and more rapidly since 2008. Around half (48%) of the 31 surveyed units had been founded less than five years ago. Interestingly, all surveyed units were private enterprises and none was managed by an NGO or by the public sector.

Most of the managers of the 31 dairies were men (74%). The vast majority (88%) considered the processing unit as their primary income source, and 37% of them also had other income-generating activities. The managers' education level was generally very low, with 67% of the respondents having attended only primary school or none. Only 15% of the sample attended high school or tertiary school. Among the whole sample, 50% had attended a formal training session in milk processing organized by the government, a project or an NGO. 33% of the sample reported to have been trained by a friend or family member, through informal training. Only 17% of the managers said they had never followed any training session.

2.1.2. Investments needs

The start-up investment varied significantly between 435 and 7,826 $US, with average initial investments of 1,610 $US[1]. This average investment represented thirty times the national minimum salary in Burkina Faso (32 218 CFA francs/month, or 56 US dollar) (US Department of State, 2016). There was no significant difference of the level of start-up

1 1 $US = 575 CFA Francs at the time of the survey.

investments between processors using local milk, and processors using powder milk exclusively.

Only 20% of the managers had borrowed money from a financial institution, despite the size of the investments. Only 57% of the managers claimed to pay taxes, which emphasizes the importance of informal enterprises in this sector.

2.1.3. Processing equipment

Whereas 32% of the units used processing machinery (pasteurizers, packaging machines), 68% of them used only artisanal equipment, meaning simple aluminum washtubs, plastic barrels and buckets as well as plastic dippers for hand packing. Pasteurisation-like process was done by artisanal means by heating up milk in an aluminum washtub on a small gas stove and setting it aside to cool to room temperature. Thermometers were not always used, as such equipment was said to be hard to find on the local market.

Using local milk was more time-consuming than using powder: pasteurizing 20 liters of raw milk and preparing the sweet fermented milk mix took around 4 hours for one person. When using milk powder (which did not require pasteurization), the same amount of sweet fermented milk was processed in 30 minutes using similar equipment and work-force.

2.1.4. Volume of activity

The daily production levels varied widely from 40 to over 1,250 liters ME (Figure 1). Most units were small-scale, with an average production of 220 liters ME/day. This volume of activity is in line with the use of modest equipment.

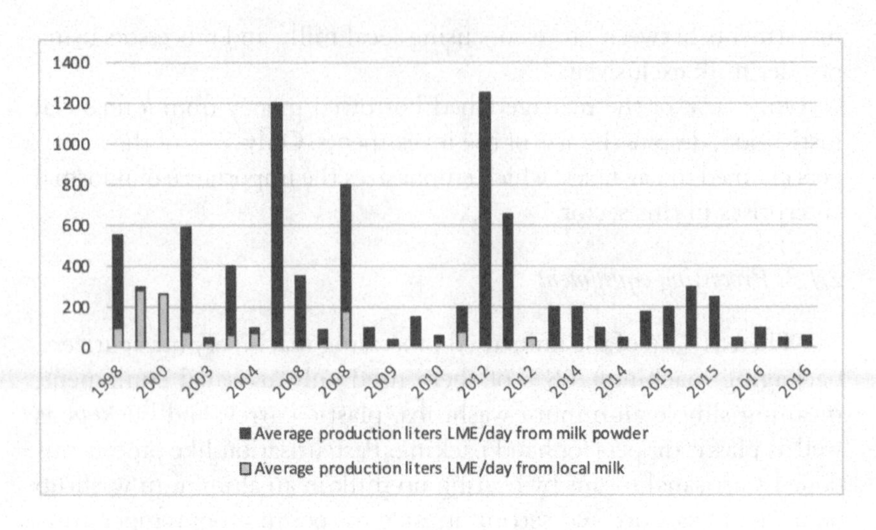

FIG. 1 – Average production of units in relation to the starting year.

2.1.5. *Processed products*

When both local milk and imported milk powder were used, they were usually not mixed but processed separately for different products. Milk powder was used to process sweet and stirred fermented milk, locally known as *yaourt* (French for yoghurt). Some units used this fermented milk to make *dégué*, a local treat made of couscous mixed with sweet fermented milk. Local milk was mainly used to make "pasteurized" liquid milk ('pasteurized' according to local standards, which meant boiled and cooled), locally known as "*lait pasteurisé*". Only a few processors (16% of our sample) produced cheese or butter. In only very rare cases, local milk was processed into *yaourt* and *dégué* (Figure 2).

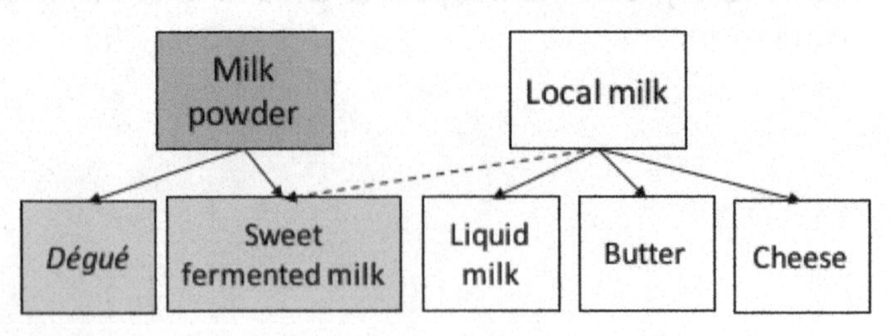

FIG. 2 – Use of milk powder and local milk in processing.

The predominance of milk powder was indisputable in the entire sector. Totally, 2,108 tons ME of milk powder were processed annually by the 31 units, compared to some 386 tons of local milk (Table 4). Interestingly, as much as 52% of all units used fat-filled milk powder (FFMP) as their basic ingredient at the time of the survey in 2017. We considered this FFMP as part of the "milk powder", though we should have called those ingredients "blends of evaporated skimmed milk and vegetable fat" that do not fall into the category of "milk powders" (Corniaux et al., 2020).

2.2. ECONOMIC PERFORMANCE OF PROCESSING UNITS

2.2.1. Price of raw materials

The price of raw milk was on average higher than the price of imported milk powder. This was particularly true during the dry season (Table 2). Processors did not report about the price volatility of milk powder.

TAB. 2 – Price of local raw milk and imported milk powder paid by the processing units.

	Raw milk (F CFA/liter)		Milk powder (F CFA/liter, milk equiv.)
	Dry season	Rainy season	Dry & rainy season
Mean	454	373	323
Standard dev	*99*	*41*	*33*

Source: Survey.

2.2.2. Constraints to local milk processing

In the 14 units that used local milk, the average volume of local milk processed ranged between 90 liters/day during the dry season, and 120 liters/day during the rainy season. The share of local milk was on average 40% of the annual production, the rest being milk powder. Only two of the surveyed units used exclusively local milk as raw material.

The price of raw materials was an important factor influencing the decision to use milk powder, but it was not the only one. Around 70% of the interviewees considered the weak availability of milk as the main barrier to local milk sourcing (Figure 3). A vast number of other difficulties were evoked, in particular high investment costs, lacks of know-how, poor availability of good equipment, and the low quality of local milk.

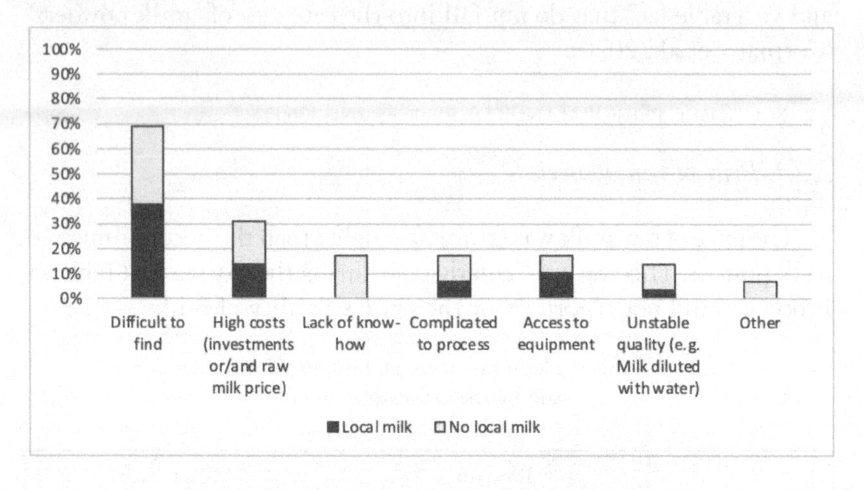

FIG. 3 – Perceived barriers to local milk sourcing.
(max 3 barriers per respondent).

Processors who had received professional training and credit and who had processing machinery used considerably more local milk than those without such support, know-how and capital.

The barriers to entry in local milk sourcing were not necessarily considerable, because even micro-entrepreneurs with artisanal equipment could start using local milk with small quantities, and training was not necessary for starting. However, barriers to growth were multiple, and scaling up was rare. Risk aversion, which is habitual among survival entrepreneurs, made easy solutions (milk powder processing) more attractive.

2.2.3. Economic margin of units

Production costs varied strongly in local milk processing due to seasonal changes of raw milk prices. The cost of producing fermented milk from local milk varied from 500 CFA francs/liter in the rainy season to 690 CFA francs/liter in the dry season. The cost of producing fermented milk from milk powder was lower at around 485 to 525 CFA francs/liter. The net margin were clearly lower in local milk processing compared to milk powder processing. But profits in local milk processing rose to the level of those in milk powder processing during the rainy season (Table 3).

The net margin in local milk processing was lower when making liquid pasteurized milk. All surveyed units stated liquid milk was sold to distributors at 550 F/liter. Strikingly, the production costs of liquid milk were as much as 450-600 F/liter in the two case units depending on the season. This would mean costs sometimes exceeded profits.

Our results indicate that milk powder was a rational choice from the entrepreneurs' point of view. Local milk was considered difficult to find and costly, and it was associated with a vast number of other difficulties. Using local milk was also very time consuming when using artisanal equipment, which the vast majority of these micro-entrepreneurs used. Milk powder was so fast and easy to use that large quantities could be processed even with modest equipment.

TAB. 3 – Economic performance s of case studies.

Case-studies	Number of staff	Daily production (liter ME)	Annual production (liter ME)	Local milk (%) in annual production	Number of milk suppliers (prod and collect.)	Average gross sales (in CFA francs/day)	Net margin for *yoghourt* production (CFA francs/liter)		
							From local milk (dry season)	From local milk (rainy season)	From powder milk (dry & rainy seas)
A	3	40	5,600	0%	0	33,200	-	-	250
B	4	60	16,800	40%	10	50,000	60	210	225-265
C	23	590	194,000	14%	34	500,000	120	250	250

Source: Survey.

TAB. 4 – Contribution of the milk processing units to the provision of milk products in the city of Bobo-Dioulasso.

	Processors using powder milk exclusively	Processors using local milk (and milk powder)	All milk processors
Number of surveyed processors (1)	17	14	31
Total processed in ME per processor (liter/day) *Including local milk (liters/day)*	240.2 -	196.5 *75.57*	220.4 *34.12*
Total processed by the surveyed units (2) (in liters ME/year)	**1,490,268 (total)**	**1,003,860 (total)** = 617,700 (powder milk) + *386,160 (local milk)*	**2,494,128 (total)** = 2,107,968 (powder) + *386,160 (local milk)*
Total pop of small-scale processors in Bobo (3)	35	15	50
Estimation of total processed in Bobo (4) (in liters ME/year)	**3,068,199**	**1,075,564 (total)** = 661,821 (milk powder) + *413,743 (local milk)*	**4,143,763 (total)** = 3,730,020 (powder) + *413,743 (local milk)*

Source: Survey. / Remark: (4) = (2)*(3)/(1)

2.2.4. Upgrading strategies

If some processors did not show innovative behaviours, some other were engaged in various upgrading strategies. Process upgrading was the main strategy chosen by the 3 largest unit that had been able to invest in packaging machines, cooling tanks and pasteurisers. They were able to process more than 800 liters/day. But this strategy was constrained by their investment capacities. Product upgrading was the strategy chosen by 5 units that processed butter and cheese. Those 2 products are of higher added value than pasteurised milk, fermented milk and degue. As processing butter and cheese requires collecting local milk, the decision to collect local milk was part of the "process upgrading strategy". Functional upgrading was the strategy followed by many processors who reported having reorganised their teams, enlarged their workshop area, or followed technical trainings. For processors who started their business with local milk processing, using milk powder also corresponds to a kind of functional upgrading. None of those units were significantly engaged in inter-sectoral upgrading. Unlike industrial milk processers, who often process fruit juice in addition to milk in order to beneficiate from inter-sectoral spill-overs, none of the surveyed micro-entrepreneurs were engaged in such business.

2.2.5. Contribution to the provision of milk products

Based on our results, milk processing units in Bobo-Dioulasso contributed to an estimated 4,143 tons, milk equivalent per year. This included 3,730 tons made from imported milk powder (90%), and around 413 tons from local milk (10%) (Table 4). This figure is coherent with another study reporting around 375 tons of milk collected annually around Bobo-Dioulasso for the same year (Duteurtre and Vidal 2018). This production from local processing units represents a market-share of 25% of the total market for dairy products, including 80% of the market-share for fermented milk and 28% for liquid mik. The rest was provided by direct sales from milk producers, and by industrial products imported from outside Bobo-Dioulasso.

The annual production of the 31 surveyed dairy processing units is reported in Figure 4. This map underlines the contribution of all processing units in the provision of milk to the city, including those using powder milk exclusively. The map also shows that those processing units appear to be well distributed in all quarters of the city, but preferentially along the main roads.

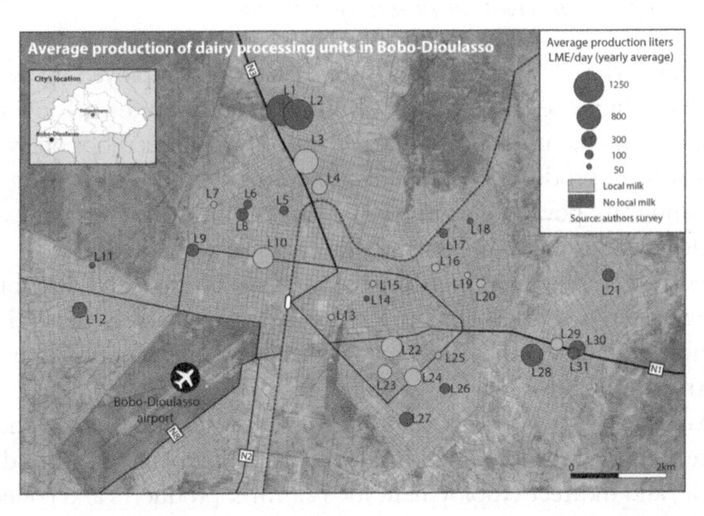

FIG. 4 – Annual production of the 31 surveyed dairy processing units. *Source*: Survey (Map: Jean-Daniel Cesaro, Cirad).

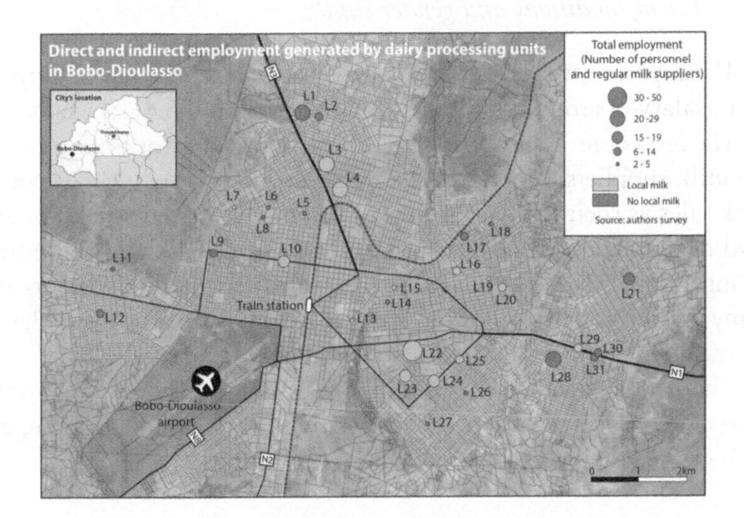

FIG. 5 – Direct and indirect employment generated by the 31 surveyed dairy processing units. *Source*: Survey (Map: Jean-Daniel Cesaro, Cirad).

2.3. SOCIAL PERFORMANCE OF PROCESSING UNITS

2.3.1. Employment creation in milk processing

Among the 31 surveyed processors, each unit employed on average 9.5 people in processing and distribution. In addition to their own personnel, units that used local milk generated 8.1 indirect jobs on average in local milk production and collection. Totally, processors using local milk and milk powder generated 17.1 jobs per unit, whereas those using powder milk exclusively generated only 9.9 jobs (Table 5).

Indirect employment in milk powder transportation and distribution was considered negligible as those involved were mostly general food distributors for whom milk powder was only one product in a wide spectrum of goods.

Based on that, we estimated that the 50 processing units of the city created 603 local jobs, including direct employment for around 481 people, and indirect employment for 122 milk producers and collectors (Table 5). Figure 5 presents a map of the impact of local milk sourcing on employment generation.

2.3.2. Labor conditions and gender equity

The reported wages were on average just above the national minimum salary of around 32 000 CFA francs/month (56 $US) (Table 5).

The level of revenue accrued to raw milk was of great importance to the milk suppliers. Out of the 15 suppliers interviewed, 13 considered milk sales as their primary source of income. Some, however, found it hard to differentiate between income from milk sales and those from selling animals. Nonetheless, milk sales were particularly valued because many producers delivered milk – and therefore got paid – every day. In contrast, meat and animal sales occurred only occasionally.

The gender balance within employees was nearly equal. Women represented 39% of employees on average for the whole sample, and 49% of the employees for units using local milk.

TAB. 5 – Employment impact of the 31 surveyed processing units and in the whole city of Bobo-Dioulasso.

	Processors using milk powder exclusively (a)	Processors using local milk (& milk powder) (b)	All milk processors
Number of surveyed processors (1)	17	14	31
Total direct jobs (number of employees) (2)	168	126	294
Total indirect jobs in collection and production (3)	-	*114*	*114*
Average employment generated per unit	9.9	17.1	13.2
Including direct employment (jobs per unit)	9.9	9.0	9.5
Including indirect employment in production and collection (jobs per unit)	-	*8.1*	*3.7*
Average wages of employees (CFA francs/month)	37,996	31,916	34,565
Share of females in total employees	36 %	49 %	39 %
Total population of small-scale processors in Bobo (4)	35	15	50
Estimated total number of jobs generated in Bobo	**346**	**257**	**603**
Including direct employment (5)	*346*	135	481
Including indirect employment in collection and production (6)	-	*122*	*122*

Source: Survey / Remark: (5) = (2)*(4)/(1) and (6) = (3)*(4)/(1).

3. DISCUSSION AND CONCLUSION

Artisanal value chains contribute significantly to local employment creation in West-Africa. However, in the dairy sector, this potential is limited by the competition of cheap powder imports.

3.1. ARTISANAL VALUE CHAINS IN URBAN MARKETS PROVISIONING

Small-scale processors contributed to provision 25% of the dairy products consumed in Bobo-Dioulasso in 2017, including 80% of the fermented milk. This represented 4,143 tons milk equivalent per year. Around 50 small-scale enterprises contributed to this production. Local milk represented only 11% of the raw materials used by those dairy processing units, while powder milk accounted for 89%, with half of that being fat-filled dairy powder.

The use of cheap imports corresponds to a functional upgrading strategy for milk processors. They use lower valued ingredients to deliver larger quantities of products to the market. In that respect, the dairy chain in Bobo-Dioulasso is connected to the international trade through the provision of cheap raw materials, that contribute to reduce the competitiveness of the local milk.

Oppositely, process upgrading such as cheese or butter processing from local milk seem to foster the producers' and processors' competitive advantage and to reinforce the capacity of artisanal value chains to compete.

The liberalization of the dairy market may be problematic for producers since many local farmers rely on livestock for their livelihoods and would assumedly benefit from the development of the local value chain rather than an increased reliance on imported products (Diarra et al., 2013; Corniaux et al., 2020). In the dairy sector, both local and international NGOs have voiced their concerns regarding in particular European milk flooding local markets, as they consider local milk production as the main priority for the development of the local dairy sector (GRET, 2016; PASMEP, n.d, Corniaux et al., 2020).

3.2. ARTISANAL VALUE CHAINS AND LOCAL EMPLOYMENT

Totally, with 603 jobs, the dairy industry in Bobo is roughly equivalent, in terms of local employment, to the Filature du Sahel (Filsah) (400 jobs) and the Sociétés Africaines des Pneumatiques (SAP) (200 jobs), 2 main industries located in Bobo-Dioulasso.

Among those 603 jobs, employment in production represented 20%. Those results are probably underestimated. Recent research conducted in North American States showed that milk production represented 40 to 60% of direct, indirect and induced jobs generated in milk production and processing (FAO, 2018). In Kenya, the production sector would account to 89% of the total employment created by the milk sector, the rest being related to the processing and delivery activities (Kyule and Nguli, 2020).

A quick calculation based on our results show that between 4.1 and 4. Jobs are created in the processing sector for 100 liters of ME processed daily. However, if we include employment generated in the local production sector, local milk processors generated income for twice as many people: 8.7 jobs per 100 liters ME processed daily. The difference would have been even larger if occasional raw milk suppliers and family labour on farm had been included in the calculation. Those figures are coherent with other data reported on West-African industries involved in local milk collection. We estimate for example that the Laiterie du Berger in Senegal, that collected milk from 800 local producers in 2018, generated 7 jobs per 100 liters ME processed daily, if we include the 250 employees of the company (Corniaux et Duteurtre, 2019). In Kenya, where the milk processing sector is fairly industrialized, the sector contributes to 2.0 jobs per 100 liters handled daily according to a recent survey (Kuyle and Nguli, 2020).

Milk powder imports have allowed new entrepreneurs to start milk processing activities. However, local milk sourcing was found to create twice as much employment compared to milk powder processing. Local milk sourcing also extended the benefits to rural areas as it generated income to collectors and primary producers.

3.3. ARTISANAL VALUE CHAINS AND INCLUSIVE BUSINESS MODELS

In many West-African countries, *mini-laiteries* have been claimed by several NGO to represent an inclusive business model (Corniaux et al., 2014). However, our results clearly show that market participation for smallholder producers is not perceived as an issue by most of the processors. *As such*, artisanal processors do not represent a more inclusive business model than industrial processors. Especially if we consider that some industrial projects have succeeded in setting up local milk collection schemes (*ibid.*).

In view of what is happening in the Bukinabe milk sector, it does not seem that artisanal enterprises would be more efficient in the long run in providing outlets for local producers. However, the capacity of some of those small-scale entrepreneurs to participate to local development schemes seem to be higher than for large industries. Local development dynamics, supported by appropriate tools, are likely to generate artisanal inclusive business models more easily that industrial ones, as it happened already with 15 small-scale dairies in Bobo-Dioulasso.

REFERENCES

Bolwig S., Ponte S. du Toit A., Riisgaard L., Halberg N., 2010, "Integrating Poverty and Environmental Concerns into Value-Chain Analysis: A Conceptual Framework", *Development Policy Review*, vol. 28, n° 2, p. 173-194.

Corniaux C., Chatellier V., Dia D., Duteurtre G., 2020, « De l'huile de palme dans le lait: comment l'Union européenne renforce sa présence sur le marché laitier Ouest africain en vendant un succédané de poudre de lait », *Renc. Rech. Ruminants*, 2020, 289-293. http://www.journees3r.fr/spip.php?article4883 (consulté le 25/06/2022)

Corniaux C., Duteurtre G., 2019, « Pour des alliances renouvelées entre industries et producteurs laitiers en Afrique de l'Ouest », Note politique Oxfam, CIRAD, 8 p.

Corniaux C., Duteurtre G., Broutin C., 2014, *Filières laitières et développement de l'élevage en Afrique de l'Ouest: l'essor des minilaiteries*, Karthala, Paris, 229 p.

Devaux A., Torero M., Donovan J., Horton D., 2016, Innovation for inclusive value-chain development: Successes and Challenges, International Food Policy Research Institute (IFPRI), Washington, DC.

Dihel N., Goswami A., Hollweg C., Slany A., 2018, "How Does Participation in Value Chains Matter to African Farmers?", *Policy Research Working Paper* n° 8506, World Bank, Washington, 56 p.

Duteurtre G., Pannier E., Hostiou N., Nguyen Mai Huong, Cesaro J.D., Pham Duy Khanh, Bonnet P.: "Economic Reforms and the Rise of Milk Mega Farms in Vietnam: Governing the Post-socialist Transition", *European Journal of Development Research* (2021). https://doi.org/10.1057/s41287-021-00456-3 (consulté le 25/06/2022).

FAO, 2018, "Dairy Development's Impact on Poverty Reduction", Fao, GDP, IFCN, Chicago, 56 p. http://www.livestockdialogue.org/fileadmin/templates/res_livestock/docs/2018_Ulaanbataar/Dairy_Development_s_Impact_on_Poverty_Reduction.pdf (consulté le 25/06/2022).

Faostat, 2020, Production – Livestock primary. [online database] Accessible at: http://www.fao.org/faostat/en/#data/QL. And Trade – Crops and livestock products [online database] Accessible at: http://www.fao.org/faostat/en/#data/TP. Retrieved in April 2020.

Feyaerts H., Van den Broeck G., Maertens M., 2020, "Global and local food value chains in Africa: A review", *Agricultural Economics*. 51 (1), p. 143-157.

Gbetchi K.E., Perrigot R., 2020, « Une stratégie multicanale impliquant le commerce ambulant et le commerce en supermarchés/hypermarchés en Afrique de l'Ouest: étude du cas Fan Milk », *Systèmes alimentaires / Food Systems*, 2020, nº 5, p. 111-131.

Gret 2016, *Pour un soutien ambitieux à la filière 'lait local' en Afrique de l'Ouest. Politiques & Pratiques de développement*, Novembre, 23. GRET, Nogent-sur-Marne. Available at: https://www.slideshare.net/APESS_Afrique/gre-tapess-pour-un-soutien-ambitieux-la-filirelait-localen-afrique-de-louest (consulté le 25/06/2022).

Grimm M., Knorringa P., Lay J., 2012, "Constrained Gazelles: High Potentials in West Africa's Informal Economy", *World Development*, vol. 40, nº 7, p. 1352-1368.

Hamadou S., Kiendrébéogo T., 2004, « Production laitière à la périphérie de Bobo-Dioulasso (Burkina Faso) et amélioration des revenus des petits producteurs », *Revue Africaine de Santé et de Productions Animales*, vol. 2, nº 3-4, p. 245-252.

Hamadou S., Marichatou H., Kamuanga M., 2003, « Croissance désordonnée des élevages périurbains et approvisionnement de la ville de Bobo-Dioulasso: problématique de l'hygiène du lait », *Études et recherches sahéliennes*, nº 8-9, p. 107-115.

Hamadou S., Palé E., Hébié D., 2007, « Déterminants de la consommation des produits laitiers à Bobo-Dioulasso au Burkina Faso: facteurs sociaux et sensibilité aux prix », *Revue d'élevage et de Médecine Vétérinaire des Pays Tropicaux*, vol. 60, nº 1-4, p. 51-58.

Herr M.L., 2007, "An operational guide to Local Value Chain Development: Combining Local Economic Development (LED) with Value Chain Development (VCD) to strengthen competitiveness and integration of SMEs into markets", International Labor Organization (ILO), Colombo, 140 p.

IFC, 2013, *Assessing private sector contributions to job creation and poverty reduction*. Summary, IFC jobs study. International Finance Corporation (IFC), Washington D.C. Available at:
https://www.ifc.org/wps/wcm/connect/5c201d004e2c09d28d32ad7a9dd66321/IFC_Job+Study+Condensed+Report..pdf?MOD=AJPERES. Retrieved on 11th June 2018.

Kyule G., Nguli J., 2020, "Exploring Kenya Dairy Industry for Job Creation for the Youth", Kenya Institute for Public Policy Research and Analysis (KIPPRA), KIPPRA Discussion Paper nº 232, 65 p.

Kvale S., 1996, *InterViews: An Introduction to Qualitative Research Interviewing*, SAGE Publications, Thousand Oaks, CA.

MASA (Ministère de l'Agriculture et de la Sécurité Alimentaire), 2013, « Situation de référence des principales filières animales au Burkina Faso ». Centre d'Étude, de Formation et de Conseil en Développement, Ministère de l'Agriculture et de la Sécurité Alimentaire (MASA), Ouagadougou.

Mead D.C., Liedholm C., 1998, "The Dynamics of Micro and Small Enterprises in Developing Countries", *World Development*, vol. 26, n° 1, p. 61-74.

MRA (Ministère des Ressources Animales), 2015, Annuaire des statistiques de l'élevage 2014, Ministère des Ressources Animales (MRA), Ouagadougou.

Nichter S., Goldmark L., 2009, "Small Firm Growth in Developing Countries", *World Development*, vol. 37, n° 9, p. 1453-1464.

OECD (Organisation de coopération et de développement économiques), 2005, "OECD SME and Entrepreneurship Outlook: 2005", OECD Paris, 17 p.

Oudet M., 2010, « Chances et menaces du nouveau programme laitier du Burkina Faso », abc Burkina, Ouagadougou. Available at: https://www.abcburkina.net/fr/nos-dossiers/vu-au-sud-vu-du-sud/772-388-chances-et-menaces-du-nouveau-programme-laitier-du-burkina-faso. Retrieved in April 2017.

PASMEP, n.d., « Lait local: Plaidoyer pour sauver une filière menacée au Burkina Faso », Plate-Forme d'Action à la Sécurisation des Ménages Pastoraux, Ouagadougou. Available at: http://pasmep.org/docs/Document-de-plaidoyer.pdf (consulté le 25/06/2022).

Pratap S. Birthal, Ramesh Chand, et al. 2017, "Formal versus informal: Efficiency, inclusiveness and financing of dairy value chains in Indian Punjab", *Journal of Rural Studies*, (54), p. 288-303.

Raikes P., Friis Jensen M., Ponte S., 2000, "Global commodity chain analysis and the French filière approach: comparison and critique", *Economy and Society*, vol. 29, n° 3, p. 390-417.

Rakotoarisoa M.A., Iafrate M., Paschali M., 2011, "Why has Africa become a net food importer?", FAO, Rome.

Sib O., Bougouma-Yameogo V., Blanchard M., González García E., Vall E.., 2018, « Production laitière à l'ouest du Burkina Faso dans un contexte d'émergence de laiteries: diversité des pratiques d'élevage et propositions d'amélioration », *Revue d'élevage et de Médecine Vétérinaire des Pays Tropicaux*, vol. 70, n° 3, p. 81-91.

Swinnen J., Kuipers R., 2018, "Inclusive Value Chains to Accelerate Poverty Reduction in Africa", Jobs Working Paper n° 37, World Bank, Washington DC., 44 p.

UNDP (United Nations Development Program), 2008, Creating value for all: Strategies for doing business with the poor. New York, United Nations Development Programme, 2008.

Burnett K., Murphy S., 2014, "What place for international trade in food sovereignty?", *The Journal of Peasant Studies.*, Sept. 2014, p. 1-20.

VSF, 2020, "Local milk, an emerging value chain in West Africa. An overview of Vétérinaires Sans Frontières Belgium's experiences in Burkina Faso, Niger and Mali.", Vétérinaires Sans Frontières Belgium, Bruxels, 9 p. https://veterinairessansfrontieres.be/wp-content/uploads/2020/06/202005_Local-milk-an-emerging-value-chain-in-WA.pdf (consulté le 25/06/2022).

World Bank, 2016, "Burkina Faso poverty and vulnerability analysis. Report no. 115122. World Bank, Poverty Global Practice – Africa Region, Washington D.C.

COMMENT L'EXPÉRIENCE ANTÉRIEURE AVEC LES INSECTES FAVORISE L'ACCEPTATION DE L'ENTOMOPHAGIE[1]

Agathe Marie
Gaëlle Pantin-Sohier
Angers, Laboratoire GRANEM

Céline Gallen
IAE Nantes, Laboratoire LEMNA

INTRODUCTION

Le 13 janvier 2021, l'autorité européenne de sécurité des aliments (Efsa) a rendu, pour la première fois, un avis favorable à la mise en marché d'un produit à base d'insectes en tant que nouvel aliment : les vers de farine séchés. En mai 2021, leur commercialisation est approuvée à par l'Union européenne. Cela signifie qu'ils sont juridiquement considérés comme comestibles. En effet, depuis le 1er janvier 2018, les insectes à destination de la consommation humaine dépendent du champ d'application des « nouveaux aliments », aussi appelés *novel foods* (Règlement 2015/2283). Cette appellation signifie qu'ils n'ont pas été consommés de manière significative en Europe avant mai 1997 et qu'ils doivent faire l'objet de l'approbation d'une demande de mise en marché,

1 Cette recherche a bénéficié du soutien de l'ANR CRI-KEE (N° ANR-19-CE26-0003-01) ainsi que de la Région Pays de La Loire et Nantes Métropole (projet DEIP – Design Edible Insects Products) dans le cadre du RFI OIC (Recherche Formation Innovation Ouest Industries Créatives).

spécifique à chaque espèce visée, auprès de la Commission européenne. La récente position de l'Efsa ouvre donc des perspectives quant au développement de l'entomophagie, le fait de manger des insectes, au sein de l'Union européenne. En effet, depuis le rapport de la FAO. rédigé par van Huis *et al.* (2013), l'entomophagie est envisagée comme une solution alimentaire durable face à l'augmentation des populations, à la fois en termes d'apports protéiques et d'empreinte environnementale (van Huis *et al.*, 2013). Les insectes fournissent des protéines de très bonne qualité, facilement digestibles et peuvent être élevés dans des fermes verticales nécessitant moins de terre, moins d'eau que la viande, ne générant aucun déchet et rejetant moins de gaz à effet de serre (Oonincx et de Boer, 2012 ; Caparros Medigo *et al.*, 2015). La généralisation de cette pratique pourrait ainsi répondre aux aspirations d'un système alimentaire en transition impliquant la qualité nutritionnelle, une démarche écologique, une production territoriale, l'innovation technologique et les intérêts économiques (Rastoin, 2018). De plus, les produits alimentaires à base d'insectes représenteraient un potentiel à long terme pour les marchés économiques occidentaux (de-Magistris *et al.*, 2015). Aujourd'hui, le marché des insectes en France est concentré autour de la nutrition animale avec une quinzaine d'acteurs[2]. La France est ainsi le pays le plus dynamique en Europe, avec les Pays-Bas. *InnovaFeed* et *Ÿnsect* sont d'ailleurs les premières fermes d'élevage à passer d'un site pilote à une production plus industrielle[3]. Pour ce qui est de l'alimentation humaine, les entreprises *Micronutris* et *Jimini's* inspirent de nouvelles initiatives notamment avec des produits de snacking à base d'insectes.

En dépit de leurs avantages nutritifs, environnementaux et économiques, l'acceptation des insectes dans les pays occidentaux est freinée par leur catégorisation mentale en tant qu'objet non comestible (Gallen *et al.*, 2019). En effet, si les insectes sont consommés par près de 2 milliards de personnes dans le monde (Ramos-Elorduy, 2009), ils font

---

2 *InnovaFeed*, *Ÿnsect*, *Next Protein*, *Invers*, *Mutatec*, *Agronutris*, *Entomofarm*, *Nextalim* ou encore *Protifly* selon la Plateforme internationale d'insectes pour l'alimentation humaine et animale (IPIFF).

3 Par exemple, la société *Ÿnsect*, pionnière en matière d'élevage d'insectes en France, avec ses deux fermes à Dole dans le Jura et à Poulainville dans la Somme, vient de finaliser une levée de fonds de 372 millions d'euros lui permettant de construire sa deuxième usine avec une automatisation de la production et la création de 500 emplois directs et indirects.

partie de la catégorie des produits « non comestibles dans ma culture » en Europe (Corbeau et Poulain, 2002). Nous allons voir que les réticences des consommateurs à l'égard des insectes se décomposent en trois types de facteurs : 1) des facteurs cognitifs liés aux représentations, à la comestibilité perçue et au risque perçu ; 2) des facteurs affectifs liés à l'attitude à l'égard de l'entomophagie, à l'attitude envers les produits à base d'insectes et au dégoût suscité par les insectes ; et 3) des facteurs conatifs liés à la volonté de goûter et aux intentions d'achat.

La littérature montre que la familiarité, par expérience directe (dégustation) ou indirecte (communications publicitaires, accessibilité des produits en point de vente, bouche à oreille), peut agir sur ces trois facteurs dans la mesure où elle a un impact positif sur l'acceptation (Pliner *et al.*, 1993). Cela a également été montré pour l'entomophagie (Caparros Megido *et al.*, 2014 ; Lensvelt et Steenbekkers, 2014). Dans cette recherche nous nous intéressons plus particulièrement à la familiarité par expérience directe de « consommation antérieure » (Alba et Hutchinson, 1987), *i.e.* le fait d'avoir déjà mangé des insectes, sur l'acceptation globale du produit (cognitive, affective, conative).

Pour ce faire, nous avons mené une étude quantitative sur un échantillon de 110 répondants français, soumis à une exposition visuelle puis gustative à des insectes réels (grillons et vers de farine entiers, grillés et aromatisés). Grâce à des mesures évaluatives et comportementales, nos résultats montrent que l'expérience de consommation antérieure a des effets significatifs sur l'acceptation de l'entomophagie au niveau des trois types de facteurs : cognitif, affectif et conatif. Nos analyses sur le plan comportemental viennent ainsi confirmer l'importance pour les entreprises de proposer des campagnes de dégustation pour promouvoir les insectes en tant qu'aliments auprès des consommateurs. Aussi, après avoir exposé le cadre théorique axé sur la difficulté d'acceptation des insectes en tant qu'aliments et la place de la familiarisation, nous présenterons notre étude en détaillant sa méthodologie, ses résultats et ses contributions.

1. CADRE THÉORIQUE

1.1. LA DIFFICULTÉ D'ACCEPTATION DES INSECTES EN TANT QU'ALIMENTS

L'entomophagie est reconnue comme une alternative nutritionnelle, écologique et économique durable aux protéines animales traditionnelles depuis les années 2010, à la fois par la FAO[4] (van Huis *et al.*, 2013) et par de nombreux chercheurs (*e.g.* Ramos-Elorduy, 2009 ; Oonincx et de Boer, 2012 ; Raubenheimer et Rothman, 2013 ; Verbeke, 2015 ; Raheem *et al.*, 2019). Sur le plan nutritionnel, les insectes sont très riches en protéines[5]. Ils en contiennent 3 à 4 fois plus que le porc ou le poulet pour un même poids de matière (Much, 2012). Ils sont également riches en fibres, vitamines et minéraux[6] ainsi qu'en lipides et en acides aminés (46-96 % du profil nutritionnel) (Ramos-Elorduy, 1997 ; Bukkens, 1997 ; Verkerk *et al.*, 2007 ; van Huis *et al.*, 2013). Sur le plan environnemental et économique, les insectes représentent une faible consommation de gaz à effet de serre et d'ammoniac, ils participent à la pollinisation et à la fertilisation des sols. Ils nécessitent beaucoup moins d'eau, de végétaux et d'espace que la viande ou les végétaux[7] (Oonincx et de Boer, 2012 ; Caparros Medigo *et al.*, 2015). Ils sont capables d'utiliser les déchets pour se nourrir et permettent à d'autres espèces animales et végétales de prospérer ; leur production est réalisable tant à un niveau familial qu'industriel et ils nécessitent peu d'espace et de ressources en eau et nourriture (van Huis *et al.*, 2013). Leur reproduction et leur croissance sont rapides[8] (Much, 2012).

---

4 Food and Agriculture Organisation, Organisation pour l'alimentation et l'agriculture des Nations Unies.

5 40-75 g de matière sèche pour 100 g d'insectes (Verkerk *et al.*, 2007).

6 Ils contiennent du phosphore, du magnésium, du sodium, du potassium, des chlorures, du fer, du zinc, du cuivre, du manganèse, du sélénium, du bêta-carotène, des vitamines A et B, voire D, E et K (Much, 2012).

7 La quantité d'eau nécessaire pour obtenir 1 kg de viande est estimée à 22 000 litres pour le bœuf, 3500 litres pour le porc, elle est quasi nulle pour le *Tenebrio Molitor* ou ver de farine. La quantité en nourriture nécessaire pour obtenir 1 kg de viande est de 8-10 kg pour le bœuf, 2,5 kg pour le poulet et 1,7 kg pour le grillon. La superficie vitale nécessaire est de 40 m² pour 1 kg de viande de bœuf et 9 m² pour les insectes) (Oonincx et De Boer, 2012 ; Caparros Medigo *et al.*, 2015).

8 Le ver à soie, par exemple, multiplie son poids par 10 000 en 35 jours (Much, 2012).

Malgré leurs avantages nutritionnels, écologiques et économiques, les insectes sont considérés comme non comestibles chez les Occidentaux (Deroy *et al.*, 2015). Pourtant, dans certaines régions du monde comme en Afrique, Amérique du Sud et Asie, manger des insectes est une pratique répandue (van Huis *et al.*, 2013). En effet, la culture, par la transmission des valeurs partagées au sein d'un même groupe, influence les attitudes et comportements (Goodenough, 1971) et en particulier les choix alimentaires (Bisconsin-Jùnior *et al.*, 2020). Le consommateur intègre ces normes culturelles, transmises par l'environnement sociétal et familial (Chiva, 1995 ; Corbeau et Poulain, 2002), pour catégoriser les produits alimentaires comme étant consommables ou non (Logue, 2001 ; Atkins et Bowler, 2001), bons ou mauvais (Mäkelä, 2000) et pour définir les propriétés sensorielles associées à ces produits (Prescott *et al.*, 2002). Des recherches récentes ont permis d'identifier les freins culturels en France à savoir l'apparence, la nouveauté des insectes en tant que produit alimentaire et les normes sociales (Séré de Lanauze, 2015). D'autre part, les insectes cristalliseraient les trois motifs de refus alimentaire identifiés en psychologie de l'alimentation (Rozin et Fallon, 1980) : danger, dégoût et aversion (Gallen *et al.*, 2019). Ces trois motifs sous-tendent et entravent l'acceptation des insectes comme nouveaux aliments. Pour Bobillier-Chaumon *et al.* (2009), divers facteurs sont susceptibles de favoriser ou d'entraver l'acceptation d'une innovation. Concernant les facteurs individuels, deux dimensions sont identifiées : la dimension cognitive et la dimension affective. Pour Romdhame (2013), l'acceptation d'une innovation est avant tout conative dans la mesure où elle conditionne l'intention d'utilisation et l'utilisation. Nous allons exposer ces trois dimensions de l'acceptation et leurs liens avec les trois motifs de refus alimentaires.

Premièrement, l'acceptation cognitive se forme sur la base des **représentations mentales** des consommateurs. Elles sont construites sur des croyances et des connaissances, acquises depuis l'enfance par la culture, au fur et à mesure des expériences directes ou indirectes avec l'objet (Martins et Pliner, 2005). Parmi les représentations des insectes chez les Occidentaux figure le risque perçu : insalubrité, transmission d'infection et destruction de récolte. Ils peuvent donc être considérés comme dangereux et nuisibles (Deroy *et al.*, 2015). Le **risque perçu** associé à ce danger est lié à une somme d'incertitudes (sur les conditions d'élevage, le mode de préparation et de consommation, la texture en bouche, le goût, les effets sur le corps) diminuant la volonté d'essayer les produits à base d'insectes (Martins et Pliner, 2005). Si 2000 espèces sont comestibles, il existe bel et bien des risques liés à l'ingestion (possibilité d'occlusion en cas de mauvaise préparation, questionnement autour de la digestibilité de la chitine contenue dans l'exosquelette), aux allergies (proches des crustacés et des acariens), à l'accumulation de mycotoxines et de métaux lourds (contrôlables en élevage) ou encore des risques de zoonoses étant donné que les insectes sont biologiquement éloignés des humains (Baiano, 2020). Pourtant, les risques liés à la consommation d'insectes ne sont pas significativement plus importants que pour d'autres aliments d'origine animale (van Huis *et al.*, 2013). Le danger perçu par les consommateurs tient ainsi davantage au manque de connaissances objectives sur les insectes (notamment leur comestibilité) et à l'anticipation de conséquences post-ingestion potentiellement négatives (Capparos Megido *et al.*, 2014). Des recherches récentes en France sur les insectes montrent ainsi qu'ils sont considérés comme **non comestibles** (Gallen *et al.*, 2019). Plus précisément, sur l'échelle de comestibilité des sociologues Corbeau et Poulain (2002) qui va du toxique au délicieux festif, les insectes s'inscrivent au sein de la catégorie des produits « culturellement non comestibles » *i.e.* sur lesquels pèsent des règles culturelles interdisant la consommation alors même qu'ils sont porteurs de nutriments et considérés comme mangeables dans d'autres cultures. La non-comestibilité perçue engendre de la néophobie, c'est-à-dire l'évitement spontané de nouvelles substances alimentaires lié à la peur de les consommer (Fischler, 1990).

Deuxièmement, l'acceptation affective de l'entomophagie dépend des émotions suscitées par les insectes et des attitudes qui en découlent. L'**attitude** représente l'attirance ou l'aversion pour un stimulus (Derbaix, 1976). Elle est considérée comme le meilleur prédicteur des comportements d'achat et de consommation (Filser, 1994). La majorité des spécialistes se sont longtemps accordés depuis Platon sur l'aspect tridimensionnel de l'attitude (dimensions cognitive, affective, conative) (Foxal et Goldsmith, 1995 ; Solomon, 1996). Cependant, il existe une vision contemporaine selon laquelle le concept d'attitude a évolué vers un modèle ne reposant plus que sur la composante affective. Lutz (1991) propose ainsi une conception selon laquelle les cognitions et les conations sont respectivement des antécédents et des conséquences de l'attitude. Ainsi, les cognitions donnent lieu aux attitudes qui elles-mêmes déterminent les intentions et comportements (Gallen, 2005). Dans la culture occidentale, les insectes provoquent principalement du **dégoût**, l'une des six émotions primaires définies par Damasio (1995). Il s'agit d'une réaction spécifique à l'égard des excréments et autres produits du corps humain et animal, des animaux bizarres, des aliments putréfiés (Angyal, 1941 ; Rozin, 1995). C'est la réaction la plus forte qui puisse être éprouvée à l'égard de la nourriture (Rozin, 1995). Elle signale que l'ingestion peut produire des conséquences physiques ou psychologiques désagréables voire dangereuses et que, par conséquent, le produit doit être évité ou rejeté (Damasio, 1995). Le dégoût correspond à la répulsion à l'idée de l'incorporation (représentations) et s'explique par la crainte d'être souillé (contamination) (Angyal, 1941). En cela, il correspond à une atteinte potentielle de soi, de l'âme (Rozin, 1995). Une autre réaction affective à l'égard des insectes est **l'aversion**. L'aversion fait référence aux propriétés sensorielles liées au goût, à l'odeur et à la texture. Ainsi les insectes sont décrits avec l'emploi de qualificatifs tels que « visqueux », « baveux » ou encore « gluants » (Gallen *et al.*, 2019, p. 10). L'aversion constitue une réponse innée envers la nouveauté sous-tendue par un mécanisme de survie destiné à prévenir les conséquences de l'ingestion de substances nocives. En effet, l'évaluation d'un produit dépend des expériences gustatives préalables, mais, face à un nouvel aliment, les conséquences hypothétiquement négatives de l'ingestion activent un mécanisme de survie selon lequel le nouvel aliment est considéré comme potentiellement désagréable au goût (Chapman et Anderson, 2012 ; Pliner *et al.*, 1993). L'aversion envers les insectes en tant qu'aliments dépend donc en partie d'heuristiques de jugement liées aux caractéristiques organoleptiques du produit. Enfin, les réactions affectives (dégoût, aversion) nourrissent les attitudes des consommateurs à l'égard des insectes, influençant ainsi leur acceptation de l'entomophagie qu'elle soit directe ou indirecte, c'est-à-dire que les insectes soient destinés aux humains ou aux animaux d'élevage consommés ensuite par les humains (La Barbera *et al.*, 2020).

Troisièmement, l'acceptation conative repose sur l'**intention**. Menozzi *et al.* (2017) montrent que les attitudes permettent de prédire l'intention, principal facteur d'influence de la dégustation effective d'insectes. Ce résultat est confirmé par La Barbera et ses collègues (2020) qui montrent que l'attitude des consommateurs envers l'entomophagie permet de déterminer leurs intentions et comportements effectifs (La Barbera *et al.*, 2020). L'acceptation conative se base ainsi sur la théorie du comportement planifié (Ajzen, 1991) qui suggère que le comportement est déterminé par l'intention d'un individu, elle-même déterminée par les attitudes envers le comportement, la norme subjective et le contrôle comportemental perçu. Le contrôle comportemental perçu désigne la facilité ou la difficulté perçue vis-à-vis de la réalisation du comportement. Des travaux antérieurs sur les facteurs de diffusion de nouveaux produits alimentaires à base d'insectes montrent que la volonté de se conformer à la norme sociale pourrait favoriser la probabilité d'essayer ces produits et donc de les diffuser. En revanche, en ce qui concerne le contrôle comportemental, l'usage des insectes dans les recettes existantes se révèle complexe et leur consommation est envisagée sous forme transformée et cachée (dont farine) dans un premier temps (Gallen *et al.*, 2019). Cette théorie du comportement planifié a été mobilisée de nombreuses fois pour expliquer ou prédire les comportements alimentaires, tels que la consommation de produits bons ou mauvais pour la santé, la consommation de produits bio ou la consommation de produits alimentaires innovants (McDermott *et al.*, 2015). Concernant spécifiquement la consommation d'insectes, Menozzi *et al.* (2017) montrent que la théorie du comportement planifié permet de rendre compte de 78 % de la variance expliquée de l'intention de consommer les insectes et de 19 % du comportement effectif.

Ainsi, les cognitions négatives (représentations, risque perçu, non comestibilité) provoquent des réactions affectives (dégoût, aversion) qui diminuent la volonté de consommer des insectes ou des produits à base d'insectes (dimension conative) (Gallen, 2005) (figure 1, en annexe).

1.2. L'EXPOSITION ET LA FAMILIARISATION

Concernant la manière d'augmenter l'acceptation des insectes en tant qu'aliments dans les régimes alimentaires occidentaux, les avis des chercheurs divergent. Si certains proposent une phase de transition durant laquelle les insectes seraient présentés sous forme de poudre et incorporés à des produits connus (Capparos Megido *et al.*, 2014), d'autres préconisent de ne pas les dissimuler et d'en promouvoir l'usage en tant qu'aliments avec la diffusion de recettes à base d'insectes entiers (Deroy *et al.*, 2015). Quelle que soit la forme des insectes, que les expositions des consommateurs à ces nouveaux produits soient directes (consommation de produit) ou indirectes (média, retour d'expérience de proches), elles ont un impact positif sur son acceptation, *a fortiori* si elles sont répétées (Pliner *et al.*, 1993 ; van Trijp et van Kleef, 2008). En effet, il est démontré que plus un consommateur est exposé à un nouveau produit, plus le produit lui paraît familier et plus il est apprécié (van Trijp et van Kleef, 2008). Cette familiarisation, favorisée par les expositions successives, améliore la connaissance, réduit le risque perçu et le dégoût et permet de surmonter l'aversion ressentie, ce qui joue un rôle important dans la volonté d'essayer le produit (Martins et Pliner, 2005).

Dans le contexte spécifique de l'entomophagie, des études ont montré que les consommateurs qui ont une familiarité directe (par expérience antérieure de dégustation) ou indirecte (par connaissance) avec cette pratique 1) évaluent plus positivement leur goût ainsi que leur apparence, 2) présentent une attitude plus positive envers les produits à base d'insectes et 3) sont plus enclins à consommer des insectes (Caparros Megido *et al.*, 2014 ; Lensvelt et Steenbekkers, 2014). De manière générale, ces individus seraient moins néophobiques que ceux qui ne sont pas familiers avec les insectes en tant qu'aliments (La Barbera *et al.*, 2020). Par ailleurs, Le Goff et Delarue (2017) ont mesuré les réactions non verbales de participants consommant des chips à base d'insectes et ont montré que si elles sont rejetées en premier lieu, elles provoquent finalement plus de réactions positives que les chips sans insectes testées dans le groupe contrôle. De plus, Looy et Wood (2006) ont testé l'impact de la dégustation sur l'attitude envers l'entomophagie lors d'un « banquet d'insectes ». Ils mesurent ainsi les réponses des participants quant à l'idée de manger un insecte *a priori* (4 à 6 semaines avant le banquet) et *a posteriori* (8 à 12 semaines plus tard) et concluent que leur attitude est plus positive après l'expérimentation. En effet, les participants sont moins dégoûtés par les insectes et déclarent plus d'intérêt à en consommer. Malgré ces résultats encourageants, peu de recherches se sont finalement intéressées à mesurer l'impact de l'expérience de consommation antérieure d'insectes sur l'acceptation globale de l'entomophagie (cognitive, affective, conative). En effet, la dimension cognitive (représentations, comestibilité perçue, risque perçu) n'est pas abordée dans la littérature. Alba et Hutchinson (1987) définissent l'expérience de consommation antérieure comme les expériences accumulées du consommateur avec la consommation d'un produit ou d'un service. Pour un produit alimentaire, il s'agit de l'avoir déjà goûté. Mais, en général, la littérature associe simplement cette variable à la connaissance du produit (Johnson et Kellaris, 1988). Il existe peu de travaux sur l'effet de l'expérience de consommation antérieure sur les intentions comportementales des consommateurs (Velázquez *et al.*, 2010).

Ainsi, nous cherchons à explorer si une expérience antérieure de consommation d'insectes influence l'acceptation cognitive, affective et conative des consommateurs, à travers plusieurs mesures évaluatives.

2. OBJECTIF

L'objectif de cette étude est de montrer que la familiarisation avec les insectes en tant qu'aliments, mesurée par une consommation d'insectes antérieure, a un impact sur leur acceptation cognitive (représentations, comestibilité perçue, risque perçu), affective (dégoût, attitude envers l'entomophagie et le produit, attrait pour l'apparence, évaluation du goût) et conative (volonté d'essayer, acceptation ou refus de goûter, intention d'achat) (figure 1, en annexe).

3. MÉTHODOLOGIE

3.1. MODE DE COLLECTE ET ÉCHANTILLON

Afin de répondre aux objectifs de recherche, une étude quantitative a été mise en place à Angers lors de la Nuit européenne des chercheurs, événement de vulgarisation scientifique organisé auprès du grand public et dont les thèmes de recherches présentés couvrent plusieurs champs disciplinaires. Dans le cadre du forum « coin des chercheurs », réunissant des stands autour de sujet de recherches divers comme l'environnement, la santé, les matériaux ou encore les sciences humaines, nous avons administré un questionnaire auprès d'un échantillon de convenance, totalisant 110 participants. L'originalité de cette étude repose sur les mesures successives de l'acceptation de l'entomophagie auprès d'un public français, avec exposition visuelle puis exposition gustative à des insectes. Le recrutement des participants s'est effectué auprès du public de l'événement, à la fois parmi les personnes venues spontanément sur le stand « Manger des insectes : qualités sensorielles, nutritionnelles et environnementales », mais aussi de manière aléatoire parmi les personnes présentes à d'autres stands avec une sollicitation de la part d'un enquêteur. Lors du déroulement du questionnaire, les participants étaient accompagnés d'un enquêteur muni d'une tablette pour saisir leurs réponses.

Le questionnaire comprend trois étapes successives :

- sans exposition aux insectes (tableau 1, en annexe),
- exposition visuelle à de réels insectes (grillons et vers de farine entiers, grillés et aromatisés, voir illustration1, ci-dessous) présentés dans une coupelle (tableau 2, en annexe)
- puis une exposition gustative leur proposant de goûter à l'un des insectes présentés (tableau 3, en annexe).

FIG. 1a et 1b – Photographies de grillons (à gauche) et vers de farine (à droite) (photos personnelles).

Le questionnaire comporte trois types de mesure de l'acceptation :

- des mesures cognitives :
    * représentations liées aux insectes en tant que nourriture pour les humains d'après l'échelle *Food Reputation Map* de Bonaiuto *et al.* (2017) qui tient compte des représentations sur la composition du produit, les effets environnementaux, les effets physiologiques et psychologiques,

  * risque perçu global associé aux insectes (échelle de Stone et Grønhaug, 1993),
  * comestibilité perçue (items extraits des résultats d'entretiens de Gallen *et al.*, 2019) ;
- des mesures affectives :
  * sensibilité au dégoût alimentaire (échelle reprise d'Egolf *et al.*, 2019),
  * attitude envers l'entomophagie d'après l'échelle de La Barbera *et al.* (2020) qui mesure le dégoût, l'intérêt suscité et l'attitude envers les insectes en tant que nourriture pour les animaux,
  * attitude globale envers les produits testés (échelle reprise de Batra et Ahtola, 1990),
  * attrait pour l'apparence des produits testés,
  * goût (perçu et/ou imaginé) des produits testés ;
- des mesures conatives :
  * volonté de goûter les insectes présentés,
  * comportement effectif mesuré par l'acceptation ou le refus de goûter,
  * intention d'achat (échelle reprise de Bruner et Hensel, 1998).

Afin de mesurer l'impact de la consommation d'insectes sur les résultats de l'acceptation de l'entomophagie, les répondants ont été interrogés sur le fait qu'ils aient ou non déjà consommé des insectes avant notre étude. Une expérience antérieure avec les insectes pouvant donc se définir dans ce cadre comme toute consommation d'insectes prise consciemment en tant qu'aliments, avant la passation de notre questionnaire, et ce indépendamment de l'espèce, de la fréquence ou du lieu de consommation. Pour la mesure de l'expérience antérieure, nous avons ainsi adopté la même méthodologie que Velázquez *et al.* (2010), à savoir des mesures d'échelles comparées selon une analyse multigroupes : un groupe avec une expérience antérieure *vs* pas d'expérience.

Le profil de l'échantillon global ainsi que celui des sous-échantillons est présenté dans le tableau 4, en annexe. La comparaison du groupe ayant déjà consommé des insectes ($n = 45$) et de celui n'en ayant jamais consommé ($n = 65$) n'a mené à aucune différence significative sur les différents facteurs sociodémographiques retenus pour l'étude, à savoir : le genre, l'âge, la formation et le régime alimentaire ($p > .05$).

3.2. ANALYSE DES DONNÉES

Les données recueillies ont fait l'objet d'analyses de variances et de proportions avec le logiciel Statistica (version 13.5.0.). Les réponses des participants ont ainsi été comparées selon qu'ils aient eu ou non une expérience de consommation d'insectes préalable à l'étude (tableau 5, en annexe).

4. RÉSULTATS

Les résultats obtenus montrent que le fait d'avoir eu une expérience antérieure directe avec les insectes, c'est-à-dire d'en avoir déjà mangé avant l'étude, a un impact sur les réponses des participants au niveau des trois dimensions cognitive, affective et conative (tableau 5).

4.1. ACCEPTATION COGNITIVE

Le fait d'avoir déjà mangé des insectes avant l'étude ne semble pas impacter les représentations liées à la composition du produit, à ses effets physiologiques sur l'organisme et ses effets sur le plaisir psychologique ressenti ($p > 0.05$). En revanche, les répondants qui ont consommé des insectes avant l'étude ont des représentations plus positives sur les effets environnementaux ($p < 0.05$) de l'entomophagie. Ce résultat est d'autant plus important que la perception de l'impact environnemental d'un produit est liée à l'intérêt du consommateur envers le produit.

Concernant la comestibilité perçue des insectes, contrairement à ce qu'on aurait pu penser, il n'y a pas de différence significative ($p > 0.05$) entre les participants ayant déjà goûté des insectes et ceux qui n'en ont jamais goûté. Peu d'entre eux les perçoivent finalement comme non comestibles puisque 18 % des répondants sont d'accord avec les propositions (les items étant négatifs).

Enfin, les participants ayant déjà goûté des insectes perçoivent moins de risque global à en consommer ($p < 0.05$).

4.2. ACCEPTATION AFFECTIVE

Les personnes ayant déjà goûté des insectes obtiennent un score plus faible ($p < 0.05$) sur l'échelle de sensibilité au dégoût alimentaire (tableau 5, en annexe).

Concernant les attitudes vis-à-vis de l'entomophagie, les répondants ayant déjà goûté des insectes expriment moins de dégoût à l'idée de leur ingestion ($p < 0.001$) et plus d'intérêt ($p < 0.01$) envers l'entomophagie que ceux qui n'en ont jamais goûté auparavant (tableau 5). Cependant, il n'y a pas de différence significative ($p > 0.05$) concernant leur attitude envers l'entomophagie dite indirecte (présence d'insectes dans la nourriture des animaux d'élevage destinés à la consommation humaine) (tableau 5). Les participants ayant déjà goûté des insectes ont une attitude globale plus positive envers les insectes auxquels ils sont exposés pendant l'étude ($p < 0.01$) et les trouvent plus attractifs ($p < 0.05$) en termes d'apparence (tableau 5).

L'évaluation du goût des insectes a été effectuée à deux reprises : une mesure *a priori* (item 19 – avant exposition visuelle et gustative) et une mesure *a posteriori* (item 49 – après exposition). Si l'on effectue une comparaison intergroupe, les résultats montrent que les répondants ayant déjà eu une expérience de consommation d'insectes préalablement à l'étude évaluent le goût *a priori* des insectes testés de manière plus positive ($p < 0.01$) que les autres participants (tableau 6, en annexe). En revanche, on ne note pas de différence significative sur la mesure du goût *a posteriori* ($p > 0.05$). Par ailleurs, une comparaison intragroupe d'évaluation *a priori* et *a posteriori* du goût chez les participants qui avaient précédemment fait l'expérience des insectes ne révèle pas de différence significative ($p > 0.05$). À l'inverse, les participants goûtant pour la première fois des insectes durant l'étude jugent le goût meilleur après dégustation ($p < 0.001$) (tableau 5).

4.3. ACCEPTATION CONATIVE

Si dans l'échantillon global de répondants, 81 % acceptent de goûter les insectes proposés et 19 % refusent, il y a une différence significative ($p < 0.001$) selon qu'ils aient ou non vécu une expérience de consommation d'insectes antérieure (tableau 7, en annexe). Ainsi, les participants ayant déjà fait l'expérience de l'entomophagie se montrent plus enclins à goûter des produits à base d'insectes ($p < 0.001$) tant sur la mesure déclarative (volonté d'essayer) que comportementale (acceptation de goûter l'insecte proposé) puisqu'ils sont 98 % à accepter de consommer les insectes qui leur sont présentés lors de l'étude, contre 69 % pour les répondants n'ayant jamais goûté d'insectes au préalable.

Enfin, lorsqu'ils ont déjà consommé des insectes avant l'étude, les participants déclarent une intention d'achat plus élevée ($p < 0.01$) (tableau 5).

CONCLUSION

SYNTHÈSE

L'objectif de cette étude était de montrer que la familiarisation avec les insectes en tant qu'aliments, mesurée par une expérience de consommation préalable, a un impact sur leur acceptation cognitive, affective et conative. Concernant l'acceptation cognitive de l'entomophagie, nous avons apporté de nouveaux éléments à la littérature et nos résultats montrent que l'expérience antérieure favorise des représentations positives en termes d'effets environnementaux et amoindrit le risque perçu. Concernant les effets de l'expérience antérieure sur l'acceptation affective et conative des insectes en tant qu'aliments, nos résultats rejoignent ceux mis en avant par de précédents chercheurs. Ainsi, sur le plan affectif, il ressort que le fait d'avoir déjà consommé des insectes entraîne une amélioration de l'attraction globale envers le produit (intérêt, attitude, apparence) et de l'évaluation du goût (Lensvelt et Steenbekkers, 2014). Plus précisément, nos résultats viennent compléter ces éléments en ajoutant que l'évaluation du goût augmente dès la première dégustation d'insectes. Enfin sur le plan conatif, nos analyses confirment que le fait d'avoir déjà consommé des insectes augmente la volonté d'en ingérer à nouveau et les intentions d'achat (Caparros Megido *et al.*, 2014). En outre, l'expérience antérieure augmente la volonté déclarative de goûter le produit qui a été confirmée au niveau comportemental par des dégustations effectives.

APPORTS DE L'ÉTUDE

Concernant la recherche en comportement alimentaire et en entomophagie, notre étude souligne d'une part l'importance de la familiarisation avec les insectes comme aliments dans leur acceptation cognitive, affective et conative. Sur le plan théorique, elle confirme le rôle que peuvent jouer des expériences antérieures et répétées avec un aliment non familier pour augmenter sa probabilité d'essai et son évaluation globale. Ainsi, le fait d'avoir été en contact avec les insectes en tant qu'aliment prédispose favorablement les consommateurs à son essai et sa consommation (via les intentions et les comportements effectifs). Elle montre également l'intérêt de mobiliser la théorie du comportement planifié (Ajzen, 1991) car le comportement effectif de dégustation des insectes résulte d'un processus cognitif et émotionnel influencé par les attitudes envers l'action.

Au niveau méthodologique, malgré le recours à un échantillon de convenance, cette recherche a pour particularité d'avoir été réalisée en terrain réel auprès de consommateurs aux profils divers (sexe, âge, niveau de formation). D'autre part, l'étude porte à la fois sur les intentions mesurées de façon verbale (avec l'usage d'échelles de mesure) mais aussi sur l'essai de manière comportementale (avec une dégustation réelle du produit). Les études en marketing se limitent souvent à la phase intentionnelle et reposent majoritairement sur des évaluations déclaratives alors que cette recherche permet de mettre en corrélation les intentions et les comportements de manière effective. De plus, cette recherche utilise pour la première fois dans un contexte français deux échelles de mesures récentes spécifiques à l'alimentation. Premièrement, la *Food Reputation Map* (Bonaiuto *et al.*, 2017), validée en Italie, qui permet d'évaluer les perceptions et évaluations des consommateurs à propos d'un produit alimentaire. Deuxièmement, l'*Entomophagy Attitude Questionnaire* (La Barbera *et al.*, 2020), validée au Danemark puis en Italie, qui permet d'évaluer l'attitude des consommateurs envers l'entomophagie.

Concernant les implications pour les entreprises, les résultats obtenus convergent avec ceux mis en avant dans de précédentes recherches (Looy et Wood, 2006 ; Le Goff et Delarue, 2017). En l'occurrence, étant donné l'impact considérable de l'expérience directe de dégustation d'insectes sur les attitudes et intentions d'achat, il est utile de lancer des campagnes de dégustation pour promouvoir les insectes en tant qu'aliments auprès des consommateurs. Cela peut passer par des campagnes de sensibilisation à la consommation d'insectes dans les supermarchés ou les marchés de proximité afin que cet aliment non familier puisse devenir familier au cours du temps. En effet, pour aller au-delà des représentations initiales négatives des insectes en tant qu'aliment, il est nécessaire de présenter aux consommateurs les différentes formes, tailles et textures existantes mais aussi des façons de les préparer ou de les déguster qui limitent le caractère dégoutant qu'ils induisent. De même, au vu de l'importance de l'ancrage territorial dans les nouveaux modèles alimentaires (Rastoin, 2018), il serait pertinent de communiquer sur la provenance et le mode de production des produits à base d'insectes (lieux de production, origine des ingrédients, conditions d'élevage et de fabrication). En effet, une étude récente montre que les principales raisons qui motivent les consommateurs à essayer la nourriture à base d'insectes ou les insectes en tant que protéine alternative sont la santé, l'environnement et le caractère innovant et excitant du produit (Nyberg *et al.*, 2020), des caractéristiques à valoriser sur les produits proposés.

LIMITES ET VOIES DE RECHERCHE

La principale limite de cette recherche tient en la représentativité de l'échantillon face à la population française (*e.g.* sexe, âge, niveau de formation). Il semble ainsi délicat d'extrapoler les résultats de cette étude effectuée auprès d'un public de visiteurs à la Nuit des chercheurs. Aussi, serait-il intéressant d'adresser ce questionnaire à un échantillon représentatif pour mieux interpréter les résultats au regard de la population globale. Et ce, notamment, pour la carte de réputation des aliments – *Food Reputation Map* – (Bonaiuto *et al.*, 2017) dont la validité interne est limitée en raison d'alpha de Cronbach faibles (tableau 5), et amène à questionner la dimensionnalité de l'échelle concernant l'utilisation de l'intégralité des items par dimension.

Cette recherche s'est intéressée à l'expérience antérieure de consommation d'insectes mais elle pourrait être élargie à l'expérience antérieure avec d'autres aliments non familiers. En effet, Cicatiello et ses collègues (2020) montrent que la familiarité avec d'autres aliments devenus inhabituels (abats ou escargots) accroit la préférence pour des snacks à base d'insectes. Ainsi, il est probable que la diversité dans le régime alimentaire des répondants et une appétence pour des produits peu communs soient de bons prédicteurs d'intention de consommer des insectes ou des produits à base d'insectes.

Une autre limite d'ordre culturel s'impose à notre recherche. Si une unique expérience de consommation d'insectes suffit à améliorer l'acceptation de l'entomophagie, les insectes sont encore pour le moment considérés comme culturellement non comestibles en France (Gallen *et al.*, 2019). Aussi, bien que les législations évoluent en faveur de leur commercialisation, permettant d'augmenter les opportunités d'y goûter pour les consommateurs, l'intégration des insectes dans les pays de longue tradition culinaire dans lesquels la consommation d'insectes est absente (à l'instar de la France) doit s'envisager dans une perspective de transition à long terme (Rastoin, 2018) ; ce fut le cas avec les sushis, dont l'adoption a nécessité plusieurs années alors même qu'il s'agit d'un aliment plus facile à catégoriser de comestible et associé à une culture alimentaire positive.

Plusieurs voies de recherches ont découlé de cette étude. D'une part, un résultat est apparu contre-intuitif concernant l'absence de différence sur la comestibilité perçue entre les répondants ayant déjà mangé des insectes (sans distinction du type de consommation) et ceux n'en ayant jamais consommé. Il serait intéressant d'explorer davantage cet aspect pour vérifier s'il se confirme, s'il est lié à la mesure utilisée ou au profil de l'échantillon. D'autre part, de prochaines études pourraient traiter de l'impact du degré d'exposition gustative. En effet, dès la première dégustation d'insectes, nous avons observé une modification du dégoût ressenti, du risque perçu et plus généralement de l'attitude envers les produits à base d'insectes. Aussi, il serait pertinent d'estimer dans quelle mesure la fréquence de consommation (unique, multiple ou habituelle) d'insectes influence l'acceptation de l'entomophagie et l'introduction des insectes au sein d'un régime alimentaire. La norme subjective et le contrôle comportemental perçu (inhérents à la théorie du comportement planifié) qui n'ont pas été pris en compte dans le design empirique (en raison d'un nombre d'échelles utilisées important) serait à intégrer dans un design empirique ultérieur. Enfin, de futures investigations pourraient traiter des différences d'acceptation de l'entomophagie en tant que pratique directe et pratique indirecte. En effet, une expérience de consommation d'insectes améliore bien l'acceptation de l'entomophagie en tant que pratique directe, c'est-à-dire le fait de manger des insectes comme des aliments à part entière. Néanmoins, le fait d'avoir déjà consommé des insectes ne semble pas avoir d'influence sur l'acceptation de l'entomophagie en tant que pratique indirecte, c'est-à-dire le fait d'incorporer des insectes dans la nourriture d'animaux élevés pour la consommation humaine.

RÉFÉRENCES BIBLIOGRAPHIQUES

Ajzen I., 1991, "The theory of planned behavior", *Organizational behavior and human decision processes*, n° 50, vol. 2, p. 179-211.

Alba J.W., Hutchinson J.W., 1987, "Dimensions of consumer expertise", *Journal of consumer research*, n° 13, vol. 4, p. 411-454.

Angyal A., 1941, "Disgust and related aversions", *The Journal of Abnormal and Social Psychology*, n° 36, vol. 3, p. 393-412.

Affaire C-526/19, Arrêt de la Cour de Justice de l'Union européenne, 2020, « Renvoi préjudiciel – Sécurité des denrées alimentaires – Nouveaux aliments et nouveaux ingrédients alimentaires – Règlement (CE) no 258/97 – Article 1er, paragraphe 2, sous e) – Notion 'd'ingrédients alimentaires isolés à partir d'animaux' – Mise sur le marché – Insectes entiers destinés à l'alimentation humaine ».

Disponible en ligne à l'adresse :

http://curia.europa.eu/juris/document/document.jsf?text=&docid=231847&pageIndex=0&doclang=FR&mode=lst&dir=&occ=first&part=1&cid=14363013, consulté le 15/06/2022.

Atkins P., Bowler I., 2001, *Food in Society*, London, Arnold.

Baiano A., 2020, "Edible insects: An overview on nutritional characteristics, safety, farming, production technologies, regulatory framework, and socio-economic and ethical implications", *Trends in Food Science & Technology*, n° 100, p. 35-50.

Batra R., Ahtola O.T., 1990, "Measuring the hedonic and utilitarian sources of consumer attitudes", *Marketing Letters*, n° 2, vol. 2, p. 159-170.

Bisconsin-Jùnior A., Rodrigues H., Behrens J.H., Limac V.S., da Silva M.A.A.P., de Oliveira M.S., Januário L.A., 2020, "Examining the role of regional culture and geographical distances on the representation of unfamiliar foods in a continental-size country", *Food Quality and Preference*, n° 79, 103779.

Bobillier-Chaumon M.E., Dubois M., 2009, « L'adoption des technologies en situation professionnelle : quelles articulations possibles entre acceptabilité et acceptation ? », *Le travail humain*, n° 72, vol. 4, p. 355-382.

Bonaiuto M., De Dominicis S., Fornara F., Ganucci Cancellieri U., Petruccelli I., Bonaiuto F., 2017, "Food Reputation Map (FRM): Italian long and short versions' psychometric features", *Food Quality and Preference*, n° 59, p. 156-167.

Bruner G., Hensel P., 1998, *Marketing scales handbook: A compilation of multi-items measures vol. II*, Chicago, American Marketing Association.

Bukkens S.G.F., 1997, "The nutritional value of edible insects", *Ecology of Food and Nutrition*, n° 36, p. 287-319.

Capparos Megido R., Sablon L., Geuens M., Brostaux Y., Alabi T., Blecker C., Francis F., 2014, "Edible insects acceptance by Belgian consumers: Promising attitude for entomophagy development", *Journal of Sensory Studies*, n° 29, vol. 1, p. 14-20.

Caparros Megido R., Alabi T., Haubruge E., Francis F., 2015, "Are edible insects really green ?", *Food Science and Law*, n° 3, p. 98-104.

Chapman H.A., Anderson A.K., 2012, "Understanding disgust", *Annals of the New York Academy of Sciences*, vol. 1251, p. 62-76.

Chiva M., 1995, « L'enfant et la nutrition. Comment apprend-on à manger ? », *Information diététique*, n° 2, p. 27-31.

Cicatiello C., Vitali A., Lacetera N., 2020, "How does it taste ? Appreciation of insect-based snacks and its determinants", *International Journal of Gastronomy and Food Science*, 100211.

Corbeau J.P., Poulain J.P., 2002, *Penser l'alimentation. Entre imaginaire et rationalité*, Toulouse, Privat.

Damasio A.R., 1995, *L'erreur de Descartes : la raison des émotions*, Paris, Odile Jacob.

de-Magistris T., Pascucci S., Mitsopoulos D., 2015, "Paying to see a bug on my food: How regulations and information can hamper radical innovations in the European Union", *British Food Journal*, n° 6, vol. 117, p. 1777-1792.

Derbaix C., 1976, « Les réactions des consommateurs à la communication publicitaire et la hiérarchie des effets », *Revue Française du Marketing*, n° 58, p. 7-26.

Deroy O., Reade B., Spence C., 2015, "The insectivore's dilemma, and how to take the West out of it", *Food Quality and Preference*, n° 44, p. 44-55.

Egolf A., Siegrist M., Ammann J., Pacheco-López G., Etale A., Hartmann C., 2019, "Cross-cultural validation of the short version of the Food Disgust Scale in ten countries", *Appetite*, n° 143, 104420.

Filser M., 1994, *Le comportement du consommateur*, Paris, Dalloz.

Fischler C., 1990, *L'homnivore*, Paris, Odile Jacob.

Foxal G.R., Goldsmith R.E., 1995, *Consumer psychology for marketing*, Londres, New York, Routledge.

Gallen C., Pantin-Sohier G., Peyrat-Guillard D., 2019, « Les mécanismes cognitifs d'acceptation d'une innovation alimentaire de discontinuité : le cas des insectes en France », *Recherche et Applications en Marketing*, n° 34, p. 50-77.

Gallen C., 2005, « Le rôle des représentations mentales dans le processus de choix, une approche pluridisciplinaire appliquée au cas des produits alimentaires », *Recherche et Applications en Marketing*, n° 20, vol. 3, p. 59-76.

Goldsmith R.E., 1995, *Consumer Psychology for Marketing*, London, New-York, Routledge.

Goodenough W.H., 1971, *Culture, Language and Society*, Boston, Addison-Wesley.

Hartmann C., Siegrist M., 2018, "Development and validation of the Food Disgust Scale", *Food Quality and Preference*, n° 63, p. 38-50.

Johnson R., Kellaris J., 1988, "An exploratory study of price/perceived quality relationship among consumer services". In Houston M. (ed.), *Advances in Consumer Research*, vol. 15, Provo, Association for Consumer Research, Provo, p. 316-322.

La Barbera F., Verneau F., Videbæk P.N., Amato M., Grunert K.G., 2020, "A self-report measure of attitudes toward the eating of insects: Construction and validation of the Entomophagy Attitude Questionnaire", *Food Quality and Preference*, n° 79, 103757.

Le Goff G., Delarue J., 2017, "Non-verbal evaluation of acceptance of insect-based products using a simple and holistic analysis of facial expressions", *Food Quality and Preference*, n° 56, p. 285-293.

Lensvelt E.J., Steenbekkers L.P., 2014, "Exploring consumer acceptance of entomophagy: A survey and experiment in Australia and the Netherlands", *Ecology of Food and Nutrition*, n° 53, p. 543-561.

Logue, A.W., 1991, *The psychology of eating and drinking: an introduction* (2d ed.), New York, WH Freeman.

Looy H., Wood J.R., 2006, "Attitudes toward invertebrates: Are educational 'bug banquets' effective ?", *Journal of Environmental Education*, n° 37, vol. 2, p. 37-48.

Lutz R.J., 1991, "The Role of Attitude Theory in Marketing". In Kassarjian H.H. and Robertson T.S. (ed.), *Perspective in Consumer Behavior*, New Jersey, Prentice Hall International, p. 317-339.

Mäkelä J., 2000, "Cultural Definitions of the Meal". In Meiselman H.L. (ed.), *Dimensions of the Meal: The Science, Culture, Business, and Art of Eating*, Gaithersburg, Aspen Publication, p. 7-18.

Martins Y., Pliner P., 2005, "Human food choices: An examination of the factors underlying acceptance / rejection of novel and familiar animal and nonanimal foods", *Appetite*, n° 45, p. 214-225.

McDermott M.S., Oliver M., Svenson A., Simnadis T., Beck E. J., Coltman T., Iverson D., Caputi P., Sharma R., 2015, "The theory of planned behaviour and discrete food choices: A systematic review and meta-analysis", *International Journal of Behavioral Nutrition and Physical Activity*, n° 12, vol. 1, p. 162.

Menozzi D., Sogari G., Veneziani M., Simoni E., Mora C., 2017, "Eating novel foods: An application of the Theory of Planned Behaviour to predict the consumption of an insect-based product", *Food Quality and Preference*, n° 59, p. 27-34.

Much S., 2012, *Insectes Comestibles*, Toulouse, Éditions Plume de carotte.

Nyberg M., Olsson V., Wendin K., 2020, "Reasons for eating insects? Responses and reflections among Swedish consumers", *International Journal of Gastronomy and Food Science*, 100268.

Oonincx D.G.A.B., De Boer I.J.M., 2012, "Environmental impact of the production of mealworms as a protein source for humans-A life cycle assessment", *PLoS One*, n° 7, vol. 12, 1251145.

Pliner P., Pelchat M., Grabski M., 1993, "Reduction of neophobia in humans by exposure to novel foods", *Appetite*, n° 20, p. 111-123.

Prescott J., Young O., O'Neill L., Yau N.J.N., Stevens R., 2002, "Motives for food choice: A comparison of consumers from Japan, Taiwan, Malaysia and New Zealand", *Food Quality and Preference*, n° 13, p. 489-495.

Raheem D., Raposo A., Oluwole O.B., Nieuwland M., Saraiva A., Carrascosa C., 2019, "Entomophagy: Nutritional, ecological, safety and legislation aspects", *Food Research International*, vol. 126, 108672.

Ramos-Elorduy J., 1997, "The importance of edible insects in the nutrition and economy of people of the rural areas of Mexico", *Ecology of Food and Nutrition*, n° 36, vol. 5, p. 347-366.

Ramos-Elorduy J., 2009, "Anthropo-entomophagy: Cultures, evolution and sustainability", *Entomological Research*, n° 39, p. 271-288.

Rastoin J.-L., 2018, « Éditorial. Accélérer la transition vers une alimentation durable par un changement de paradigme scientifique et économique et des politiques publiques innovantes », *Systèmes alimentaires / Food Systems*, n° 3, p. 17-27.

Raubenheimer D., Rothman J.M., 2013, "Nutritional ecology of entomophagy in humans and other primates", *Annual review of entomology*, n° 58, p. 141-160.

Règlement 2015/2283, 2020, « Règlement (UE) 2015/2283 du Parlement européen et du Conseil du 25 novembre 2015 relatif aux nouveaux aliments, modifiant le règlement (UE) n° 1169/2011 du Parlement européen et du Conseil et abrogeant le règlement (CE) n° 258/97 du Parlement européen et du Conseil et le règlement (CE) n° 1852/2001 de la Commission », *Journal officiel de l'Union européenne*, L327.

Romdhane E.B., 2013, « La question de l'acceptation des outils de e-learning par les apprenants : quels dimensions et déterminants en milieu universitaire tunisien ? », *Revue internationale des technologies en pédagogie universitaire/ International Journal of Technologies in Higher Education*, n° 10, vol. 1, p. 46-57.

Rozin P., Fallon A., 1980, "The psychological categorization of foods and non-foods: A preliminary taxonomy of food rejections", *Appetite*, n° 1, vol. 3, p. 193-201.

Rozin P., 1995, « Des goûts et dégoûts ». In Bessis S. (éd.), *Mille et une bouches. Cuisines et identités culturelles*, Paris, Autrement.

Séré de Lanauze G., 2015, « L'adoption d'un produit alimentaire nouveau face à des freins culturels forts : le cas de l'entomophagie en France », *Décisions Marketing*, n° 79, p. 15-33.

Solomon M.R., 1996, *Consumer Behavior*, New Jersey, Prentice Hall.

Stone R.N., Grønhaug K., 1993, "Perceived risk further considerations for the marketing discipline", *European Journal of Marketing*, n° 27, p. 39-50.

van Huis A., van Itterbeeck J., Klunder H., Mertens E., Halloran A., Muir G., Vantomme P., 2013, *Edible insects: Future prospects for food and feed security*, FAO.

van Trijp H.C., van Kleef E., 2008, "Newness, value and new product performance", *Trends in Food Science & Technology*, n° 19, vol. 11, p. 562-573.

Velázquez B.M., Blasco M.F., Saura I.G., Contrí G.B., 2010, "Causes for complaining behaviour intentions: The moderator effect of previous customer experience of the restaurant", *Journal of Services Marketing*, n° 24, p. 532-545.

Verbeke W., 2015, "Profiling consumers who are ready to adopt insects as a meat substitute in a Western society", *Food Quality and Preference*, n° 39, p. 147-155.

Verkerk M.C., Tramper J., van Trijp J.C.M., Martens D.E., 2007, "Insect cells for human food", *Biotechnology Advances*, n° 25, p. 198-202.

ANNEXE 1
Schéma du modèle conceptuel de l'étude

Expérience antérieure de consommation d'insectes

↓

Acceptation de l'entomophagie

Dimension cognitive

Représentations
Comestibilité perçue
Risque perçu

↓

Dimension affective

Dégoût
Attitudes (envers l'entomophagie et le produit)
Attrait pour l'apparence
Goût imaginé et perçu

↓

Dimension conative

Volonté d'essayer
Dégustation de l'insecte
Intention d'achat

ANNEXE 2
Schéma des étapes de l'étude

Étape 1
Mesures avant exposition aux insectes

Dégoût (dim. aff.)
Représentations (dim. cogn.)

Étape 2
Mesures après exposition visuelle à des vers de farine / grillons comestibles grillés et parfumés

Comestibilité perçue (dim. cogn.)
Risque perçu (dim. cogn.)
Attitude envers l'entomophagie (dim. aff.)

Étape 3
Mesures après exposition visuelle et gustative aux insectes présentés

Acceptation / refus de goûter (dim. con.)
Attitude globale envers le produit (dim. aff.)
Attrait pour l'apparence (dim. aff.)
Évaluation du goût (dim. aff.)
Intention d'achat (dim. con.)

ANNEXE 3
Questionnaire pour les mesures avant toute exposition aux insectes[9]

Provenance des items	Échelle de mesure	Item
Version courte de l'échelle de dégoût alimentaire (Short Version of Food Disgust Scale) **Egolf *et al.*, 2019 Hartmann et Siegrist, 2018**	Likert en 7 points de pas du tout dégoûtant à extrêmement dégoûtant	1. « Mettre du cartilage dans ma bouche » 2. « Manger avec de l'argenterie sale dans un restaurant » 3. « De la nourriture offerte par un voisin que je connais à peine » 4. « Manger du fromage à pâte dure débarrassé de sa moisissure » 5. « Manger des quartiers de pomme qui ont viré au brun » 6. « La texture de certaines espèces de poisson en bouche » 7. « Manger de la pulpe d'avocat de couleur brune » 8. « Il y a un petit escargot dans la salade que je voulais manger »

9 La mention « inv. » située après certains items indiquent qu'ils ont été recodés au moment de l'analyse des données, comme cela a été fait dans l'échelle de mesure initiale (Bonaiuto *et al.*, 2017).

Carte de réputation d'un aliment (Food Reputation Map) Bonaiuto *et al.*, 2017	Likert en 7 points de pas du tout d'accord à tout à fait d'accord	« À propos des insectes en tant que nourriture pour les humains… » **Composition** 9. « Ils contiennent d'importantes propriétés nutritives » 10. « Ils ont une composition saine » **Effets environnementaux** 11. « Ils entraînent des coûts environnementaux élevés » - inv. 12. « Leur origine est inconnue » - inv. 13. « Ils sont dangereux à consommer » -inv. **Effets physiologiques** 14. « Ils sont une source efficace de nourriture » 15. « Ils laissent les gens sur leur faim » - inv. 16. « Ils sont faciles à digérer » 17. « Ils ont un impact négatif sur l'organisme » -inv. 18. « Ils contribuent positivement à la santé physique » **Effets psychologiques** 19. « Ils ont bon goût » 20. « Ils sont appétissants » 21. « Ils suscitent des sentiments et des émotions positives » 22. « Ils peuvent être consommés avec d'autres personnes »

ANNEXE 4
Questionnaire pour les mesures après exposition visuelle à un insecte

Provenance des items	Échelle de mesure	Item
Exposition visuelle - Présentation d'un insecte comestible entier, grillé et parfumé (vers de farine / grillons)		
Comestibilité perçue, Gallen *et al.*, 2019	Likert en 7 points de pas du tout d'accord à tout à fait d'accord	23. « Ce n'est pas mangeable dans notre culture » 24. « Ce n'est pas un aliment » 25. « Naturellement, ce n'est pas fait pour être mangé par les humains » 26. « C'est un animal mais en dehors du champ alimentaire » 27. « Ça n'a pas une fonction d'aliment »
Risque perçu *(Perceived Risk)* Stone et Grønhaug, 1993	Likert en 7 points de pas du tout d'accord à tout à fait d'accord	28. « Globalement, je ressens un risque à manger cet insecte dans le sens où je m'expose dès lors à des inconvénients plus ou moins probables » 29. « Globalement, l'idée de manger cet insecte me rend inquiet(e) à la pensée des dommages éventuels qui pourraient en résulter » 30. « En fin de compte, je pense vraiment que la consommation de cet insecte m'apporterait des tracas dont je pourrais bien me passer »

Questionnaire d'attitude envers l'entomophagie *(Entomophagy Attitude Questionnaire)* La Barbera *et al.*, 2020	Likert en 7 points de pas du tout d'accord à tout à fait d'accord	**Dégoût** 31. « Cela me dégoûterait de manger un plat contenant des insectes » 32. « Rien que de penser au goût que pourrait avoir un insecte me dégoûte » 33. « Si je mangeais un plat et que je venais à me rendre compte qu'il y avait des insectes parmi les ingrédients, je serais dégoûté(e) » 34. « J'éviterais de manger un plat avec des insectes parmi les ingrédients, même si c'était cuisiné par un chef cuisinier reconnu » 35. « Ça me dérangerait de découvrir que des plats à base d'insectes soient dans le menu d'un restaurant ». **Intérêt** 36. « Je serais curieux de goûter un plat à base d'insectes, si le plat est bien cuisiné » 37. « Dans des circonstances particulières, je pourrais essayer de manger un plat à base d'insectes » 38. « Pour un dîner avec des amis, je pourrais essayer de cuisiner avec de la farine d'insectes » **Nourriture pour les animaux** 39. « Utiliser les insectes comme nourriture est une bonne manière de produire de la viande » 40. « Je pense que c'est une bonne chose de nourrir les poissons d'élevage destinés à la consommation humaine avec de la nourriture à la base d'insectes »
Volonté d'essayer	Likert en 7 points de pas du tout d'accord à tout à fait d'accord	41. « J'aimerais essayer un plat avec des insectes » 42. « J'aimerais essayer de manger un insecte (en entier) »

ANNEXE 5
Questionnaire pour les mesures après exposition visuelle et gustative à un insecte[10]

Provenance des items	Échelle de mesure	Item
Exposition gustative - Proposition de goûter l'insecte présenté (vers de farine / grillons)		
Attitude globale envers le produit Batra et Ahtola, 1990	Likert en 7 points de pas du tout d'accord à tout à fait d'accord	43. « Ce produit me conviendrait » 44. « J'ai une attitude positive vis-à-vis de ce produit » 45. « J'aime ce produit » 46. « C'est un bon produit » 47. « Je suis très favorable à ce produit »
Apparence	Osgood en 7 points	48. « Comment trouvez-vous l'aspect de ce produit ? » De répugnant (1) à attractif (7)
Evaluation du goût	Likert en 7 points de pas du tout d'accord à tout à fait d'accord	49. « Ils ont bon goût » 50. « Ils sont appétissants » 51. « Ils ont un goût désagréable » - inv. 52. « Ils sont fades » - inv. 53. « J'aime ce produit »
Echelle d'intention d'achat ***(Purchase intent scale)*** Bruner et Hensel, 1998	Osgood en 7 points	54. « Les questions suivantes portent sur votre intention d'achat de ce produit... » D'improbable (1) à probable (7) D'inexistante (1) à existante (7) De non plausible (1) à plausible (7) D'impossible (1) à possible (7) D'incertaine (1) à certaine (7)

10 La mention « inv. » située après certains items indiquent qu'ils ont été recodés au moment de l'analyse des données, afin que les items d'une même mesure aillent dans le même sens (évaluation du goût).

ANNEXE 6
Caractéristiques de l'échantillon[11]

		Échantillon global (n = 110)	Expérience antérieure			
			Oui (n = 45)	Non (n = 65)	*Valeur de p (test exact de Fisher)*	*Valeur du Chi-Deux (valeur de p associée)*
Sexe	Homme	57	26	31	/	*1.08 (p = 0.30)*
	Femme	53	19	34		
Âge	Moins de 21 ans	15	5	10	*0.96*	/
	De 21 à 30 ans	58	24	34		
	De 31 à 40 ans	15	7	8		
	De 41 à 50 ans	14	7	7		
	De 51 à 60 ans	4	1	3		
	De 61 à 70 ans	3	1	2		
	Plus de 70 ans	1	0	1		

11 Le test exact de Fischer a été utilisé lorsque l'usage du test de Chi-Deux n'était pas indiqué en raison d'effectifs théoriques inférieurs à 5 (âge, formation, régime alimentaire).

Formation	Collège	6	3	3	*0.51*	/
	Lycée	2	0	2		
	Enseignement Professionnel	4	0	4		
	Baccalauréat	3	0	3		
	Licence	18	9	9		
	Master	52	22	30		
	Doctorat	18	8	10		
	Autres	7	3	4		
Expérience antérieure avec l'entomophagie	Oui	45	45	0	/	/
	Non	65	0	65		
Régime alimentaire	Végétarien	10	3	7	*0.52*	/
	Autres	100	42	58		

ANNEXE 7
Principaux scores[12]

		α de Cronbach	Échantillon (n = 110)		Expérience antérieure Oui (n = 45)		Expérience antérieure Non (n = 65)		Valeur du t
			Moyenne	Écart-type	Moyenne	Écart-type	Moyenne	Écart-type	
Food Disgust Scale – Short Version, Egolf *et al.*, 2019 Hartmann et Siegrist, 2018		0.62	3.56	0.91	3.33	0.81	3.71	0.95	- 2.18*
Food Reputation Map Bonaiuto *et al.*, 2017	*Composition*	0.61	5.96	0.78	6.06	0.73	5.90	0.81	1.03
	Effets environnementaux	0.65	5.40	1.07	5.67	0.90	5.21	1.14	2.28*
	Effets physiologiques	0.55	4.98	0.76	4.99	0.68	4.97	0.82	0.10
	Effets psychologiques	0.68	3.79	0.94	3.88	0.96	3.73	0.93	0.81
Comestibilité perçue Gallen *et al.*, 2019		0.85	2.71	1.25	2.51	1.03	2.86	1.38	- 1.44
Perceived Risk Stone et Grønhaug, 1993		0.87	2.20	1.18	1.89	0.95	2.41	1.28	- 2.33*

12 Significativité du test t de Student * $p < 0.05$; ** $p < 0.01$; *** $p < 0.001$.

Entomophagy Attitude Questionnaire La Barbera et al., 2020	*Dégoût*	0.90	3.00	1.58	2.37	1.32	3.44	1.60	- 3.72***
	Intérêt	0.83	5.25	1.52	5.76	1.34	4.91	1.55	2.98**
	Nourriture pour animaux	0.49	5.22	1.22	5.43	1.13	5.07	1.26	1.55
Volonté d'essayer		0.92	4.95	1.91	5.82	1.36	4.35	2.00	4.28***
Attitude globale envers le produit **Batra et Ahtola, 1990**		0.92	4.80	1.44	5.23	1.14	4.51	1.56	2.63**
Apparence		-	3.87	1.56	4.22	1.40	3.63	1.63	1.99*
Évaluation du goût		0.83	4.57	1.49	4.58	1.47	4.57	1.51	- 0.03
Purchase intent scale **Bruner et Hensel, 1998**		0.94	4.34	1.66	4.84	1.31	4.00	1.80	2.67**

N.B. : tous les items des échelles présentés dans les tableaux1, 2 et 3 ont été conservés.

ANNEXE 8
Évaluation du goût avant (item 19) et après (item 49) dégustation des insectes[13]

	Échantillon (n = 110)		Expérience antérieure Oui (n = 45)		Expérience antérieure Non (n = 65)		Valeur du t (comparaison intergroupe)
	Moyenne	Écart-type	Moyenne	Écart-type	Moyenne	Écart-type	
Item 19 - Food Reputation Map Bonaiuto *et al.*, 2017	3.99	1.23	4.36	1.23	3.74	1.18	- 2.66**
Item 49 – Évaluation du goût	4.57	1.49	4.58	1.47	4.57	1.51	- 0.03
Valeur du t (comparaison intragroupe)			- 1.08		- 4.51***		

ANNEXE 9
Proportions d'acceptation et de refus d'ingestion d'insectes[14]

				Proportions	Valeur du chi-deux (avec correction de Yates)
Échantillon	*(n = 110)*	*Acceptation*	89	81 %	-
		Refus	21	19 %	
Expérience antérieure	*Oui (n = 45)*	*Acceptation*	44	98 %	28.45***
		Refus	1	2 %	
	Non (n = 65)	*Acceptation*	45	69 %	
		Refus	20	31 %	

13 Significativité du test t de Student ** $p < 0.01$; *** $p < 0.001$.

14 Significativité du test de chi-deux (avec correction de Yates) *** $p < 0.001$.

IS ISO 26000 ENOUGH TO BOOST RESPONSIBILITY IN FOOD CHAINS?

French wine coops'case

Maryline Filippi
Bordeaux Sciences Agro,
University of Bordeaux
INRAE UMR SAD-APT,
University of Paris Saclay

INTRODUCTION

Agri-food chains face increasing pressures from consumers worldwide to include sustainable development and social responsibility in their whole value chain (Alroe, et al., 2017). Implementation of Social Responsibility seems to procure many benefits including the improvement of agri-food chain competitiveness (EU, 2019). Gains, of course, are variable and depend on the organizations. However, various international reference frameworks offer guidelines for voluntary progress in applying a responsible behavior reconciling business in society.

This article studies how companies are committing to social responsibility (CSR) in the agri-food chains. Although CSR is becoming increasingly widespread, according to scholars, it is a multifaceted and multidimensional notion, which is still lacks clear and consistent conceptualization and theorization (Pesqueux, 2020; Capron et Quairel-Lanoizelée, 2010; Moratis, 2016b; Song and Dong, 2022). Consequently, we choose to focus on ISO 26000 standard which is the document constituting the international reference in terms of social responsibility with now declined into a new food sectorial standard (ISO/TS 26030).

The article mobilizes the stakeholder theory in order to better understand the role played by stakeholders in the motivation of the enterprise for engaging a voluntary and not certification standards. The study proposes an exploratory case study to appreciate why and how enterprises choose CSR. Since wine sector is particularly rich in various norms and standards, we focused on the practices of French wine co-ops' overview and especially on two wine co-ops which have been early engaged in ISO 26000.

The results show that ISO 26000 represents a major organizational and strategic changes. Commitment in CSR is the fruit of a long path dependence standardization strategy. According to literature, many factors influence the motivations to innovate and to adopt sustainability practices, like proximity to consumers, ensuring environmental good practices and traceability or to give international markets' access. Because CSR is voluntary rather than legally binding, our study confirms the determinant CEOs' motivations. Most original, we show that their commitment in accordance with their owner-members, gives a significant boost for reinforcing their local eco-system, combining various norms and sustainable supply chains. The added-value of ISO 26000 is to propose a global approach and, compared to other standards, to offer a "meta-standardization" in order to taking into account both internal and external stakeholders.

This article introduces the apprehension of CSR by ISO 26000 and the interest of stakeholder theory approach, then it presents the exploratory case study, before the results and the discussion. We conclude with some implications for reinforcing CSR into a global approach that encourages owner-members to adopt sustainable practices, creating an open and responsible ecosystem and reconciling "business in society".

1. IS RESPONSIBLE COMMITMENT GOOD ENOUGH FOR RECONCILING BUSINESS IN SOCIETY?

In France, responsible commitments can be attested through: (1) the publication of a declaration of extra-financial performance (Cadet, 2016) (mandatory for companies with more than 100 million euros in turnover) as internal managerial and strategic tool and/or (2) the compliance with standards and guidance implementing a responsible strategy. With societal reporting policies, the evidence given raises the question of how the evidence should be demonstrated to meet the expectations of consumers, employees, public authorities and investors. In the absence of legal constraints, implementing responsible commitment needs to focus on the how (see Annex 1). Guiding responsible approaches are based on the use of good practice guides or labels, or reports explaining the financial and extra-financial criteria used according to the size of the companies.

1.1. THE SOCIAL RESPONSIBILITY, INTERNATIONALLY DEFINED BY THE ISO 26000

There is an abundance of standards throughout the agri-food chains: from upstream to downstream, including transformation and logistics. It is therefore a question of making the measurement of CSR more reliable and more transparent in the name of a demand for coherence, relevance and reliability. Pesqueux distinguishes three categories of social responsibility standards: normative standards (e.g. Global Compact), process standards (e.g. GRI) and management standards (e.g. ISO 26000) (Pesqueux, 2020, p. 96). So, in this landscape of voluntary sustainability standards, choosing to focus on ISO 26000 is due to the fact that (1) it is the international standard by ISO the world's largest developer of voluntary International Standards, (2) it has a global overview in accordance with Brundtland approach of sustainable development and (3) it is the only standard with a specific declination for agri-food sector, ISO/TS26030[1]. Even if data on this standard diffusion does not clearly exist, ISO 26000 is well-known (Castka and Balzarova, 2008; Moratis and Widjaja, 2014).

ISO is a worldwide federation of national standards bodies and recognizes around 20000 standards, with a code to differentiate between ISO 9000 for quality standards, 14000 for environmental standards or 22000 for safety management systems (Afnor, 2019). ISO 26000 is the only international standard that aims to provide organizations with the guidelines of social responsibility. It is reinforced by the United Nations

---

1 https://www.iso.org/fr/iso-26000-social-responsibility.html (05/05/2022).

worldwide through the principles of the UN Global Compact for responsible businesses, and embraced by States around the world via the Sustainable Development Goals (SDGs). "The further role of ISO 26000 is to provide organizations with an internationally agreed framework that constitutes the core CSR issues, CSR principles and implementation framework for CSR" (Castka and Balzarova, 2008, p. 303).

ISO 26000 defines Social Responsibility as "the responsibility of an organization for the impacts of its decisions and activities on society and the environment, through transparent and ethical behavior that: contributes to sustainable development, including health and the welfare of society; takes into account the expectations of stakeholders; is in compliance with applicable law and consistent with international norms of behavior; and is integrated throughout the organization and practiced in its relationships". Emphasis is given to a global approach with the adoption of an ethical behavior.

ISO 26000 (2010) describes the two fundamental practices of Social Responsibility, which are: (1) the identification of the organization's decisions and activities in relation to the seven core subjects: Organizational governance (subclause 6.2), Human Rights (6.3), labor practices (6.4), the environment (6.5), fair operating practices (6.6), consumer issues (6.7) and community involvement and development (6.8) and (2) the identification of and engagement with stakeholders, especially those within the organization's sphere of influence. It starts with an organization's value system and a principal approach to doing business, comprising different areas of action, which enables an organization to position itself in economic, social, and environmental terms and boost its development and growth.

Since 2020, ISO/TS 26030 provide guidance on how an organization in the agri-food chains can contribute to sustainable development while respecting local laws and regulations, as well as stakeholder expectations (Afnor, 2019). Its particularity is to have made an explicit link with the SDGs. The drafting logic of ISO/TS 26030 is characterized by its loyalty to the text of ISO 26000 and its choice to be concise in the text while providing numerous appendices to offer a wide variety of good practice examples in order to encourage, whatever the size of the organization, the country and the level in the agri-food chain, to implement a CSR approach.

ISO 26000 and ISO/TS 26030 have the common characteristics: being self-declared, allowing the assessment tool to assign an overall score on the basis of a set of criteria chosen within the standard, indicating a margin of progress and not an obligation of result. To be recognized ISO 26000 involves obtaining a mark out of 1000, which attests to commitment to the approach. When awarded, the label is valid for 3 years, renewable (Afnor, 2019). This therefore makes it possible to situate the company as a whole. By offering players in the sector a harmonized, concrete, operational method adapted to their businesses and specificities, the various stakeholders are developing a commitment based on a consensus on a pathway. By offering guidelines and not requirements, ISO 26000 does not result in certification unlike other ISO standards. This particularity aims criticism to the CSR washing risk. "But if the failure to produce these reporting documents is not sanctioned (soft law), their false, erroneous or misleading presentation, on the other hand, corporate officers are liable for their false, erroneous or misleading presentation, since the integrated management report is an act of governance for which they must answer to the shareholders. It is not surprising, in this context, that CSR is now included in the internal control and risk management section of the internal control and risk management companies" (Cadet, 2016, p. 38). Its incentive introduces reputation effect.

Consequently ISO 26000 could be understood as a sustainable oriented meta-standard (Moratis, 2016a), differing to the other standards by its multi-stakeholder approach and with an explicit moral perspective. Its role "... is to facilitate a shift from customer focus to stakeholder focus hence creating a business-to-society (B2S) orientation in organizations" (Castka and Balzarova, 2008, p. 298). It is therefore a fundamental change of the corporate culture by developing a spirit of entrepreneurship and enhancing the sense of general interest within the organization.

1.2. HOW TO REASSURE THE RESPONSIBILITY FOR RECONCILING BUSINESS IN SOCIETY?

There is an extensive but divided literature on the adoption of CSR practices and their influence on stakeholders (Harrison et Freeman, 1999; Mercier, 2010). This issue has been well documented in the literature since the dispute raised between Friedman and Freeman. Scholars confirm the fact that CSR could be an interesting alternative to the deviance caused by shareholder focus, from shareholder maximization to stakeholder approach (Donaldson and Preston, 1995; Mitchel et al., 1997; Porter and Kramer, 2006). Because the lack of legal definition of a responsible business opens the door to interpretation and worst, to CSR washing: Some authors argue that in the absence of regulatory constraints, companies have no incentive or even have more disadvantages to engage because of the costs involved. Other scholars underline that on the contrary, the fact of not making the engagement compulsory allows the greatest number to engage according to the capacities of each one (Fouilleux and Loconto, 2017; Muller, 2020). The CSR comes to the concept of Soft Law, where it is matter of "Succeeding by doing good".

Consequently, the notion of responsibility is anchored in an entrepreneurial practice. Exploring the motivations in order to explain CSR behavior adoption could be crucial. Being responsible is aimed by different motivations, creating business value by meeting consumer expectations or even preserving the company's reputation. The gain produced by CSR commitment is evaluated around 13% of companies' turnover (France Stratégie, 2016). Even though many organizations in the agri-food chains are interested in sustainable development and Social Responsibility, they are sometimes not aware of the size and complexity of the issue and may not know how to begin. However, Castka and Balzarova (2008) underlined three motivations perspectives: strategic (financial incentive), altruist (influence by the moral of the decision makers, Donalson and Preston, 1995) and coercive (pressure from various groups of actors, like consumer, publics authorities). The economic incentive is well-known in the literature (Pesqueux, 2020).

Motivations can be based on a cost-benefit calculation (cost of the standard – benefit of its implementation). It could be the result of a more offensive motivation with a competitiveness-oriented strategy. Moratis and Widjaja (2014) showed that the customers' demands, management behavior, importance of standard in market and several tangible and intangible characteristics of ISO 26000 are particularly relevant for the CSR standards' adoption. A company's commitment to CSR leads it to be more transparent in its social contract with stakeholders, which, at the same time, the risk of bad reputation and loss of trust in case of non-respect increase. ISO 26000 commitment is a way to credible

CSR behavior (Moratis, 2016a). For agri-food chains (Fort and Solaroli, 2018), these challenges on the implementation of good practices move forward the transitions towards SDGs.

We formulate two hypotheses: (1) If the motivations for CSR are plural, it is also due to a long standardization process, e.g. they are divers and mixed. But the lack of recognition via a certification could explain why ISO 26000 comes after this process that implies commitment using many other certifications. This justifies the co-existence of different standards and the pursuit of other labels (e.g. biodiversity, whereas the environmental dimension is included in ISO 26000). (2) Paradoxically, co-existence of different standards is its strength and its weakness: ISO 26000, through its global approach, requires a radical change in corporate culture and the development of new internal relations and governance. Its weakness is that the plethora of standards makes CSR commitment difficult to understand and leads to an underestimation of its influence on the company's change (e.g. in fully applied CSR logic, external stakeholders should be included in the Board of Directors). External stakeholders contribute to good practices within the sectors as well as to the creation of a specific eco-system. Stakeholder mapping forces the company to rethink its role and action in the community. Even if it could be conflictual, the adoption of ISO 26000 combines motivations from both internal and external stakeholders. We propose to take into account both internal (co-op, owner-members and employees) and external stakeholders (supply chain and community).

2. COMMITMENTS IN CSR, AN EXPLORATORY CASE STUDY

The methodology is based on qualitative analysis with an exploratory case study (Yin, 2014). A few scholars developed studies on ISO 26000 on this sector (Bocquet, 2013; Ramojy et al., 2013). "Although research on sustainability in the wine industry is rather recent, several studies recognize the relevance of this topic" (Bandinelli et al., 2020, p. 1626). As wine sector dominated the panel of co-ops' ISO 26000 commitment, we engaged participatory research, focusing on the two co-op pioneers in order to have a telling story about their trajectory and the main factors explaining their motivations. We situate French co-ops' overview before focusing on Vignerons de Buzet and Caves de Rauzan.

2.1. The Interest for French Wine Co-op Commitments

The choice of French wine co-ops is motivated by the fact that these represent one of two bottles of wine (out of sparkling wine, LCA, 2020). Wine sector is particularly interesting because it is confronted to many critical points due to (1) its environmental impacts with pest reduction, (2) its health impacts (alcohol consumption limitations) and (3) its societal impacts (like foreign workforce, work painfulness). Even if "AB", Terra Vitis® and HVE designations are well-known, various product certifications, customer specifications and other forms of quality control (e.g. Geographical Indications), attest concrete sustainable commitments (see Annex 2).

In environmental matters, agri-food co-ops established an initial certification, Agri Confiance®, which was designed to guide farmers in improving their sustainable practices. Agri Confiance® is based on the implementation of Afnor NF V01-007: "management system for the quality and the environment of agricultural production", which extends ISO 9001 and ISO 14001. Regarding Agri Confiance®, the 123 co-ops engaged in 14 supply chains represent 32,440 farmers, i.e. around 10% of all French farms. For HVE2, the MAA counts 19,216 farms with 23% in wine (2021) and 31 co-ops with AgriConfiance® commitment including 2,000 farms (2020). For wine sector, other certifications exist to protect environment and biodiversity such as "Vignerons en Développement Durable" with 22 labeled co-ops in 2018 and organic co-ops including environmental requirement specifications (Coop de France, 2018).

In terms of CSR, we used the database of all the agri-food and wine co-ops which had voluntarily engaged the 3D[2] from 2008 until 2017, which is an initial step for ISO 26000 commitment (Filippi,

2 The "Collectif 3D" is a diagnostic tool based on 8 criteria related to ISO 26000: governance, market-customer, occupational health and safety, environment, economy, social, and product system. Although it is based on the Afaq 26000 model, its 100 questions include indicators from other standards like Global Reporting Initiative (GRI) and Global Compact requirements (http://www.rseagro.com/realiser-son-diagnostic-3d, 31/03/2021).

2020). Initiated by Aquitaine Coop de France with Afnor and Ardia[3], it was specifically developed to make CSR accessible to agribusiness SMEs (Gaspar et Leveque, 2013). It allows the intervention of external 3D experts to identify a maximum of social responsibility practices developed in companies. 16 co-ops are certified ISO 26000. We conducted 10 interviews with experts from Afnor certification, Plateforme RSE, Agri Confiance® advisory and standardization consultants. We also made use of data from various ISO 26000 meetings for the ISO/TS 26030 project by Afnor. We attended several Agri Confiance® meetings and participated in the panel to discuss issues. We conducted further in-depth interviews with leading co-op managers including their CSR responsible and associate members, to better understand how they boost CSR in their co-ops.

2.2. THE TWO ICONIC WINE CO-OPS: VIGNERONS DE BUZET AND CAVES DE RAUZAN

In 2020, 75% of Bordeaux vineyard[4] was environmentally friendly certified. New Aquitaine is a pioneering region for these sustainable commitments. This is due, firstly, to the implication of local professionals in defining sustainable labels and, secondly, to the fact that local policy-makers have financed 3D diagnostics. Regarding ISO 26000, Vignerons de Buzet (SME) and Caves de Rauzan (M) are both exemplary assessment level[5].

2.2.1. "Vignerons de Buzet", the pioneer

"Vignerons de Buzet" main data are 160 owner-members, 90 employees and 30 million € of turnover (Vignerons de Buzet, 2020). The co-op has a supervisory board and a management board. Pierre Philippe is the CEO of Vignerons de Buzet and was the Chairman of ISO 26030 Commission. "Buzet" initial motivation was based on economic strategy product differentiation in order to reduce economic difficulties. The proximity to Bordeaux Wine Appellation, triggered finding solutions to

3 Association régionale pour le développement des industries alimentaires Aquitaine.

4 https://www.bordeaux.com/fr/Vignoble-engage/labels (23/03/2022).

5 Their assessment results in a score out of 1000 points which ranks the organization on one of four levels: over 701 points needed to be Exemplary (Afnor https://fr.slideshare.net/GroupeAFNOR/guide-afaq-26000-entreprises-en, 15/06/2022).

innovate and improve their Buzet wine Appellation reputation. Co-op then associated its CSR engagement with the aim of entirely refocusing its enterprise project. Its ISO 26000 certification was obtained through a long standardization process, associated with other additional environmental commitments and customer specifications. In 2005, thanks to its ISO 9001 and 14001, the co-op participated in the creation of "Collectif 3D" for defining the 3D tool (CEO interview, 2018). Their project management organization revolves around environmental issues, reconciling employees and owner-members, forcing them to work together for new solutions. The dynamic thereby created includes both economic and social dimensions. "CSR is like a source of inspirations and motivations" (CEO interview, 2018). As the location of French co-op owner-members is legally constrained, "Buzet" developed local projects on its area including a local employment strategy (Vignerons de Buzet, 2020).

ISO 26000 is seen as a collective project for the entire organization. The decision to enhance CSR behavior was taken by the Directory Board, composed of four vineyard-owners, who had the management mandate. "We started with the environmental dimension, which was more natural for them" (CEO interview, 2018). Without specifically assigned employees, as is the case in larger companies, the whole workerforce was mobilized. The client specifications came afterwards to guide the practices and to justify the interest of the strategy. CSR becomes a powerful tool for giving sense and motivation to both employees and producers. "Setting up a path is more important than the result objective" (CEO interview, 2018). As explained by the CEO, CSR initiatives today are increasingly focused on bonds needed to obtain bank loans, and in contracting with distributors to "prevent risks". That is also the motivation expressed by its France Boissons partner, which is engaged in good practices. ISO 26000 is a way to secure access to good products in a similar "business spirit".

2.2.2. Caves de Rauzan, one of leading co-op in Bordeaux Appellation

Rauzan[6] is a wine co-op union in Nouvelle Aquitaine Region, with 312 owner-members, 46 employees and 27 million € of turnover. As explained Philippe Hebrard, Rauzan CEO, commitment in social responsibility was driven by their historical partnership with Carrefour's "quality supply chain" requirement (end of the 1990s). Caves de Rauzan was the first Bordeaux wine co-op to combine ISO 9000 and 14000 (in 1998). It was granted the Agri Confiance® label in 2007, and subsequently, obtained 3D Diagnostic in 2009. Their multi-commitments (ISO 9000 and 14000; HV2; HV3; wine from grapes from organic farming; Vignerons Développement Durable), give them opportunities to differentiate not only on the market, but also to attract new members with better remuneration, with more than 10% of market price for members (CEO interview, 2020). Its challenging strategy enhanced performance, sustainable business model and, in consequence, created new local relationships with stakeholders. The manager used CSR in order to exercise incentives on owner-member decisions.

In 2019, 40% of the Caves de Rauzan vineyard was HVE certified and 100% of the vineyard was Agri Confiance® certified. Their vineyard also has more than 200 ha in organic farming. Their CSR Report has been prepared in accordance with the GRI Standards: Core option (102-54). "The precautionary principle is taken into account in our company. Indeed, the use of tools and standards integrated into our strategy (ISO 26000, 9001, 14001, NF V01-007) allow us to anticipate the different risks linked to the company's activity and to take, if necessary, measures upstream." (Caves de Rauzan, 2019, p. 20).

The protection of biodiversity is a strong incentive, due to the fact that their 3,600 hectares of vineyard interact with multiple natural spaces covering a large part of Entre-Deux-Mers. "The issue that we have identified as a priority is the promotion of our territory and our practices; those of our members in their vineyards on a daily basis, in maintaining our identity, our environment because in this territory we work there but above all we live there … As part of our CSR approach and in particular in order to respond to the issue of "environmental protection, biodiversity and rehabilitation of natural habitats"

6 https://www.cavederauzan.com/ (23/03/2022).

introduced in the "environment" chapter of the ISO 26000 standard, we have undertaken, at the end of 2014, a reflection on the theme of biodiversity (CEO interview, 2020). With its previous commitments and B2B specifications, Rauzan was able to integrate directly the Agri Confiance® green section[7] of and became the former wine co-op with HVE2 certification from the Ministry of Agriculture for Level 2 (see Annex 3).

2.3. Some Lessons from These Wine Co-ops

Exploratory case and literature confirmed the hypothesis for plural motivations for CSR commitment (Castka and Balzrova, 2008). Comparison between them underlines some interesting points.

The fact that the wine sector predominates the ISO 26000 co-op panel seems motivated, on the one hand, to the anteriority of good practice commitments (3D but also, ISO 9001, ISO 14001) and, on the other hand, to environmental impact sensitivity. The Phytosanitary Treatment Frequency Indicator (IFT), pesticide use index, are highest in the Wine and Fruit & Vegetable sectors. In both cases, the development of specific partnerships for wildlife protection (partnership with the Bird Protection League (Ligue de protection des oiseaux) like Vignerons de Buzet's protection of the endemic owl breed as well as Rauzan actions) are other examples of new relationships with local stakeholders in order to develop good practices even if they are not officially required.

Sanitary prevention policy as well as enterprise reputation for consumers, have acted as other incentive drivers. 3D technical advisory and financial regional supports were essential to accomplish the switch to good commitments (Filippi, 2020). In the two co-ops, their CSR proactive strategy reinforces their governance boosting the internal stakeholders' relationships (between co-op and employees and co-op and owner members). Even if their governance bodies are different, CSR changes fully their corporate culture.

We have observed some differences on their motivations. (1) Economic incentives are more driven by internal incentives for Buzet (differentiation from Bordeaux Appellation) than external (Carrefour quality supply

7 Agri Confiance certification with the NF V01-007 standard includes environmental management.

requirement). (2) Buzet used CSR as a way to animate its collective project and Rauzan used for attract new members and improve quality. If started motivations were different, in both cases, they carry out CSR in their collective project core.

ISO standardization is the result of a multi-commitment trajectory dependent on a path already marked out by standards such as ISO 9001, ISO 14000 (Castka and Balzrova, 2008; Raffay, 2019). Indeed, all these companies have had an already long-standing commitment evidenced by various actions. They confirmed that the main incentives are environmental pressures and consumers demands. But other incentives can come from stakeholders like bank for bank loans or retail for ensuring good practices for safety or heath.

CSR is not, however, limited to its environmental dimension: various initiatives and actions such as responsible purchases, animal well-being and work safety are also covered. Co-ops converge to underline the role of auto-diagnostics and tools as a materiality matrix, as ways to prove their commitment, to measure their effective impacts as well as to evaluate the corrections needed to improve, and to deeper improve ISO 26000. This gives us the opportunity to think to future critical grid for analyzing these crucial points. We observed that when co-ops engaged sustainable behavior, they pursued their commitments even if they did not formally reengage. The cost of normalization is a significant drag for small and medium enterprises. Consequently, the creation of a significant added-value, even by sustainable commitments with their suppliers or consumers, could be a way to compensate for a poor immediate economic benefit.

Finally, CSR is the matter of members and both internal and external stakeholders. Co-op values influence their relationships with their stakeholders and their local area. The fact to push CSR at the heart of the enterprise is a powerful a game changer compared to the other co-ops less engaged. CSR in not a question of legal statute.

3. DISCUSSION AND MANAGERIAL IMPLICATIONS

Without legal obligation, understand motivations to engage in CSR becomes a crucial issue. Accelerating transitions by making good environmental and societal practices places commitment to CSR at the heart of companies' strategies. However, CSR definition by ISO 26000 has several shortcomings, especially on the subject of corporate governance (Moratis, 2016b). Reflect on whether or not their implementation has to be compulsory, in fact encourages focusing on the role of CEO and internal stakeholders in decision-making. Literature offers some insights about (1) the role of the CEO and property rights in matters and also (2) the need to take into account external stakeholders which is also the purpose of ISO 26000.

3.1. THE CEO, CSR STRATEGY CONDUCTOR

The literature has already highlighted the importance of shareholder structure, corporate governance and CEO for CSR company commitment (Aguilera et al., 2006; Fabrizi et al. 2014; Mieir et Schieir, 2017; Velte, 2019). If the merits of CSR commitment in respect of economic and financial performance is ultimately not fully established (Muller, 2020; Vishwanathan et al., 2020; Bian et al., 2021) then the role of the CEO becomes decisive. ORSE study (2018) confirms that 15-30% of the commitment to CSR is positively influenced by that of the CEO. Thus, various authors (Godos-Diez et al., 2011; Velte, 2019) study how the leader perception of CSR and ethics, influences their firms' commitment. For some scholars, the question of its commitment to good practices can be approached from the perspective of costs/benefits and the financial performance of the company (Muller, 2020). Other authors consider that like any strategic decision, the CSR CEO's commitment can be understood through the Agency relationship. Meier and Schier (2017) therefore underline the real risk of conflict with CEO due to his poor ability to create value for shareholders. In other words, his CSR commitment would ultimately be a way to hide them his poor economic and financial results. Consequently, strengthening the control and evaluation of CSR practices have been placed at the heart of governance to limit CEO deviances.

Shareholder structure also exerts an important influence on the implementation of a CSR strategy (Dam and Scholtens, 2012; Ducassy and Montandreau, 2015). However, there are few studies on the impact of ownership structure and co-op governance on firms' practices related to CSR (Marcis et al., 2019; Filippi, 2020; Candemir et al., 2021). Yet CEO plays decisive role in decision-making process (Cook, 2018, Grashuis and Su, 2018). It is true. Co-op legal status plays a role on the choice to engage CSR process. Co-op ownership could be a complement to the insufficient consideration of governance in the ISO 26000. Contrary to the conclusion of Meier and Schier (2017) in our case, CSR does not introduce conflicts of interest between CEO with shareholders given that co-op have associate members engaged on activity. In fact, for Caves de Rauzan as well as for Vignerons de Buzet, the return on investment for the owner-members involves better remuneration for their contributions. This criterion therefore weighs differently and does not correspond to the maximization of profits. CEO in this case can focus on the medium business plan aiming for others returns than just financial criteria (Hansmann, 1996; Saitone and Sexton, 2017). Consequently, product investments contribute to a better economic result for both co-op and its owner members. It is not a case for deeper CEO rooting.

Even if the origin of their motivation in CSR is different, in our wine co-ops, CSR is the combination of various certifications and norms and used both as an internal management tool for employees but also for reinforcing ownership relations. Governance is a crucial dimension, and moreover for Rauzan, CSR is also the way to strength relationship between owner members and the whole group. As confirmed by Afnor-BVA (2019), CSR commitment motivations (408 organizations) are for 55% for valorizing their practices, 44% for federating teams, 41% for developing trust with stakeholders and 38% for having a competitive advantage. The benefits are for 80% reinforcing employees' commitments, 80% developing the attractiveness, 78% innovating and 75% a way to differentiate from the other competitors (Afnor, 2019). According to Picavet (2017), the commitment of companies to societal and environmental initiatives associated with measurement indicators (of risks, costs) remains source of social cohesion.

3.2. CSR as the Backbone for Conducting Radical Changes

Using voluntary normalization is based on the initial idea of attracting the most important number of organizations. ISO/TS 26030 has been designed and developed to help those organizations to easily implement CSR in the agri-food chains. Policy makers and enterprises' argument is finally based on the fact that CSR needs to be understood into global approach (Alroe et al., 2017; Filippi, 2020). That means to think CSR as enterprise backbone, i.e. driving other commitments for sustainable development. So, CSR structures the company's project as an emanation of the collective will of all its members. As observed, ISO 26000 commitment generates deeper changes reflection with all stakeholders. Closely associated to the governance, CSR shapes long term perspective with a snowball effect. Taking into account all stakeholders, seems a powerful leverage effect to ensure CSR commitments. ISO 26000 logic, is based on the idea that increasing social responsibility contributes to a "virtuous cycle" where each action strengthens the organization and the community, encouraging sustainable development.

Results suggest that, in the absence of legal constraints, CEO's implication is essential to engage all stakeholders, internal with employees and producers but also external stakeholders with local eco-system combining sustainable supply chains and various norms. Then this shift from member to community-focus in co-ops, reflects another coordination mechanism animated by generalized reciprocity facilitating collective action and aimed towards the community interest (Hatak et al., 2016). Pressures from external stakeholders and social groups, like consumers or local community, lead to adopt isomorphism behaviors. Openness to society also leads to the consideration of reputation as a product of this encompassing and voluntary standard. But it also appears as an instrument in order to communicate to other stakeholders by putting co-op values at the service of customers, consumers and the community. Mobilizing ISO 26000, firm engages deeper strategy and organizational changes (Ramonjy et al., 2013). Another perspective could be to consider that the other standards mobilization is motivated by the administration of the prove that is not considered as sufficient with voluntary norms like ISO 26000. There is a risk that the plethora of standards will undermine their recognition by consumers.

ISO 26000 opens the door to other standards: like French standard NF X50-135-1 sets out its principles in the "Purchasing function" and offers recommendations to decision-makers and buyers who wish to control their costs, while anticipating economic, social and environmental risks. The environmental labeling is also essential in the strategy of reducing the environmental impact because of its weight in the household budget and its carbon footprint. It is the reason why environmental labeling has been integrated into the flagship measures of the circular economy roadmap and finally into the law on the fight against waste and the circular economy (AGEC law). Furthermore, the law of March 27, 2017 is relative to the duty of care for certain companies. Finally, there is a revision on extra-financial information to go towards sustainability reporting is underway. These recommendations relate in particular to the harmonization of reporting frameworks and non-financial performance indicators, including better integration of the SDGs.

More CSR is at the heart of firm "raison d'être", more it becomes a way to reinforce the global commitment in sustainable and localized supply chains. ISO 26000 allows actors to push forward their good practices in the various domains and creating a sustainable ecosystem.

CONCLUSION

The article shows that ISO 26000 engages major organizational and strategic changes. As it is a voluntary standard, CSR commitment is the fruit of a long standardization process where different standards co-exist. The exploratory case study suggests that CEOs' implication to engage all stakeholders in accordance with the co-op ownership is essential to impulse "general interest" inside and creating local eco-system. After covid and with Ukraine war, the how to support CSR commitment seems more than ever crucial.

Practitioners can use these findings to develop specific sustainability reporting strategies due to the needs for financial as well as institutional supports. Consequently, they contribute to encourage policymakers by allocating funds and promoting policies to increase non-financial information transparency for SMEs.

Open questions remain on the evaluation of the non-valuable assets and the decision making on ecosystem strategy for creating and capturing value. Innovation theory could be an interesting complement (Dedehayir et al., 2018). The conflicting dimensions between the interests of enterprise and its stakeholders, including the community, are not enough mentioned or taken into consideration. It is same for the existence of standards' plethora which is confused for actors.

This article's results should be interpreted in the context of the following limitations, which can represent a starting point for future research. Indeed, it examines only two co-ops. It could be interesting to engage more in order to structure an analytical grid for evaluating impacts and to support SMEs commitment.

REFERENCES

Afnor – BVA, 2019, *Démarches RSE des organisations françaises*, Rapport d'étude, octobre, p. 23.

Afnor, 2019, *Communauté engagée RSE, modèle Afaq 26000*, Afnor Certification, janvier.

Alimagri, 2021, *Niveau 2 de la certification environnementale: chiffres clés et liste des démarches reconnues*, 19/10/2021, p. 7, https://agriculture.gouv.fr/niveau-2-de-la-certification-environnementale-chiffres-cles-et-liste-des-demarches-reconnues (15/01/2022).

Alroe H., Sautier M., Legun K.A., Whitehead J., Noe E., 2017, "Performance versus values in sustainability transformation of food systems", *Sustainability*, 9 (3), p. 1-31.

Bandinelli R., Acuti D., Fani V., Bindi B., Aiello G., 2020, "Environmental practices in the wine industry: An overview of the Italian market", *British Food Journal*, vol. 122 n° 5, p. 1625-1646.

Bian J., Liao Y., Wang Y.Y., Feng Tao F., 2021, "Analysis of firm CSR strategies", *European Journal of Operational Research*, 290, p. 914-926.

Bocquet A.M., 2013, « L'engagement environnemental de l'entreprise: quelle responsabilité envers quelles parties prenantes? Le cas de Migros et Coop sur le marché agroalimentaire Suisse », *Revue Management & Avenir*, 64, p. 35-55.

Cadet I., 2016, « Aspects juridiques de la Responsabilité Sociale », *I2D – Information, données & documents*, 1, vol. 53, p. 37-38.

Candemir A., Duraleix S., Latruffe L., 2021, "Agricultural cooperatives and farm sustainability, a literature review", *Journal of Economic Surveys*, vol. 35, n° 4, p. 1118-1144.

Capron M., Quairel-Lanoizelée F., 2010, *La responsabilité sociale d'entreprise*, La Découverte, Paris.

Castka P., Balzarova M., 2008, "Adoption of social responsibility through the expansion of existing management systems", *Industrial Management and Data Systems*, 108, 3, p. 297-309.

Cave de Rauzan, 2019, *Rapport RSE 2019*, https://www.cavederauzan.com/wp-content/uploads/2020/05/rapport-rse-2019-cavesderauzan.pdf (22/03/2022).

Cook M.L., 2018, "A Life Cycle Explanation of Cooperative Longevity", *Sustainability* 2018, 10, 1586, p. 1-20.

Coop de France, 2018, « Accompagnement au reporting RSE pour les entreprises coopératives agricoles et agroalimentaires », *Guide*, 2e ed., juin, p. 74.

Dam L., Scholtens B., 2012, "Does Ownership Type Matter for Corporate Social Responsibility?", *Corporate Governance: An International Review*, 20, 3, p. 233-252.

Dedehayir O., Ortt R.J., Riverola C., Miralles F., 2017, "Innovators and early adopters in the diffusion of innovations: A literature review", *International Journal of Innovation Management*, vol. 21, n° 8, p. 1-27.

Donaldson T., Preston L.E., 1995, "The Stakeholder Theory of the Corporation: Concepts, Evidence, and Implications", *The Academy of Management Review*, Jan., vol. 20, n° 1, p. 65-91.

Ducassy I., Montandrau S., 2015, "Corporate social performance, ownership structure, and corporate governance in France", *Research in International Business and Finance*, 34, p. 383-396.

EU, 2019, *Corporate Social Responsibility, Responsible Business Conduct, and Business & Human Rights*, Overview of Progress Report, march, 58 p.

Fabrizi M., Mallin C., Michelon G., 2014, "The Role of CEO's Personal Incentives in Driving Corporate Social Responsibility", *Journal of Business Ethics*, 124, p. 311-326.

Filippi M., 2020, "Do French agrifood co-ops have a head start in corporate social responsibility? An initial examination of the behaviours of French co-ops and their practices", *Review of Agricultural, Food and Environmental Studies*, vol. 101, issue 4, dec., p. 489-506.

Fort F., Solaroli L., 2018, "How to display social and environmental sustainability of food products?", *Journal of Advanced Agricultural Technologies*, 5, 2, p. 103-108.

Fouilleux E., Loconto A., 2017, "Voluntary standards, certification, and accreditation in the global organic agriculture field: a tripartite model of techno-politics", *Agriculture and Human Values*, vol. 34, n° 1, p. 1-14.

France Stratégies, 2016, *Responsabilité sociale des entreprises et compétitivité, Evaluation et approche stratégique*, www.strategie.gouv.fr 20/04/2022).

Gaspar A.E., Leveque L., 2013, *Démarche 3D: une dynamique collective pour développer la responsabilité sociétale dans le secteur agroalimentaire*, AFNOR, https://bivi.afnor.org/notice-details/demarche-3d-une-dynamique-collective-pour-developper-la-responsabilite-societale-dans-le-secteur-agroali mentai/1294454#sommaire-224964 (20/04/2022).

Global Reporting Initiative and United Nations Global Compact (GRI-UNGC), 2018, *Business Reporting on the SDGs, New guidance for companies to report their impact on the Sustainable Development Goals*, GRI and UN Global Compact.

Godos-Diez J.L., Fernandandez-Gago R., Martine-Campillo A., 2011, "How Important Are CEOs to CSR Practices? An Analysis of the Mediating

Effect of the Perceived Role of Ethics and Social Responsibility", *Journal of Business Ethics*, 98, 4, p. 531-548.

Grashuis J., Su Y., 2018, "A review of the empirical literature on farmer cooperatives: performances, ownership and governance, finance and member attitude", *Annals of Public and Cooperative Economics*, 90, 1, p. 77-102.

Hansmann H., 1996, *The ownership of enterprise*, Harvard University Press, London.

Harrison J.-S., Freeman R.E., 1999, "Stakeholders, social responsibility: empirical evidence and theoretical perspectives", *Academy of Management Journal*, 42, 5, p. 479-485.

Hatak I., Lang R., Roessi D., 2016, "Trust, social capital, and the coordination of relationships between the members of cooperatives: A comparison between member-focused cooperatives and third-party focused cooperatives", *Voluntas*, 27, 3, p. 1218-1241.

ISO 26000, 2010, *Guidance on Social Responsibility*, https://www.iso.org/iso-26000-social-responsibility.html (14/01/2021).

ISO/TS 26030:2019, *Social responsibility and sustainable development — Guidance on using ISO 26000:2010 in the food chain*, ISO website (14/01/2021).

Marcis J., Pinheiro de Lima E., Gouvêa da Costa S.E., 2019, "Model for assessing sustainability performance of agricultural cooperatives", *Journal of Cleaner Production*, 234, p. 933-948.

Meier O., Schier G., 2017, « L'influence de l'actionnariat du dirigeant sur la Responsabilité Sociale des Entreprises », *Comptabilité, Contrôle, Audit*, 3, tome 23, p. 97-134.

Mercier S., 2010, « Une analyse historique du concept de parties prenantes: quelles leçons pour l'avenir? », *Management & Avenir*, 3 n° 33, p. 142 à 156.

Ministère de l'Agriculture et de l'Alimentation (MAA), 2019, *Guide certification HVE*, https://www.vignevin.com/wp-content/uploads/2019/03/IFV-guide-HVE-16_DEF1.pdf (16/12/2019).

Ministère de l'Agriculture et de l'Alimentation (MAA), 2021, *HVE data*, 19/10/2021, https://agriculture.gouv.fr/les-chiffres-cles-de-la-haute-valeur-environnementale-hve (16/12/2019; 19/10/2021; 14/01/2022).

Mitchel R.K., Agle B.R., Wood D.J., 1997, "Towards a theory of stakeholder identification and management", *Academy of Management Journal*, 22, 4, p. 853-886.

Moratis L., Tatang Widjaja A., 2014, "Determinants of CSR standards adoption: Exploring the case of ISO26000 and the CSR performance ladder in The Netherlands", *Social Responsibility Journal*, vol. 10, n° 3, p. 516-536.

Moratis L., 2016a, "Signaling strategies for ISO 26000: A firm-level approach", *International Journal of Operations & Production Management*, vol. 36, n° 5, p. 512-531.

Moratis L., 2016b, "Out of the ordinary? Appraising ISO 26000's CSR definition", *International Journal of Law and Management*, vol. 58, n° 1, p. 26-47.

Muller A., 2020, "When Does Corporate Social Performance Pay for International Firms?", *Business & Society*, 2020, vol. 59, 8, p. 1554-1588.

Pesqueux Y., 2020, *La responsabilité sociale de l'entreprise (RSE): la « vieille » RSE d'avant les Accords de Paris de 2015 et de la pandémie covid-19 de 2020*, doctorat, France.

Picavet E., 2017, « Entre normes et stratégie: quelques apports de la Responsabilité Sociale des Entreprises », *Rue Descartes*, 1, n° 91, p. 62-75.

Porter M., Kramer M., 2006, "Strategy and Society, the Link between competitive advantage and Corporate Social Responsibility", *Harward Business Review*, 84, 12, p. 78-92.

Raffay R., 2019, « Du droit souple au droit dur: quel droit pour la qualité environnementale des vins sous indication géographique? », *42^d World Congress of Vine and Wine*, BIO Web of Conferences 15, p. 9.

Ramonjy D., Petit F., Schäfer P, 2013, « Management stratégique de la RSE et Norme ISO 26000: le cas de Fleury Michon », EMS Éditions, *Question(s) de Management?*, 1, n° 2, mai, p. 55-68.

Saitone T.L., Sexton R.J., 2017, "Agri-food supply chain: evolution and performance with conflicting consumer and societal demands", *European Review of Agricultural Economics*, vol. 44, 4, p. 634-657.

SDG Compass, 2017, *The Guide for business action on the SDGs.* www.sdg.compass.org

Song B., Dong C., 2022, "What do we know about CSR authenticity? A systematic review from 2007 to 2021", *Social Responsibility Journal*, vol. ahead-of-print, n° ahead-of-print. https://doi.org/10.1108/SRJ-07-2021-0276 (24/09/2022).

Velte P., 2019, " Do CEO incentives and characteristics influence corporate social responsibility (CSR) and vice versa? A literature review", *Social Responsibility Journal*, vol. 16, n° 8, p. 1293-1323.

Vignerons de Buzet, 2020, *Rapport d'activité, 2020*, https://www.nouslesvigneronsdebuzet.fr/le-mag-2019/#page=42 (22/03/2022).

Vishwanathan P., van Oosterhout H., Heugens P.P.M.A.R., Duran P., van Essen M., 2020, "Strategic CSR: A Concept Building Meta-Analysis", *Journal of Management Studies*, 572, p. 314-350.

Yin R.K., 2014, *Case Study Research Design and Methods* (5th ed.), Thousand Oaks, CA: Sage.

ANNEX 1
Main international CSR standards (Author, based on websites)

Name	Standards
United Nations Global Compact https://www.globalcompact-france.org/ (05/05/2022). As the official regional relay of the United Nations Global Compact, Global Compact France brings together more than 1,500 companies and non-profit organizations around issues related to CSR and sustainable development. It has also been mandated by the UN to support the implementation of the Agenda 2030 and the appropriation of the Sustainable Development Goals by the French business world.	Voluntary commitment framework based on ten principles to be respected in the areas of human rights, labor law, the environment and the fight against corruption; principles inspired by the Declaration of Human Rights, the ILO conventions and the Rio Declaration on the Environment.
The GRI Standards https://www.globalreporting.org/standards/ (05/05/2022).	GRI is a reporting tool that complements the Environmental and Sustainable Development Management System. Its objective is to provide a benchmark that allows companies to improve their practices and transparency in order to have the best impact on the economy, the environment and society. The current version is GRI G4, is based on 4 main principles: Writing; Scope; Data Reliability; Report Accessibility and on 79 indicators to rate the SD performance of organizations.
SDG Compass In France, the national platform of global actions for corporate social responsibility, France Stratégie, makes recommendations on social, environmental and governance issues for actions in favor of the 17 SDGs (05/05/2022).	Methodological guide for aligning its strategy with one or more SDGs and measuring their contribution. Good reporting practices have yet to be established, see guides already published to identify the relevant SDGs and integrate them into company strategy.

ANNEX 2
Table Wine Standards (Author, based on websites)

Date	Label or norms	Application
2012	Label AB (RCE n° 203/2012)	Specifications for organic wine-making relate to the products, unlike the two others (Terra Vitis®, HVE) which relate to the operations.
2010	ISO 26000	CSR (see details in the text).
1992	AgriConfiance® (Afnor NF V01-007, ISO 9001, ISO 14001)	In 2020 Agriconfiance went from a technical label to a more commercial label: based on four pillars: Guaranteed quality (French origin, controlled traceability and safety, transparency of practices), Support for farmers and regions (coop model, social commitment), Environmental protection (reduction of inputs, preservation of soil and water, etc.) and Animal welfare. The logo can be used from level 2 (committed coop). Level 3 (Responsible Cooperative) is the only label equivalent to level 2 of the HVE and to ISO 26000.
2008	3D (based on ISO 26000)	Agricultural sector (see text).
1998	Terra Vitis	Resulting from the *Grenelle de l'Environnement* in 2007, Terra Vitis® is a French certification which aims to promote an agroecological approach of the farm and the wines it produces. It is designed according to a logic of progressive certification (3 levels) of the entire farm, controlled by independent third-party organizations approved by the Ministry of Agriculture (Alimagri, 2021).
2007	High Environmental Value (HVE 1, 2, 3)	More than 8,218 farms with 6,699 in wine sector (MAA, 2021) can claim to be HVE, proof of their commitment to practices that are more respectful of the environment and biodiversity.

2010	Environmental Management System of Bordeaux Wine (EMS) (ISO 14001)	EMS for Bordeaux wines is a collective approach based on an international standard, ISO 14001. It can also facilitate access to HVE and ISO 14001 certifications (https://www.bordeaux.com/fr/Vignoble-engage/labels/le-systeme-de-management-environnemental-du-vin-de-bordeaux-sme-2, 05/05/2022).
2002	Environmentally Friendly Agriculture (AREA) Public support of New Aquitaine Region for HVE commitment	It is a level 2 environmental certification. Its public support allows to prepare for the HVE level 3 certification.
2020 (2007)	Vignerons Engagés en Développement Durable	ISO 26000 (see text).

NB: We give the norms and certifications in French wine industry.

ANNEX 3
Cave de Rauzan, 2019, CSR Report, p. 19.

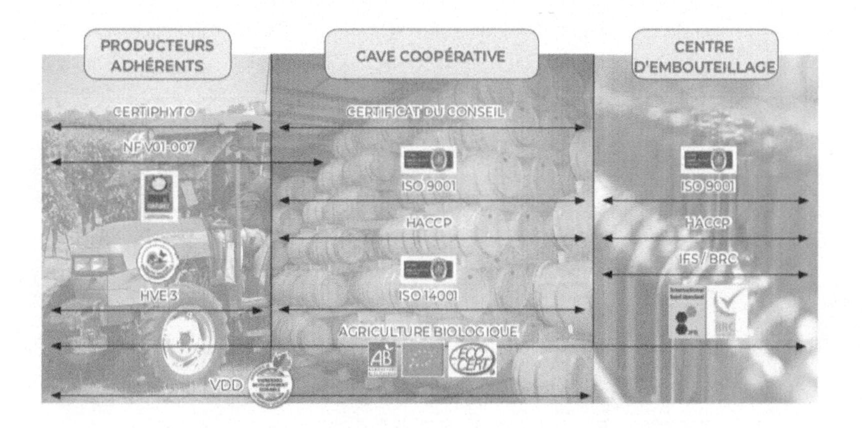

AGRIFOOD CHAIN CHARACTERISTICS AND SUSTAINABILITY SIGNALLING

Iciar Pavez
Louis-Antoine Saïsset
Leïla Temri
Zouhair Bouhsina
MoISA, Univ Montpellier,
CIHEAM-IAMM, CIRAD,
INRAE,
Institut Agro, IRD, Montpellier,
France

INTRODUCTION

In recent decades, sustainability has been at the heart of society's concerns. Firms are increasingly being asked to adopt a more responsible approach to the environment and to society in order to overcome sustainable development challenges. Nowadays, firms are deemed responsible for incorporating social, environmental, economic, and ethical concerns into their management practices (Elkington, 2013). Firms are asked to identify and measure the drivers of improved sustainability and the degree to which standards are adopted, while also signalling compliance with their responsibility of providing society with the necessary high-quality products and services. There is nevertheless considerable variability in how firms measure and report sustainability (Sebhatu, 2009). There is no suitable common tool, partly because of the heterogeneity among agricultural chains, where the functioning of chains is shaped by their particularities (Carbone, 2017). In the agricultural sector, some industries have developed their own standards to capture their own particularities, with no harmonization (Lampridi, Sørensen and Bochtis, 2019). Furthermore, numerous standards take partial dimensions of sustainability into account, such as CODEX and GlobalGap (Codron et al., 2005; Pavez et al., 2019).

A rich body of literature has studied the solutions adopted within a range of agrifood chains to develop and signal compliance according to the type of transaction, i.e. the attributes of products traded, the institutional environment, technological changes (Ménard and Valceschini, 2005), the characteristics of the chains (Raynaud and Sauvée, 2000; Carbone, 2017), consumer awareness and firms' strategic decisions (Codron et al., 2005).

Against this backdrop, we examine how to explain differences in sustainability signalling in food chains, calling on New Institutional Economics (NIE) (North 1990; Ménard, 2004), Transaction Cost Economics (TCE) (Williamson, 1996) and insights from the strategic literature (Porter, 2008). Our aim is to shed light on the interconnections between the characteristics of the supply chains, the institutional environment and the resulting sustainability signals. Accordingly, we chose three food chains and two different levels of processed products: a first, simple level with mango and apple purees and a second, more complex one involving wine. Although all three are fruit-based chains, they differ in asset specificity, the prevailing modes of governance and the strength of the institutional framework. We compare the use of sustainability signals, applying a qualitative analysis to a set of business to business (BtoB) interviews. Then, using external business to consumer (BtoC) data, we apply a multivariate method to identify which signals (public and private standards or marketing claims) are used (Dankers, 2003), and which dimensions of sustainability they address (Meemken et al., 2021; Torma and Thøgersen, 2021).

The rest of the paper is organized as follows. In section 1, we present the theoretical framework, the background to the concept of sustainability and the factors affecting the choice of sustainability signalling. In section 2, we explain the methodology, research design and context of the three chains studied, their key characteristics and the methodology used. The results are presented in section 3, which precedes the concluding remarks.

1. THEORETICAL FRAMEWORK

1.1. SUSTAINABILITY SIGNALLING

Sustainability emphasises the interdependency among the economic, social and environmental dimensions of development (Brundtland Commission, 1987). Through the Sustainable Development Goals (SDGs), firms are explicitly deemed responsible for inclusive economic growth, while protecting labour rights and environmental and health standards (United Nations, 2015). This responsibility not only applies at the core firm level, but across entire value chains, industries, and economies (Elkington, 2013). Sustainable agrifood chains (see Figure 1) must therefore report their performance in terms of several indicators: economic, i.e. profits, jobs/incomes, tax revenues; social: added value distribution, cultural traditions, nutrition and health, worker rights and safety, animal welfare; and environmental, carbon/water footprint, soil conservation, biodiversity, food loss and waste and toxicity, among others (FAO, 2014). A recent study identified 129 public and private food information labelling schemes relating to sustainability available at European and national levels (Grunert et al., 2014). The multidimensionality of sustainability leads operators within the food chains to resort to an increasing number of signals because of the lack of meta-standards incorporating all facets of sustainability (Torma and Thøgersen, 2021).

Sustainability signalling has attracted increasing attention in the literature. One branch of the research focuses on the demand side to identify the signs used in consumer-products, the level of orientation towards sustainability objectives (Torma and Thøgersen, 2021), and the extent to which the information they convey results in responsible purchasing (Grunert et al., 2014; Asioli et al., 2017). Sustainability signs are only beneficial if complemented by consumer motivation, understanding and behaviour (Grunert et al., 2014). To make purchasing decisions, buyers assess product quality through research, experience (Nelson, 1970) and credence (Darby and Karni, 1973). Research is the process by which buyers gather information through signals, certifications and advertising (Caswell and Mojduszka, 1996). Experience exists for products whose attributes can be assessed after purchase and use by the buyer, while credence applies to products whose attributes cannot be identified even after use. Sustainability attributes can be neither observed directly by consumers before purchase, nor experienced after purchase (Meemken et al., 2021).

Another branch posits the analysis on the two-way link between sustainability standards and the organization of food chains. Eco-label schemes are supposed to encourage food chain operators to adopt more environmentally-friendly practices, with impacts mostly limited to farmers rather than to mid- and downstream stages in the chains (Miranda-Ackerman and Azzaro-Pantel, 2017). Furthermore, the introduction of sustainability standards generally alters transaction forms, demanding a higher degree of coordination (Banterle, Cereda and Fritz, 2013).

1.2. INTERACTIONS BETWEEN FACTORS RELATING TO AGRIFOOD CHAINS AND SUSTAINABILITY SIGNALLING

Through TCE, Williamson (1996) posits that the efficiency of alternative modes of governance, i.e. markets, hybrids and hierarchies, varies according to the institutional environment (e.g. laws, standards, norms) and to individuals, i.e. the economic actors. Although Williamson mainly takes the institutional environment as given, the author identifies the feedback effects between the institutional environment, governance institutions and individuals. Changes in one level generate adaptive changes in the others. The institutional environment – rules and the mechanisms to enforce them – intervene in amplifying or mitigating the contractual hazards (North, 1990). Accordingly, standards have two main and related roles: to provide credible information and to reduce information asymmetry concerning the product attributes. Information and control costs are significant sources of transaction costs (Ménard, 1996).

According to TCE, information asymmetries exacerbate opportunistic behaviour, i.e. a lack of honesty by the parties to the transaction that hides information to their advantage. The seller has more knowledge about the product attributes than the buyer. Uncertainty linked to product quality rises when compliance with requirements is not observable by the buyer, for example compliance with sustainable production standards. Quality uncertainty leads to the risk of principal-agent problems, adverse selection due to hidden information and moral hazard due to hidden actions by the supplier (Akerlof, 1970).

Quality control of agricultural-food products concerns BtoB and BtoC transactions. Through procedures ex-ante, during and ex-post, quality control at BtoB level verifies compliance with the specifics of the production process as detailed in the agreed technical requirements. To guarantee credible commitment, enforcement devices exist such as the possibility of delisting a provider or decertifying a non-compliant partner (Ménard, 1996; Saïsset and Codron, 2019). BtoC transactions show signs of standards that are visible to the consumer with some, corresponding to intermediate transactions, remaining in the domain of BtoB standards e.g. ISO (Raynaud et al., 2005). Standards and certifications can be both public/official and private, or public-private when private ordering is backed by a public guarantee scheme (Menard, 2004).

Uncertainty, emerging either from a weak institutional environment or from product quality, coupled with higher levels of asset specificity[1] therefore increases the risk of opportunism (Williamson, 1996). As a result, alternative governance modes are chosen to minimize transaction costs while protecting the specific assets that are difficult to redeploy to other buyers (Williamson, 1996). There are two ways to overcome information asymmetry: one is to infer true characteristics from experience and the second involves ex-ante and ex-post transaction auditing (Williamson, 1973).

A rich body of literature has been developed on how the institutional environment and the transaction attributes (uncertainty, assets specificity and frequency) explain the choice of governance in food chains. Ménard (1996) analyses how the high-quality labelling system in the French poultry industry, as a coordinated network (hybrid), affords producer groups a stronger position to negotiate contracts with processors and retailers. Raynaud et al. (2005) observed an alignment between quality enforcement mechanisms and supply chain governance. They showed that, in food chains where firms' reputational capital is high, the coordination method is closer to hierarchy whereas in supply chains governed primarily by public certification, governance is closer to market forms. Labelling and certification also impact on changes in value chain

---

1 Specific investments are of different types: physical, site, time, human, dedicated and brand specificity (Williamson, 1996).

configurations (Caswell et al., 1998; Fulponi, 2006). Research has also focussed on the multiplicity of private standards and the link between sanitary and phytosanitary standards and the choice of alternative types of contract (Pavez et al., 2019) as well as the control decisions within supply chains (Saïsset and Codron, 2019).

This literature has also shown how the characteristics of the food chains, the environment and the type of governance influence the development of new standards (Gereffi et al., 2005). Carbone (2017) draws heavily on NIE and strategic literature to classify the agrifood supply chains according to the type of organization leading the chain (i.e. retailer global processing, cooperatives); the target market (i.e. global, local, niches markets); the specificity of assets linked to quality, reputation, innovation and the importance of the origin. The author argues that these factors shape the supply chains, the stakeholders' governance and the relational environment.

Ménard (1996) explains the creation of quality labels as a differentiation strategy in sectors with generic products and a high concentration in the intermediate stages of the value chain. Raynaud and Sauvée (2000) propose a model in which the creation of a quality sign (a collective private label) is explained by elements emerging from the institutional levels, e.g. regulations by authorities, contract law; and elements rooted in the characteristics of the sector in which the economic actors operate, i.e. market size, degree of concentration, intensity of competition, etc. Codron et al., (2005) explains that the definition of new food quality standards by the retailers is determined by the two-way interaction between the institutional environment and the sector characteristics (market orientation, product's technical aspects, consumer awareness and individual firms' decisions).

This framework (Figure 1) leads to our research question of how to explain differences in sustainability signalling in food chains. Before attempting to answer this question, we need to understand the context in which the studied food chains are embedded and the methodology used.

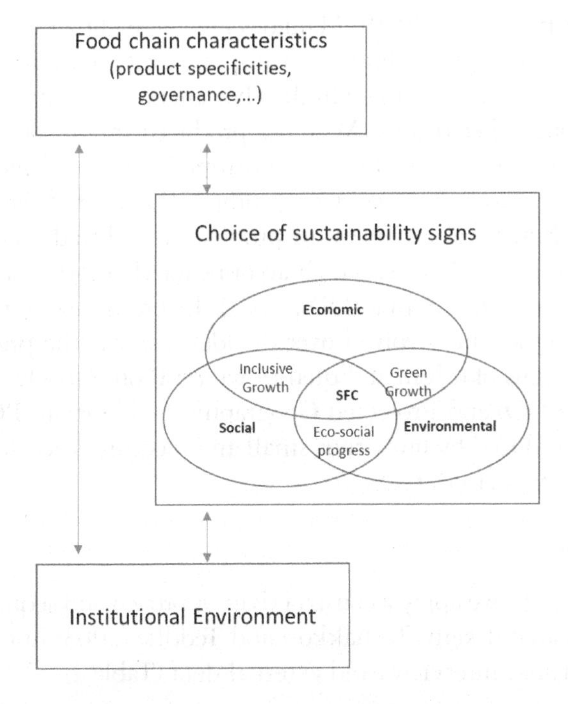

FIG. 1 – Factors influencing the choice of sustainability signs.
Sources: Based on Raynaud and Sauvée (2000); FAO (2014); Williamson (1996).

2. METHODOLOGY

2.1. CONTEXT

We studied downstream-processed products from three very different vegetal supply chains: apple and mango (purees) as well as wine.

Apple production accounts for 12.26% of world fruit production. In France, apples are the most important fruit crop, mostly intended for fresh consumption. In terms of industrial uses, around 75% of apples used in processing serve to produce fruit desserts, especially compote (puree) which displays high demand. The majority of apple-producing firms are producer organizations (POs), either cooperatives or private

(Pavez and Bouhsina, 2020). Mangoes are the eighth most produced fruit in the world, with France an importer rather than a producer. Mangoes are mostly consumed fresh. They are processed into purees and juices, among other things. Mangoes produced in La Réunion Island are mostly produced by POs and consumed fresh, and more marginally in juice. Producers face strong competition from Asian countries (Pavez and Bouhsina, 2020). Wine production and trade is dominated by Spain, Italy and France, which account for than 50% of the world market in terms of volume (OIV, 2021). In France, wine production and consumption has evolved over decades towards the prevalence of distinctive signs of origin and quality wines: Protected Denomination of Origin (PDO) and Protected Geographical Indication (PGI). These wines are produced by numerous small and medium-sized wine estates and co-ops (Saïsset et al, 2017).

2.2. METHOD

In this study, we apply a constructivist approach and sequential qualitative research design (Tashakkori and Teddlie, 2003) in two phases: semi-structured interviews and external data (Table 1).

TAB. 1 – Summary of the research design (Source: Authors).

	Phase 1	Phase 2
Position in the chain	BtoB: growers-processors	BtoC: retailers
Method	Case study method	Exploratory multivariate analysis
Data collection	Semi-structured interviews	External textual data (open food facts)
	Professional data and documents	
Observations	15 interviews	716 apple purees 115 mango purees 1,349 wines

2.2.1. Semi-structured interviews

Exploratory interviews with French managers of private firms and cooperatives, as well as governmental and non-governmental organizations, were conducted to uncover how firms signal their sustainability efforts at the downstream BtoB level. (Table 2). The central questions at this stage were: who are the key players in the chain? How are transactions organised between growers, processors and commercial intermediaries? How do firms signal their sustainability compliance? What is the firm doing in the field of sustainability? What are the general and sustainability standards adopted by the firm to deal with the customers and consumers?

Interviews were conducted in Metropolitan France, except for the case of mangoes, which refers to La Reunion Island. Lasting between 60 and 150 minutes, the interviews were conducted by the authors between 2018 and 2020 with stakeholders in the three supply chains: apple (5), mango (5) and wine (5). The profile of these actors is as follows:

TAB. 2 – Salient features of the interviews (Source: Authors).

Chain	Interviews	Position	Description
Apple	2 growers, 2 processors	Sales manager, technical manager, quality manager	Leading firms in the French industry Distribution channels: marketing, partly under own brand, on the national market and for export.
	1 collective interview with 2 interprofessional organizations	Directors	Apple growers and F&V processing organizations
Mango	2 growers, 2 processors	Director, purchasing manager	The largest mango producers and F&V processing in La Reunion Island Distribution channels: mostly local and national marketing
	1 interprofessional organization	Director	Agricultural sector chamber

Wine	4 wine co-ops	Manager, chairman	Distribution channels: wine merchants, mass distribution, restaurants, direct sales, export. Three of them are bulk-oriented whereas one mostly sells bottled wine
	1 technical institute	Manager	Vine and wine service provider

2.2.2. *External data*

We used external data to identify sustainability signals at BtoC level and to gain new insights into consumer product labelling. These external data were gathered to complement the results from the first phase. We built a database using information available on Open Food Facts as well as processing and distribution companies' websites. This database contains labelling information on brands, processing locations, ingredients and their origins, additives, labels, certifications, awards and nutrition.

We extracted records from the Open Food Facts[2] database, searching for products sold in France using the French keywords "*pomme*", "*mangue*" in the sauces and desserts category, and "*vins francais*". Bulk data was downloaded and processed using Stata16. Apple and mango purees have multiple origins, both for the raw materials and the intermediate product, e.g. purees for industrial use. We focused our analysis on purees for the end consumer. Indications of the country of origin of raw materials were included in the analysis. Concerning wine, we focused solely on French wines.

Our final sample was composed of 716 apple compotes and purees produced by French companies or companies established in France, 115 mango products (27 made of pure mango and 88 made of a blend of mangoes and apples) and 1,349 wines. The data covered the period 2014-2020 and was treated as cross-sectional. This exploratory study was not intended to be statistically representative.

---

2 Open Food Facts is a non-profit association, independent from the industry and openly collaborative. https://fr.openfoodfacts.org/ (retrieved February 2, 2021).

For each product, we retained signs indicating aspects of the social, economic or environmental dimensions of sustainability (translation of main terms in annex). In order to map the different signs, we classified each of them into public or private standards or claims. Public standards are government rules, which may be directly defined or validated by the public authorities. When used, they engage the civil liability of those who display them. Private standards are documented agreements certified by an accredited body based on a formal and verified commitment of the actors who display them and engage their commercial responsibility. They can be regional, national, international or sectoral. Claims are marketing statements set and controlled by firms that are not based on any objective verification system (Dankers, 2003).

2.3. ANALYSIS METHODS

Information gathered from the interviews was examined through content analysis. The external data were analysed through network coincidence analysis, which is a multivariate technique. We used the Coin ado program for Stata (Escobar, 2015). This program enabled us to identify the structure and relations of the occurrence of signs. In this text analysis, one word or segment of words is treated as a variable. In our case, each signal was a variable and one product could simultaneously carry different signs (polytomous variables). The Precoin program for Stata was used to convert these into dichotomous variables (1/0). Results are shown using multidimensional scaling (MDS) to map the labels in our datasets (Escobar, 2015).

3. RESULTS

3.1. INSTITUTIONAL FRAMEWORK AND GOVERNANCE OF THE STUDIED FOOD CHAINS

3.1.1. Institutional framework

In our qualitative interviews, most of the respondents indicated that the main standards used in BtoB raw materials transactions for processing purposes concern quality and food safety. Quality is related to physical, chemical and organoleptic properties. Food safety is related to the protection of human health (e.g. traceability). Requirements can be mandatory by law, such as the maximum permitted pesticide residue levels. Apples and wine are subject to EU-specific marketing standards, while mangoes are bound by general and less stringent standards. Additional private standards, such as GlobalGap, are common and stricter than law. When we asked about specific sustainability standards, those most frequently mentioned were ISO 14000 (environmental management), ISO 26000 (a social responsibility standard) and ISO 26030 (specific to the food industry). However, *"the traditional ISO system is stagnating. People are more interested by environmental oriented labels specific to agriculture"* in the wine chain, as mentioned by the ICV deputy manager.

Furthermore, the majority of respondents understood sustainability in its environmental dimension, describing how their organizations have engaged in natural resource management. We nevertheless noted a lack of responses from the interviewees about social matters. A crucial issue across all three chains is pesticide management through environmentally-friendly agricultural practices, or the use of resistant varieties to cope with phytosanitary risks. There are a number of voluntary sectoral or collective French labels matching these requirements. The AB organic label is pointed out by professionals: *"there are constraints, but also value added on the product"* (Chairman of a wine co-op). "Haute Valeur Environnementale" (HVE, or high environmental value, is another official and voluntary environmental certification for farmers. Wine co-ops, supported by their national union, are increasingly interested in this label, as stated by the professionals interviewed. "Agri Confiance" is also a certification for agricultural cooperatives covering production quality and respect for the environment with regard to animal welfare, social, ethical and economic impacts. It was nevertheless mentioned less frequently in the interviews and is less used.

Specific French standards are currently expanding. Interviewees underlined their increasing use, driven by their customers (BtoB relationships) or consumers. One manager said, *"In today's world, consumers are asking for more environment"*. In this sphere, "Vergers éco-responsables" is a collective label operated by the French National Pears and Apples Association. Furthermore, "Vignerons engagés" is the first French CSR and sustainability certification in the wine sector. "Viticulture Durable en Champagne" incorporates HVE and the specific requirements of Champagne, whereas "Terra Vitis" is a certification concerning vine or wine growers[3] and their production. One manager said, *"The social aspect is not just about the wine growers...... it is about creating a local link so that our environment, our families and the businesses in our area can also make a living from our activity."* As far as the mango industry is concerned, we found no evidence of specific private standards.

3.1.2. Governance

Apples and mangoes for processing are mainly sourced from discarded fruit from the fresh market. The dominant form of governance relating to these transactions is therefore the market (grower and processing associations, collective interview). In contrast, in more specific segments such as baby food, hybrid forms dominate. Two managers said, *"When apples go to conventional processing, we allocate discarded fruit; no contract with processors are signed beforehand. In our cooperative, only growers dealing with baby food processors have contracts"*. The hierarchical form of governance is marginal. There are leading apple puree processing firms in the retail market, while mango purees are not strongly associated with specific brands. Concerning the asset-specificity of raw materials, most apples and mangoes are not process-specific varieties in contrast to the grape-wine supply chain.

French puree processors are mainly supplied with apples both domestically and from other EU countries. They import mango puree, instead of fresh mango, to blend and sell under their brands or under supermarket

3 Vine growers refers only to grape producers and wine growers refer to farmers producing grapes and then wine.

brands. In La Reunion, there is only one company that sources directly from local mango growers, although a large proportion of mango puree is imported from India and the Philippines. According to professionals, product differentiation through brands is also evident in the case of apples. Information on the origin of mangoes is rare, except for fair-trade products.

In the French wine industry, free marketing of raw materials (grape purchases) is very limited, with wine co-ops having played a central role in production (40-50%)[4] for more than 70 years in order to reduce transaction costs for small-scale vine growers (Jarrige, 1998) and regulate their wine quality. The ICV deputy manager said, *"They gather numerous vine growers within a specific territory"*. That is why hybrid forms are particularly important, all the more so as wine merchants can be considered either as hybrids (decentralization of certain groups) or hierarchies (centralized family businesses). Moreover, the bulk wine market represents between 40% and 50% of transactions in terms of volume in France[5], but is highly segmented (varietal wines, PGI, PDO) and is not a global market, as underlined by the professionals. Finally, independent wine estates can mostly be considered as hierarchies, increasingly selling their wines through diversified channels.

This analysis leads us to synthetize the main features of the three food chains in Table 3 below.

TAB. 3 – General characteristics of the food chains studied (Source: Authors).

Food chain	**Product specificity**				**Governance (mostly)**	**Institutional framework**
	Processing	**Brand**	**Raw material**	**Origin (mostly)**		
Apple	Medium	Medium	Low	Domestic	Market-hybrid	Medium
Mango	Medium	Low	Low	Foreign	Market	Low
Wine	High	High	High	Domestic	Hierarchy-hybrid	High

---

4 Source: La Coopération Agricole – Vignerons Coopérateurs, https://www.lacooperationagricole.coop/fr/la-cooperation-agricole-vignerons-cooperateurs-corporate (retrieved September 13, 2021).

5 Source: statistics on wine estate sales from DGDDI (2017/2018 to 2019/2020) https://www.douane.gouv.fr/la-douane/opendata?f%5B0%5D=categorie_opendata_facet%3A471 (retrieved March 22, 2021).

Wine and apple chains are traditional in France. In the wine chain, the asset-specificity of raw materials (varieties) and of the final product (brand) is higher and its institutional framework stronger. At the other extreme is the mango chain, with apples occupying an intermediate position.

3.2. MAPPING OF THE SIGNS OBSERVED IN THE EXTERNAL DATA

Figures 2, 3 and 4 show the representation of signs with an occurrence higher than 5. The size of nodes correlates to the occurrence of each sign: the higher the frequency the bigger the circle, square and triangle. The distance between nodes indicates the correlation between the signs: closer nodes indicate greater correlation. The connections between nodes are represented with continuous, dashed and dotted lines according to the p-values specifying the minimum p of Haberman's residual to establish adjacency, with 0.5 meaning probable coincidence and 0.05 and 0.01 meaning statistically probable coincidence (Escobar, 2015).

3.2.1. Apple chain

Figure 2 shows the rather fragmented mapping of the apple puree sector, with more than 20 signs. A first group of health-related signs stands out, in particular Nutri-Score. Nutri-Score was implemented in France in 2017 by the Ministry of Health, within the framework of European Regulation no. 1169/2011. This label provides a 5-letter nutritional scale from A to E, A indicating good nutritional quality. Most of the apple products in our sample have a Nutri-Score of A, which is strongly correlated with the terms "Sans sucre ajouté" and "Sans additifs". Nutri-Score B and C are less frequent; the latter being linked to artisanal production with a higher sugar content.

The second group of standards that appears to be relevant relates to the environmental dimension. This mainly includes the certified organic labels ("Agriculture Biologique", "Bio-dynamie") and the Forest Stewardship Council (FSC) label which is highly correlated with "Vergers éco-responsables" certification and the "Agriculture Responsable" claims. Claims such as "Sans Résidus de Pesticides" are more isolated. This may be a strategy to avoid drawing consumers' attention to a controversial aspect. Social labels relating to the well-being of farmers exist, but are less common. Goods produced by families and farmers in local territories are mentioned, albeit rarely.

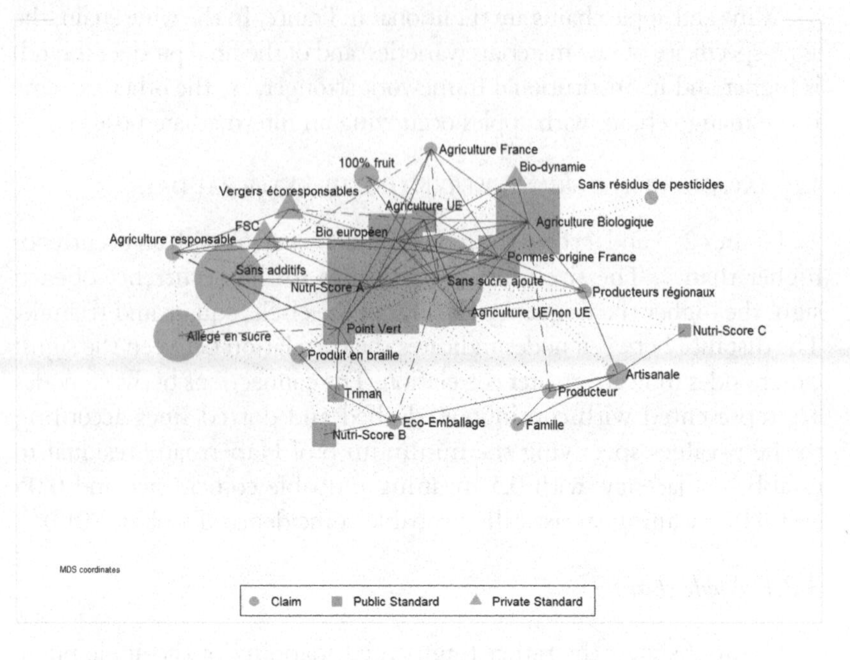

FIG. 2 – Network coincidence mapping of apple puree signs.
Source: Authors' calculations based Open Food Facts data.

3.2.2. Mango-apple chain

Figure 3 shows the case of mango and apple purees. The diagram is relatively simple with very distinct signs. A puree made of 100% mango is rarely sold to consumers, and is instead sold as a blend with apples. As an exotic fruit, the number of products in the sample is much more limited. The first dimension to stand out concerns health and quality. Health claims such as "Sans sucre ajouté" are the most prominent in our sample. Claims relating to product quality, such as "Sans additifs" or "100% Fruit" are less present.

The second dimension that stands out relates to the environment. It is found in the terms "Bio" and "Agriculture biologique". The "Point Vert" label – which means that the company selling the product contributes financially to the collection, sorting and recycling of packaging – also relates to the environmental dimension of sustainability. Organic standards are strongly correlated here with fair trade standards, such as

Max Havelaar certification for mango products. Social claims, such as "Producteurs-Paysans" or "Petits Agriculteurs", appear in the sample, although too rarely to be shown in the diagram. As apples and mangoes correspond to globalised supply chains, the origin of the products – French, European or extra-European – is nevertheless also indicated, although the specific country of origin of mangoes is rarely mentioned.

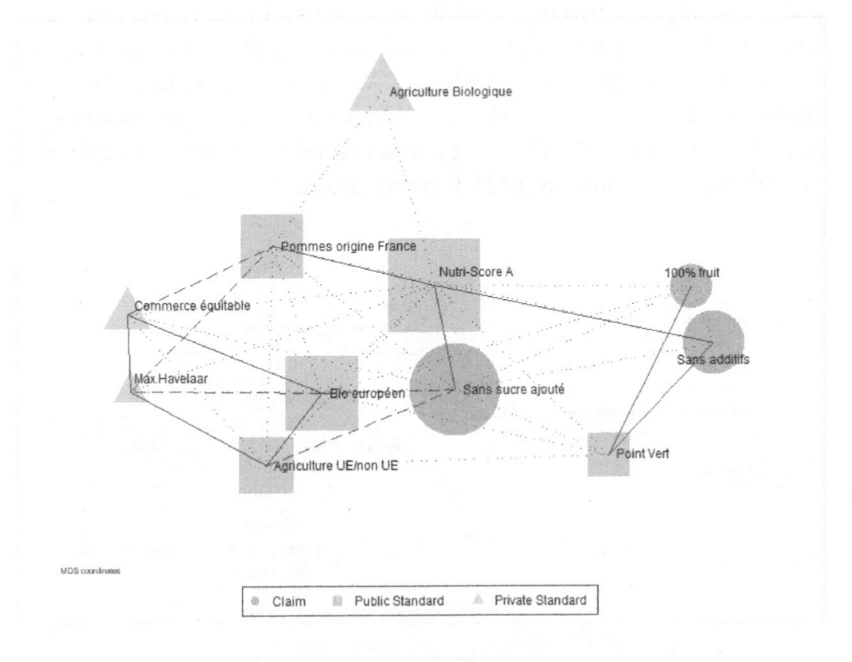

FIG. 3 – Network coincidence mapping of mango and mango-apple puree signs. Source: Authors' calculations based Open Food Facts data.

3.2.3. *Wine chain*

Figure 4 shows the wine-labelling map. With more than 30 claims and labels, it is a mosaic of scattered signs, primarily reflecting the density and complexity of messages for wine consumers. This striking dispersion is counterbalanced by the concentration of information in ten main points that can be divided into three groups.

The first group concerns quality and origin labels, which are the most frequent: French AOC/AOP (Controlled Designation of Origin/

Protected Designation of Origin) and, to a lesser extent, IGP (Protected Geographical Indication). These types of wine represent more than 70% of total production in France. Moreover, these indications are strictly regulated and mandatory, explaining their prevalence on packaging. They are not explicitly sustainability labels and do not generally include specific sustainability criteria. However, their values rely on economic and social aspects through terroir, territory and traditional practices. Indeed, AOC is particularly strongly correlated with quality signs relating to wine processing methods ("Vendange à la main", "Méthode traditionnelle") and the producers ("Vignerons"), who are often deeply rooted in tradition. AOP (European level) relates more to sustainable viticulture indications and HVE certification.

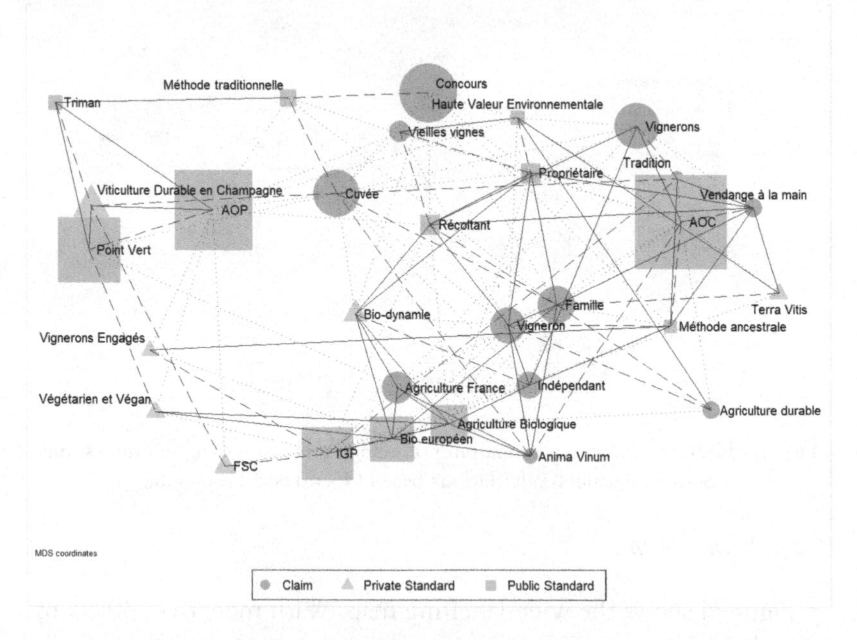

FIG. 4 – Network coincidence mapping of wine signs.
Source: Authors' calculations based Open Food Facts data.

The second group relates to organic, or even biodynamic, agriculture and organic wines, certified at the national and European levels. These signs are very strictly regulated and can concern the label itself ("Bio",

"Agriculture Biologique", etc.). The importance of this label reveals the increasing demand for and production of such environmentally-friendly wines. These labels are directly or indirectly associated with small-scale wine firms, and especially wine estates, as well as social aspects such as "Vigneron", "Indépendant", "Famille", "Récoltant" or "Propriétaire". This can be explained by the predominance of small or medium-sized wine estates in this category. We note here that there is no mention of natural wines, despite their current expansion. It has recently been recognised in France (charter approved by fraud control administration since March 2020), and so was not present in the database we worked on.

The third group deals with recycling and is not related to the product but to the packaging, in our case glass bottles. It indicates that firms pay taxes for collection, sorting and recycling. It is a cross-cutting indication signalling that wine firms are highly recycling-oriented.

Social aspects are particularly present in this map. Wine producers are frequently mentioned, in the plural when referring to collective organisations ("Mise en bouteille par Union des vignerons", "Mise en bouteille par Groupement des vignerons", "Vignerons réunis") and in the singular when it comes to an independent producer. Family production is also highlighted, possibly anchored in traditional values. These indications seek to inform the consumer about the people behind the production of a bottle, while generating confidence in the quality of the product.

Another very interesting point in this map is that several indications refer explicitly to sustainability (e.g. "Agriculture durable", "Vignerons Engagés"), and can be closely associated with AOP or IGP. They are nevertheless infrequent. "Haute Valeur Environnementale" and "Terra Vitis" are correlated with these signs, even if they deal more with integrated viticulture thanks to precise standards and certification. In this case, labels overlap and can lead to confusing messages for consumers.

3.3. COMPARISON OF APPLE, MANGO AND WINE CHAINS

We compared the main public and private standards appearing in our BtoB and BtoC data, according to sustainability dimensions (Table 4).

TAB. 4 – Main standards in the sample according to sustainability dimensions.

Standards	Apple			Mango			Wine		
	Econ.	Soci.	Envr.	Econ.	Soci.	Envr.	Econ.	Soci.	Envr.
Agri-Confiance							✓	✓	✓
Vignerons Engagés							✓	✓	✓
FSC	✓	✓	✓				✓	✓	✓
AOP/AOC/IGP							■	■	
Commerce équitable/Max Havelaar				✓	✓	✓			
Agriculture Biologique		■	■		■	■		✓	✓
Bio-dynamie		✓	✓					✓	✓
Vergers Eco-Responsables		✓	✓						
Bee Friendly			✓						✓
Point vert			■			■			■
Triman			■						■
Nutri-Score		■			■				
HVE			■						■
Terra Vitis								✓	✓
Viticulture durable							✓		✓
Méthode Ancestrale							■	■	
Méthode traditionnelle							■	■	
Origin (EU/non-EU agriculture)	■			■					

Econ.= Economic; Soci.=Social; Envr.=Environmental; ■ Public standard ✓ Private standard (Source: Authors).

Most of the standards target economic efficiency. However, this summary refers to direct indicators which are objective specifications, such as guaranteed minimum price for farmers (Commerce équitable), and not market outcomes (higher market prices for organic products). To illustrate this point, some indicators used by Vignerons Engagés are economic, such as mutualisation of employment to improve seasonal jobs; social, including financial contributions to local cultural heritage; and environmental, such as use of renewable energy. For Vergers Eco-Responsables, they can be social, e.g. safer use of agrochemicals or environmental, such as traceability of agricultural practices, verified by a certified technician. We have not identified any direct economic indicator, although the enhanced reputation capital favours its positioning in the market.

In our sample, comprehensive sustainability standards are few, private and mostly present in the wine chain. Public standards address specific dimensions, mostly environmental and social. The wine chain displays a higher number of standards, followed by the apple chain which is more environmentally oriented. The mango chain shows considerably fewer but more comprehensive standards, thanks to the fair trade guidelines due to the origin of raw material (South-North transactions).

Characterised by foreign origin, low asset-specificity, an institutional framework and market-oriented governance, the mango chain has few sustainability standards (only 5). In contrast, the wine chain, with its domestic origin, high processing level and asset specificity, complex institutional framework and governance structure shows numerous (14) well-balanced sustainability standards (28% are global ones). The apple chain is in-between in terms of characteristics (namely medium brand-specificity and an institutional framework, with a market-hybrid oriented governance) and number (10), with a single comprehensive private standard.

DISCUSSION AND CONCLUSION

This article explored the interconnections between the characteristics of supply chains on the resulting sustainability signalling by comparing three fruit-based chains (apple and mango purees and wine). At the BtoB level, standards coordinating transactions relate to quality (chemical, physical and organoleptic) and food safety which are, mostly, not signalled to consumers. This is in line with the relevant empirical literature relating to quality and food safety standards and governance (Ménard, 1996,2004; Codron et al., 2005; Raynaud et al., 2005; Raynaud and Sauvée, 2000).

Although all three food chains in our study are fruit-based, they differ in how they signal sustainability at BtoC level. Various factors explain these differences: product-related specificities (linked to the level of processing, brand, raw material and origin); governance of the transactions and the strength of the institutional environments.

Concerning the product specificity, the greater the level of processing, the more labels and claims are used to create segmentation and increase differentiation (Olper et al., 2014), raising the brand specificities and the reputation capital (Raynaud and Sauvée, 2000; Codron et al., 2005; Ménard and Valceschini, 2005). Moreover, as the asset specificty rises, tighter, hierarchical and hybrid modes of governance are chosen to protect transactions (Williamson, 1996). However, differences in products with the same level of processing and low raw material specificity (apple and mango purees) can mostly be explained by institutional factors. The strategic stakes are higher for apples, mostly domestic in origin, while mangoes are mostly foreign-sourced. This has strong implications at both country and chain level. Stronger institutional frameworks are developed to protect and promote strategic food chains (North, 1990; Porter, 2008), both by public authorities and private actors through standards (Ménard and Valceschini, 2005). The relations between these variables at the institutional environmental, governance and firm levels have feedback effects because changes in one level generate adaptive changes on the others, as described by Williamson (1996).

MANAGERIAL IMPLICATIONS

Our study has a number of managerial implications. First, assessing the attributes of the products is costly and difficult to measure, although it is fundamental in extracting the full value and calculating the mutual benefits from the exchange. Consequently, standards reduce quality uncertainty and information asymmetry. Second, reputation linked to standards remains an important trigger for certification. Firms seek to transform regulatory constraints and voluntary standards into competitive advantages by signalling their performance to buyers.

Even if our research does not assess the performance of these sustainability signalling strategies, it can give agrifood firm managers some direction for their sustainability strategy. Thanks to our results, and more particularly the comparison between the three chains, managers aiming to be market leaders should target the less-used sustainability pillar(s) facilitating differentiation. Those aiming to follow the main trends should be inspired by existing sustainability signs.

ACKNOWLEDGMENTS

We are grateful to anonymous reviewers from this journal and to Jean-Marie Codron for insightful comments and suggestions. The usual disclaimer applies.

This work received financial support from the French National Research Agency via the "Investments for the Future" programme through the "Interfaces" flagship project (ANR-10-LABX-001-01 Labex Agro, coordinated by Agropolis Foundation under reference ID 1603-001), and the "Innogouv" project under LabEx Entreprendre (ANR-10-LABX-11-01), the Institut Agro-Montpellier SupAgro, France Agrimer, the Key Initiative MUSE (KIM) Montpellier Vine & Wine sciences, and "Innover dans les Filières Agricoles, Agroalimentaires et les Territoires" Chair.

REFERENCES

Akerlof G.A., 1970, "The market for 'lemons': Quality uncertainty and the market mechanism", *Quarterly Journal of Economics*, vol. 84, n° 3, p. 488-500.

Asioli D. et al., 2017, "Making sense of the 'clean label' trends: A review of consumer food choice behavior and discussion of industry implications", *Food Research International*, n° 99, p. 58-71.

Banterle A., Cereda E., Fritz M., 2013, "Labelling and sustainability in food supply networks: A comparison between the German and Italian markets", *British Food Journal*, vol. 115, n° 5, p. 769-783.

Brundtland Commission, 1987, "Our Common Future: Report of the World Commission on Environment and Development", *World commission on environment and development*, United Nations.

Carbone A., 2017, "Food supply chains governance", *Agricultural and Food Economics*, vol. 5, n° 3, p. 1-23.

Caswell J.A., Bredahl M.A., Hooker N.H., 1998, "Agricultural & Applied Economics Association: How Quality Management Metasystems Are Affecting the Food Industry", *Review of Agricultural Economics*, vol. 20, n° 2, p. 547-557.

Caswell J.A., Mojduszka E.M., 1996, "Using informational labeling to influence the market for quality in food products", *American Journal of Agricultural Economics*, vol. 78, n° 5, p. 1248-1253.

Codron J., Giraud-Héraud E., Soler L., 2005, "Minimum quality standards, premium private labels, and European meat and fresh produce retailing", *Food Policy*, vol. 30, n° 3, p. 270-283.

Dankers C., 2003, *Environmental and Social Standards, Certification and Labelling for Cash Crops*, Rome, FAO.

Darby M.R., Karni E., 1973, "Free competition and the optimal amount of fraud", *The Journal of law and economics*, vol. 16, n° 1, p. 67-88.

Elkington J., 2013, "Enter the Triple Bottom Line", in *The Triple Bottom Line*, Routledge, p. 23-88.

Escobar M., 2015, "Studying coincidences with network analysis and other multivariate tools", *The Stata Journal*, vol. 15, n° 4, p. 1118-1156.

FAO, 2014, *Developing sustainable food value chains – Guiding principles*, Rome, FAO.

Fulponi L., 2006, "Private voluntary standards in the food system: The perspective of major food retailers in OECD countries", *Food Policy*, vol. 31, p. 1-13.

Gereffi G., Humphrey J., Sturgeon T., 2005, "The governance of global value chains", *Review of international political economy*, vol. 12, n° 1, p. 78-104.

Grunert K.G., Hieke S., Wills J., 2014, "Sustainability labels on food products: Consumer motivation, understanding and use", *Food Policy*, vol. 44, p. 177-18.

Jarrige F., 1998, "Ancienne institution, nouveaux enjeux, la coopération agricole aujourd'hui. Réflexions sur le cas des coopératives vinicoles du Midi", in Miclet G., Sirieix L. et Thoyer S. (eds), *Agriculture et alimentation en quête de nouvelles légitimités*, Paris, Economica, p. 49-100.

Lampridi M.G., Sørensen C.G., Bochtis D., 2019, "Agricultural sustainability: A review of concepts and methods", *Sustainability*, vol. 11, n° 18, 5120.

Ménard C., 1996, "On clusters, hybrids, and other strange forms: the case of the French poultry industry", *Journal of Institutional and Theoretical Economics*, vol. 152, n° 1, p. 154-183.

Ménard C., 2004, "The Economics of Hybrid Organizations", Journal of Institutional and Theoretical Economics, vol. 160, n° 3, p. 345-376.

Ménard C., Valceschini E., 2005, "New institutions for governing the agrifood industry", *European Review of Agricultural Economics*, vol. 32, n° 3, p. 421-440.

Meemken E.-M., Barrett C.B., Hope C.M., Qaim M., Reardon T., Sellare J., 2021, "Sustainability standards in global agrifood supply chains", *Nature Food*, p. 1-8.

Miranda-Ackerman M.A., Azzaro-Pantel C., 2017, "Extending the scope of eco-labelling in the food industry to drive change beyond sustainable agriculture practices", *Journal of environmental management*, n° 204, p. 814-824.

Nelson P., 1970, "Information and consumer behaviour", *Journal of political economy*, vol. 78, n° 2, p. 311-329.

North D.C., 1990, "Institutions, institutional change, and economic performance", *Economic Perspective*, vol. 5, n° 1, p. 97-112.

OIV, 2021, *State of the world vitivinicultural sector 2020*, Paris, OIV.

Olper A., Curzi D., Pacca L., 2014, "Do food standards affect the quality of EU imports?", *Economics Letters*, vol. 122, n° 2, p. 233-237.

Pavez I., Codron, J.-M., Lubello P., Florêncio M.C., 2019, "Biosecurity institutions and the choice of contracts in international fruit supply chains'", *Agricultural Systems*, vol. 176,102668, p. 1-11.

Pavez I., Bouhsina Z., 2020, "The effect of quality uncertainty and asset specificity on the coordination of fruit supply chains", in *Academy of International Business Conference*, AIB Oceania Chapter, Auckland, New-Zealand, 25 p.

Porter M.E., 2008, *On Competition*, Harvard Business Press.

Raynaud E., Sauvée L., 2000, « Signes collectifs de qualité et structures de gouvernance », *Économie Rurale*, 258(1), p. 101-112.

Raynaud E., Sauvée L., Valceschini E., 2005, "Alignment between quality enforcement devices and governance structures in the agro-food vertical chains", *Journal of Management and Governance*, vol. 9, n° 1, p. 47-77.

Saïsset L.-A., Cheriet F., Couderc J., 2017, "Cognitive and partnership dimensions in merger processes in agricultural cooperatives: the case of winery cooperatives in Languedoc-Roussillon", *International Journal of Entrepreneurship and Small Business*, vol. 32, n° 1/2, p. 181-207.

Saïsset L.-A., Codron J.-M., 2019, "Hybrids in the French apple industry: Opportunistic and cognitive differences between a cooperative and an investor-owned group", in *Design and Management of Interfirm Networks*, Springer, p. 239-266.

Sebhatu S.P., 2009, "Sustainability Performance Measurement for sustainable organizations: Beyond compliance and reporting", *11th Quality Management and Organizational Development*, vol. 2006, p. 75-87.

Tashakkori A., Teddlie C., 2003, "Issues and dilemmas in teaching research methods courses in social and behavioural sciences: US perspective", *International journal of social research methodology*, vol. 6, n° 1, p. 61-77.

Torma G., Thøgersen J., 2021, "A systematic literature review on meta sustainability labeling – What do we (not) know?", *Journal of Cleaner Production*, vol. 293, p. 126-194.

United Nations, 2015, *Transforming our world: The 2030 agenda for sustainable development*, *General Assembly*, Seventieth session, NY, United Nations.

Williamson O.E., 1973, "Markets and Hierarchies: Some Elementary Considerations", *The American Economic Review*, vol. 63, n° 2, p. 316-325.

Williamson O.E., 1996, *The mechanisms of governance*, Oxford, Oxford University Press.

ANNEX 1
Translation of main terms

French	English
Agriculture biologique	Organic agriculture
Agriculture durable	Sustainable agriculture
Agriculture responsable	Responsible agriculture
Allégé en sucre	Low-sugar
AOC	Controlled Designation of Origin
AOP	Protected Designation of Origin
Artisanale	Artisanal
Bio	Organic
Bio-dynamie	Bio-dynamic agriculture
Bio Européen	European organic
Commerce équitable	Fair trade
Concours	Competition
Cuvée	Cuvée or vintage
Famille	Family
Haute Valeur Environnementale	High Environmental Value
IGP	Protected Geographical Indication (PGI)
Indépendant	Independent
Méthode Ancestrale	Ancestral method
Méthode traditionnelle	Traditional method
Mise en bouteille par Groupement des vignerons	Bottled by wine growers' Group
Mise en bouteille par Union des vignerons	Bottled by wine growers' Federation
Petits agriculteurs	Small-scale farmers
Point Vert	Green Dot
Pommes origine France	French apples

Producteur	Producer
Producteurs-paysans	Peasant producers
Producteurs régionaux	Regional producers
Propriétaire	Owner
Récoltant	Harvester
Sans additifs	No additives
Sans résidus de pesticides	No pesticide residues
Sans sucre ajouté	No added sugar
Veilles vignes	Old vines
Vendange à la main	Manual grape harvesting
Vergers éco-responsables	Eco-friendly orchards
Vignerons	Wine growers
Vignerons engagés	Sustainable wine-growing
Vignerons réunis	United wine growers
Viticulture durable en Champagne	Sustainable viticulture in Champagne

DOSSIER THÉMATIQUE

ENTREPRENEURIAT ET INNOVATIONS AGRICOLES

ENTREPRENEURIAT RURAL ET AGRICOLE, UN CHAMP EN PLEIN ESSOR

Introduction au dossier thématique

Foued CHERIET
UMR MoISA, Institut Agro
Montpellier

Dans le contexte d'accroissement de la population, de modification des habitudes alimentaires, de changements climatiques, d'attentes sociétales fortes concernant la protection de l'environnement et de la santé, les agriculteurs se tournent vers des systèmes productifs alternatifs dont l'entrepreneuriat et l'innovation constituent d'importants leviers. Des analyses approfondies croisant les champs disciplinaires d'économie, de sociologie et de gestion peuvent apporter des éclairages nouveaux au bénéfice des chercheurs et des professionnels.

Depuis quelques années, le champ de l'entrepreneuriat agricole est émergent. Couvrant une diversité de situations à différentes échelles géographiques (Fitz-Koch *et al.*, 2017), il répond aux besoins d'analyse et de compréhension des stratégies déployées par les entrepreneurs agricoles, en particulier en réponse aux changements institutionnels et aux ruptures économiques et technologiques que connait le secteur agricole. L'entrepreneuriat agricole se réfère à la capacité des agriculteurs à changer ou à abandonner les anciens modèles et à entrer dans les nouvelles phases de l'agriculture caractérisée par de nouveaux défis : la libéralisation, la durabilité et le digital (Condor, 2019).

L'analyse des travaux antérieurs fait ressortir trois thématiques centrales en entrepreneuriat agricole : la question des modèles et des profils des entrepreneurs agricoles ; celle de la trajectoire et de l'orientation stratégique (pluriactivité, diversification et croissance) ; et enfin celle des capacités entrepreneuriales, de l'innovation et de l'apprentissage. Ces trois questions sont traitées principalement à trois interfaces d'échelles d'analyse : individu/exploitant, entreprise/exploitation, et environnement institutionnel et territoire. À cela s'ajoutent les problématiques de financement, d'accompagnement, de formation et d'adaptation aux contextes institutionnels. Les changements structurels en cours depuis quelques années suggèrent de nombreuses perspectives de recherche en s'interrogeant sur les choix de modèles agricoles (résilience, compétitivité, adaptation, durabilité, éthique, etc.) (Cheriet *et al.*, 2020).

Au-delà d'une simple opposition des modèles agricoles (petites exploitations *versus* grandes ; intensif *versus* extensif ; agriculture familiale *versus* firme agricole ; traditionnel *versus* moderne, etc.), les questions se posent en termes de nouvelles pratiques et de processus innovants de production et de commercialisation (comment ?), de pertinence et de soutenabilité des résultats (pourquoi ?) et d'émergence de nouveaux profils d'acteurs en agriculture (qui ?). Sur le plan international, d'autres enjeux se profilent : les crises et l'instabilité des prix, la raréfaction des ressources naturelles, les dépendances et les questions de souveraineté alimentaires. Ces questions se posent aussi en termes de cadrage théorique, de méthodes d'investigation et d'implication des politiques publiques et institutionnelles.

Dans le cadre de la thématique de l'entrepreneuriat agricole, nous avons souhaité avoir un regard éclairé sur les perspectives de recherche et les enjeux de l'émergence des modèles de grandes entreprises agricoles. Pour cela, un article « invité » de nos collègues François Purseigle et Geneviève Ngyuyen de l'INP-ENSAT Toulouse, a été inclus à ce dossier thématique. Il aborde les questions de la gouvernance et de la croissance, des déterminants entrepreneuriaux et de la mesure des performances et des externalités des grandes entreprises agricoles. Il s'agit d'un agenda de recherche interdisciplinaire et « décloisonnée », et un réel plaidoyer pour une lecture globale des modèles agricoles.

À travers quatre contributions, ce dossier thématique aborde certaines de ces questions en croisant différentes approches théoriques. Les articles ont été sélectionnés pour suivre le processus éditorial de la revue SAFS sur la base d'une collaboration avec les responsables scientifiques de la 8e édition des journées Georges Doriot, organisée à Paris, les 27 et 28 mai

2021, par l'EM Normandie, le Groupe HEC Paris et l'ESG-UQAM. Une session spéciale avait porté sur « Entrepreneuriat rural, innovation agricole et transition agro-écologique », avec la collaboration du groupe thématique Entrepreneuriat rural et innovations agroalimentaires de l'Académie de l'entrepreneuriat et de l'innovation (AEI).

Le premier article, de nos collègues Élodie Brûlé-Gapihan et Audrey Laude, de l'Université de Reims Champagne-Ardenne, aborde la question des stratégies entrepreneuriales agricoles dans le cadre de la commercialisation en circuits courts. À travers une approche néo-institutionnelle et une démarche qualitative, les auteures s'interrogent sur les changements de l'environnement des entrepreneurs agricoles induits par les choix de commercialisation. Besoins en ressources supplémentaires, pressions socio-économiques et/ou liées aux croyances et à la nature, changements règlementaires et nécessité d'internaliser certaines activités sont autant de résultats des stratégies d'implantation en circuit court alimentaire. Cette recherche appelle à une forte préparation des entrepreneurs agricoles et à des adaptations de leurs stratégies de commercialisation.

Dans le second article, Sana Elouaer-Mrizak, de l'Université du Littoral Côte d'Opale de Dunkerque explore le rôle potentiel du *crowdfunding* dans la transition agroalimentaire. Dans cette recherche, l'auteure adopte une perspective multi-niveaux afin de comprendre la dynamique d'évolution du financement participatif sous le prisme de l'innovation financière et son adoption par les différents acteurs (utilisateurs, consommateurs, partenaires). La démarche qualitative de l'étude du cas de Miimosa en France a permis de dégager deux résultats intéressants : l'adoption des innovations est un déterminant important dans le déclenchement du changement et des transitions ; le *crowdfunding* n'est pas un simple outil de financement « impliquant » mais s'avère être aussi une interface de sensibilisation et d'éducation aux défis de la transition.

La troisième contribution élargit le niveau d'analyse et porte sur les effets des écosystèmes ruraux sur la capacité d'innovation des PME agroalimentaires québécoises. Dans cet article, nos collègues Josée St-Pierre et Crispin Enagogo de l'Université du Québec à Trois-Rivières et Annie Royer de l'Université Laval, partent du constat d'insuffisance de ressources de ces entreprises face aux impératifs de compétitivité et d'innovation et s'interrogent sur les solutions alternatives que pourraient fournir les écosystèmes ruraux. En croisant la théorie des ressources et des capacités aux corpus des déterminants d'innovation de PME, les chercheurs mènent une étude approfondie de trois cas de PME agroalimentaires québécoises. Les résultats obtenus soulignent – et pour les trois cas étudiés – des insuffisances de l'environnement institutionnel à remédier aux contraintes d'innovation des entreprises. La recherche suggère un retour vers les compétences propres du dirigeant entrepreneur : créativité, adaptation et apprentissage.

Enfin, le dernier article traite du cas « médiatisé » en France, celui de la ferme des 1000 vaches. Ce cas a été le « symbole » des questionnements autour de l'agriculture intensive et industrielle et des modèles agricoles futurs. Cette recherche originale de Roland Condor de l'EM Normandie va au-delà d'une simple opposition des modèles et s'interroge sur le rôle des opposants à travers leurs actions institutionnelles dans la déstabilisation et l'échec de ce projet. Se fondant sur le concept de « travail institutionnel déstabilisant » et une analyse documentaire de 2011 à 2021 (130 articles), l'auteur montre la diversité des actions menées et des tactiques déployées (presser, amoraliser, décrédibiliser et affaiblir) tout au long du cycle de vie de cette ferme. Il suggère enfin l'introduction d'une analyse de l'environnement institutionnel et de l'agenda politique pour mieux appréhender le rôle des différents acteurs.

La lecture de ces quatre contributions au dossier thématique « Entrepreneuriat et innovations agricoles » permet plusieurs constats. Le premier concerne la diversité des thématiques et des « unités d'analyse », la pertinence des croisements des cadres théoriques et des démarches méthodologiques et le potentiel important des applications empiriques dans ce champ de recherche. Le second concerne les implications de ces recherches, qui s'inscrivent toutes dans un questionnement de l'environnement institutionnel et territorial de l'agriculture (rôle des écosystèmes ruraux, environnement institutionnel des innovations et des choix de commercialisation, poids des acteurs et de l'opposition institutionnelle). Cela rend compte de l'importance des analyses contextualisées pour mieux appréhender l'entrepreneuriat et les innovations agricoles. Le troisième constat souligne les enjeux environnementaux et sociétaux dans les contextes de ces recherches. Les conditions d'adoption de nouveaux modes de financement, les appuis institutionnels, les processus de choix des nouveaux modèles agricoles, les circuits alternatifs, les transitions écologiques, nutritionnelles et alimentaires, les attentes en matière de santé s'ajoutent aux « nouveaux » éléments des contextes nationaux et internationaux comme autant de perspectives pour de futures recherches en entrepreneuriat agricole.

Dans le futur, d'autres recherches contextualisées et multidisciplinaires devraient ainsi être menées, entre autres, sur les questions des transitions technologiques (NTIC, numérique, biotechnologies, digitalisation, agriculture de précision, etc.), la durabilité des pratiques agricoles, les ressources et l'énergie, les transitions alimentaires et les crises, les nouveaux rapports aux territoires et aux métiers agricoles. D'autres travaux pourraient porter sur l'individu agriculteur : le métier, le renouvellement générationnel, l'installation et l'accompagnement, les trajectoires, la santé au travail agricole, la formation, etc. Enfin, les enjeux agricoles et le développement du champ de l'entrepreneuriat suggèrent une dernière série de recherches futures : celles qui intègreraient les stratégies d'adaptation aux impératifs du changement climatique et aux évolutions internationales (prix, débouchés, coûts des matières premières, compétitivité, etc.). Ce bref panorama souligne l'important potentiel de développement de ce champ d'investigation et permet de dresser un agenda pour les futures recherches, recherches qui se voudraient pluridisciplinaires, contextualisées et utiles.

RÉFÉRENCES BIBLIOGRAPHIQUES

Cheriet F., Messeghem K., Lagarde V., Mc Elwee G., 2020, "Agricultural entrepreneuship: Challenges and perspectives", *Revue de l'Entrepreneuriat*, vol. 19, n° 4, p. 7-20.

Condor R., 2019, "Entrepreneurship in Agriculture: A review of literature", *International Journal of Entrepreneurship and Small Business*, https://hal-normandie-univ.archives-ouvertes.fr/hal-02072872, consulté le 15/06/2022.

Fitz-Koch S., Nordqvist M., Carter S., Hunter E., 2017, "Entrepreneurship in the agricultural sector: A literature review and future research opportunities", *Entrepreneurship Theory and Practice*, vol. 41, n° 1, p. 1-38.

Rémy J., 2011, « De la célébration de l'agriculture familiale à la promotion de l'agriculteur-entrepreneur : succession ou coexistence ? », *Pour*, vol. 5, n° 212, p. 165-178.

POUR UN PROGRAMME DE RECHERCHE RENOUVELÉ AUTOUR DE LA GRANDE ENTREPRISE AGRICOLE

François Purseigle
Geneviève Nguyen
Toulouse INP-ENSAT,
UMR INRAE-INPT AGIR,
Chaire GERMEA

Les études récentes relatives au secteur agricole et agroalimentaire font état de bouleversements majeurs se traduisant par un accroissement des incertitudes et une complexification des systèmes alimentaires au niveau mondial (Rastoin et Ghersi, 2010 ; Martino *et al.*, 2018). Impensées encore il y a dix ans, les grandes entreprises agricoles sont aujourd'hui bien présentes en France et en Europe. En 2010, bien qu'elles ne représentent que 10 % des exploitations, elles pèsent 30 % du produit brut standard agricole total et constituent de véritables marqueurs de ces bouleversements en cours (Olivier et Legagneux, 2012). Longtemps demeurés invisibles, les contours de la grande entreprise de production agricole sont aujourd'hui mieux connus. Les travaux de l'équipe du projet Agrifirme (2010-2013) ont montré que les « grandes entreprises agricoles » présentent les traits suivants (Purseigle, Nguyen et Blanc, 2017) : (i) un empilement de structures juridiques correspondant à des entités productives et à une multiplicité de sphères de prise de décision ayant chacune leurs finalités propres ; (ii) un niveau élevé d'investissement financier et technologique, lié à une mobilisation conséquente de ressources matérielles et immatérielles d'origine non agricole ; (iii) une distanciation de la relation famille/entreprise agricole, avec le recours à des capitaux externes, au salariat et à la délégation d'activités ; (iv) le développement de logiques financières et d'une gestion patrimoniale avec l'implication de nouveaux acteurs (sociétés d'investissement, grandes familles d'entrepreneurs, industriels, etc.) ; (v) une multi-localisation de l'activité, avec un degré souvent faible de la relation au territoire. Ces formes nouvelles d'entreprise – encore peu étudiées et réduites très souvent dans le débat public à des « méga-fermes » – soulèvent de nombreuses interrogations, tant au sein de la communauté scientifique que dans les arènes politiques ou professionnelles. Pour les uns, le débat se cristallise autour des raisons et de l'impact de l'existence de ces formes nouvelles alors même que les exploitations familiales traditionnelles étaient considérées jusqu'à présent comme la forme la plus efficace pour atteindre les objectifs de multifonctionnalité et de durabilité (Hazell, 2005 ; Bosc *et al.*, 2014 ; Van der Ploeg, 2014). Pour les autres, ce phénomène met en lumière les contradictions dans les dispositifs de politique publique et leurs difficultés à accompagner la diversité des modèles d'agriculture, dans un contexte de remise en cause du modèle productiviste des années 1960 et de recherche d'une agriculture triplement performante (d'un point de vue économique, social et environnemental) (Hervieu et Purseigle, 2013 ; Cochet, 2018). La portée de ces débats invite à s'interroger sur les recompositions à l'œuvre qui ont permis à ces grandes entreprises agricoles d'avoir aujourd'hui un tel poids dans le secteur agricole.

Or, malgré sa grande richesse, la littérature sur l'exploitation agricole familiale (EAF) montre bien la manière dont les construits conceptuels et politiques depuis les années 1960 ont tendance à faire de cette forme d'entreprise traditionnelle un invariant, indépassé et indépassable (Ellis, 1988 ; Lamarche, 1992 ; Brookfield, 2008 ; Rémy, 2013). Des concepts et outils d'analyse ont été construits par les chercheurs pour rendre compte des spécificités de l'EAF (Allen et Lueck, 2002 ; Brossier, 2003 ; Laurent et Rémy, 2000). Quelques rares travaux ont fait le constat de l'émergence de formes nouvelles d'exploitation (Rémy, 2013 ; Cochet 2018) mais les approches sont pour l'essentiel statiques (mettant en concurrence plusieurs types d'exploitation) ou descriptives. Le cadre analytique standard de l'EAF n'a jamais véritablement été remis en question et, plus généralement, chercheurs et praticiens manquent d'outils conceptuels et de méthodes adéquats pour permettre l'étude des changements à l'œuvre dans les organisations agricoles et agroalimentaires (Martino *et al.*, 2018).

1. COMPRENDRE LES CONDITIONS DU DÉVELOPPEMENT DES GRANDES ENTREPRISES AGRICOLES

Dans le contexte actuel des transitions (alimentaire, agroécologique et numérique notamment), nous faisons l'hypothèse que les entreprises agricoles vont poursuivre leur mue et que d'autres formes inédites d'organisation de la production vont émerger. Dans le prolongement des activités que nous menons au sein de la chaire GERMEA, nous souhaitons ici affirmer la nécessité de poursuivre le travail de caractérisation des nouvelles formes d'organisation de la production agricole, de comprendre leur dynamique d'évolution et ses conséquences au prisme des changements qui se sont opérés au niveau des filières agricoles et agroalimentaires : comment ces dernières ont-elles créé les conditions pour que de nouvelles formes d'organisation de la production, et notamment de grandes entreprises agricoles, construisent de nouveaux avantages concurrentiels et créent/captent de la valeur ? Et réciproquement, comment les grandes entreprises agricoles participent-elles aux recompositions en cours des relations entre acteurs au sein des filières et des chaînes de valeur ? Ces questions sont essentielles pour mieux saisir l'impact de ces évolutions sur la durabilité des systèmes alimentaires. Nous considérons qu'en portant l'attention principalement sur le rôle des acteurs de l'aval, et en particulier de la grande distribution (Reardon *et al.*, 2003 ; Burch et Bain, 2004), les études sur les transformations contemporaines des filières agricoles et agroalimentaires négligent le fait que ces dernières peuvent également être pilotées depuis l'amont par des grandes entreprises agricoles dans un processus d'interaction amont-aval de la filière mais également entre différentes filières. À l'instar des grandes entreprises industrielles ou commerciales, mais aussi grâce aux opportunités offertes par le contexte des transitions et les marchés, les grandes entreprises de production agricole chercheraient à réorganiser les chaînes de valeur à leur profit, en tissant de nouvelles alliances stratégiques et de nouveaux réseaux en dehors des organisations professionnelles agricoles traditionnelles, en captant de nouvelles ressources (principalement immatérielles et financières), ou encore en établissant de nouvelles normes (système de management de la qualité, cahier des charges produits, responsabilité sociale). Ce faisant, elles participeraient au passage d'une logique de filière vers une logique de chaîne de valeur et, de manière associée, au passage d'une coordination sectorielle par filière vers une coordination intersectorielle fondée sur l'imbrication de plusieurs filières et secteurs d'activité (amont avec l'agrofourniture, aval avec l'agroalimentaire). Cette question de la transformation des filières et de création de valeur est généralement abordée par les économistes mais l'approche est généralement là encore statique et centrée sur l'analyse de l'efficacité de relations contractuelles et autres arrangements relationnels dans un cadre institutionnel donné (Rastoin et Ghersi, 2010 ; Martino *et al.*, 2018). S'il s'agit pour nous de comprendre les logiques de banalisation de l'entreprise agricole, il convient en même temps d'en comprendre les singularités : un ancrage dans un secteur très régulé et encadré par des organisations professionnelles et la puissance publique, un nécessaire engagement dans de multiples transitions pour répondre aux attentes sociétales.

Plus que jamais, cette nouvelle question agricole impose une lecture interdisciplinaire et décloisonnée. Afin de penser le changement organisationnel des entreprises de production agricole, le croisement du regard de sociologues, d'économistes, de gestionnaires, de géographes et de juristes apparaît primordial.

Immanquablement la recherche est convoquée à quatre niveaux. Premièrement, elle est invitée à revisiter de façon critique les paradigmes qui ont permis notamment à la sociologie et l'économie agricole de se structurer et à en produire de nouveaux en contribuant à un décloisonnement des études rurales. Deuxièmement, il convient pour elle de réviser le répertoire descriptif et analytique d'un secteur d'activités caractérisé par une recomposition en profondeur des métiers et où surgissent de nouvelles innovations organisationnelles liées à une circulation de main-d'œuvre croissante et une fluidité des transferts de capitaux entre ce secteur et les autres. Troisièmement, les chercheurs sont invités à redéfinir le cadre théorique de l'entreprise agricole en croisant les disciplines et mobilisant leurs derniers développements théoriques par-delà l'objet agricole, avec comme objectif de comprendre le fonctionnement et le processus d'innovation organisationnelle d'une catégorie d'entreprises multiformes et protéiformes à ce jour méconnue et difficilement repérable. Quatrièmement, il s'agit pour la recherche de mettre sur pied un dispositif méthodologique à la fois d'application empirique de ce cadre théorique, de construction d'indicateurs originaux pour rendre visible des faits émergents, et d'extraction de données combinant à la fois la méthode des cas et des méthodes de statistique exploratoires.

Notons enfin que la transformation des exploitations agricoles familiales en des sociétés agricoles ou entreprises en réseau posent de nouvelles questions aux partenaires traditionnels des exploitants agricoles (organisations professionnelles agricoles, banques, conseiller de gestion et autres prescripteurs, entreprises de travaux agricole, firmes de l'agrofourniture, entreprises de la transformation et de la distribution, etc.). En effet, elle bouscule l'action collective telle qu'elle a été pensée jusqu'à présent autour de projets communs. Elle interroge de nouvelles formes de coopération au service de projets individuels, des formes souvent plus flexibles et plus diversifiées, de la production à la commercialisation, qui seraient davantage en mesure de répondre à des objectifs multiples (économies de gamme et d'échelle, pilotage par la valeur ajoutée, organisation du travail, conservation d'un patrimoine par sortie partielle ou totale du métier). Les innovations organisationnelles observables interpellent plus précisément trois niveaux d'action des partenaires des entreprises agricoles : celui des relations adhérents/organisations professionnelles agricoles, celui qui concerne les nouvelles fonctions productives que pourraient intégrer ou renforcer certains partenaires et enfin celui de la gouvernance.

Le programme que nous proposons s'articule autour de cinq axes de recherche qui offrent chacun un regard complémentaire à la compréhension du fonctionnement interne des nouvelles formes d'entreprises agricoles et de leurs dynamiques.

2. ÉTUDIER LES NOUVELLES FORMES DE GOUVERNANCE DE L'ENTREPRISE AGRICOLE

Le premier de ces axes porte sur les nouvelles formes de gouvernance de l'entreprise agricole. L'objectif ici est double. Il convient notamment de caractériser précisément l'architecture organisationnelle de la grande entreprise de production et la structure de gouvernance associée. Toujours dans le souci de caractérisation des contours de l'entreprise, nous devons développer une analyse des modèles économiques, qui sont le reflet de la logique de ces formes d'entreprise et de ses stratégies et qui se traduisent concrètement par la manière dont ces entreprises vont créer de la valeur, la transmettre et la partager entre les différentes parties prenantes de la gouvernance. Les modèles d'entreprise donnent, selon nous, à voir du déploiement stratégique de l'entreprise en termes organisationnel, et permettent d'interroger la capacité des dirigeants à définir des objectifs et à les traduire par une stratégie et un déploiement stratégique adaptés. C'est cette cohérence d'ensemble qu'il nous paraît important de saisir au travers d'une approche monographique qu'il convient de réhabiliter.

Le cadre d'analyse de l'exploitation agricole de petite taille ou de taille moyenne ne pouvant saisir que la forme intégrée de l'entreprise, il est donc important de l'enrichir pour pouvoir caractériser l'ensemble des formes organisationnelles de la grande entreprise de production associées aux archétypes identifiés dans le cadre du projet Agrifirme. Pour ce faire, les théories des organisations et du gouvernement d'entreprise apportent de précieux outils conceptuels. Il reste néanmoins à articuler différentes conceptions de la firme-organisation.

L'établissement de monographies d'entreprises sous l'angle de la relation entre structure organisationnelle et gouvernance, en partant d'une conception de la firme qui place au cœur de l'analyse les contrats et les droits de propriété nous parait pertinente. Les développements récents sur les contrats incomplets, dans le prolongement des travaux de Williamson (1985) et de Hart et Moore (1990), nous permettent d'identifier les différents types d'organisation et d'étudier leur alignement par rapport aux attributs des transactions en jeu et à la structure des droits de propriété et de décision. Parmi ces développements récents, nous nous appuierons notamment sur les travaux sur l'encastrement d'arrangements organisationnels de Ménard (2014), ceux sur les contrats relationnels de Gibbons et Henderson (2012) et de Baker *et al.* (2002), pour approcher les dispositifs organisationnels complexes résultant d'un phénomène caractéristique des firmes agricoles, celui de dissociation partielle à complète entre les droits de propriété et les droits de décision. Pour les grandes entreprises agricoles où la famille continue de participer d'une manière ou d'une autre au gouvernement d'entreprise (participation en tant qu'actionnaire au capital de l'exploitation), la référence à ces derniers travaux est d'autant plus intéressante que ces auteurs considèrent la coexistence de relations contractuelles plus ou moins formalisées et le rôle des institutions informelles dans l'encadrement des conflits potentiels entre les différentes parties prenantes et le dirigeant.

Il convient selon nous de prolonger cette approche en explorant les complémentarités possibles avec une conception plus dynamique de l'entreprise que l'on trouve en économie évolutionniste. Nous retiendrons notamment l'idée que l'entreprise agricole peut être analysée comme une organisation productive qui s'appuie aussi sur des routines et diverses capacités cognitives (Nelson et Winter, 1982 ; Teece *et al.*, 1994 ; Aoki, 2007 et 2010). Dans la perspective d'une théorie de la gouvernance élargie, la prise en compte d'une vision dynamique de l'entreprise nous permettra également d'enrichir notre approche du gouvernement d'entreprise pour intégrer des mécanismes de gouvernance autres que les mécanismes de contrôle et d'incitation propres à l'approche par les contrats (Charreaux, 2005). Les changements organisationnels pourraient ainsi être envisagés sous l'angle des changements au niveau des raisons d'agir et des manières de faire des parties prenantes de la gouvernance, qui se traduiraient à leur tour par des changements au niveau des règles d'action et « routines organisationnelles » et, avec elles, l'agencement des contrats relationnels. En retraçant ainsi la trajectoire passée de la firme avec la même grille d'analyse enrichie de l'entreprise agricole et en développant une analyse institutionnelle comparative avec le modèle de l'EAF, à la manière de Greif et Laitin (2004), nous devrions être en mesure d'identifier les traits organisationnels innovants de ces entreprises agricoles, de repérer les moments clefs du basculement de l'exploitation agricole traditionnelle vers l'entreprise agricole, et d'élaborer les hypothèses quant aux déterminants et mécanismes du changement.

Dans ce cadre, la compréhension des nouveaux agencements des stratégies économiques et patrimoniales développés dans les entreprises agricoles nous apparait indispensable. Les stratégies de transmission familiale ont des conséquences importantes sur les voies de développement de l'exploitation (Jeanneaux *et al.*, 2020). Certains agriculteurs sécurisent le développement de la partie familiale de l'exploitation ; ils peuvent en parallèle s'investir dans des activités annexes, et ce dans le cadre d'entreprises distinctes. Ces stratégies se traduisent par la complexification de l'organisation juridique de ces formes d'activité agricole. Outre une société d'exploitation et éventuellement des GFA pour regrouper la propriété foncière, sont créées une ou plusieurs sociétés commerciales (SA, SARL) pour développer des activités économiques supplémentaires. Les agriculteurs exploitants peuvent aussi créer des holdings pour rassembler les parts qu'ils possèdent dans ces différentes structures juridiques. Cela a pour effet de déplacer la logique entrepreneuriale dans des entreprises distinctes et juxtaposées à l'exploitation. Ce choix permet notamment de ne pas prendre de risques avec le patrimoine familial. Si ces sociétés commerciales peuvent éventuellement regrouper les mêmes membres que les sociétés d'exploitation, on remarque en effet le développement d'entreprises tierces, et notamment de co-entreprises entre agriculteurs exploitants.

S'appuyant sur les audits réalisés par des cabinets de conseil associés, certaines sociétés peuvent proposer d'assumer la gestion et la gérance intégrale des entreprises agricoles. Ce sont parfois des chefs d'entreprise agricoles qui créent des sociétés de conseils et proposent leurs services à leurs pairs. Partant de leur expérience dans la conduite d'exploitations de grandes tailles, des collectifs d'agriculteurs peuvent proposer d'accompagner des entreprises individuelles dans l'élaboration de leur stratégie d'entreprise. Ils visent des agriculteurs cherchant à « améliorer leur compétitivité », « à bénéficier d'un regard extérieur » pour faire évoluer leur exploitation, voire des propriétaires ou d'enfants d'agriculteurs cherchant à valoriser et préserver leur patrimoine. Leur offre de services va du suivi des cultures à la négociation de contrats de commercialisation avec les acteurs de la transformation et distribution en passant par l'accompagnement dans le choix de la rotation et de l'assolement, la réception des intrants (phytosanitaires, engrais, semences) et le suivi administratif (gestion des stocks, déclaration PAC, cahier d'épandage, fiches parcellaires).

Différents types de contrats peuvent être proposés : convention de prestation de conseil, convention de prestation de service ou contrat de travaux d'entreprise agricole. L'engagement est annuel et la facturation à l'hectare. En matière de travaux agricoles, la société de conseil ne s'appuie pas sur sa participation et son matériel mais sur des entreprises de travaux et de prestation agricoles. La société de conseil-gérance ne réalise donc pas les prestations de travaux mais l'organise pour le compte de ses clients. Interlocuteur unique auprès de ses clients, la société de conseil-gérance est ici à la tête d'un réseau de sous-traitants qu'elle fait intervenir selon les besoins. Donneuse d'ordres, elle peut ainsi mobiliser jusqu'à dix entreprises de travaux spécialisées pour le compte d'un seul client. Les semis étant réalisés par l'une, les traitements phytosanitaires, l'irrigation et la moisson par d'autres.

Même si la maîtrise du foncier tout comme la valorisation de la main-d'œuvre familiale qui serait rendue « disponible pour d'autres projets (diversification, commercialisation, projet personnel, etc.) » sont les deux arguments avancés par ces sociétés de conseil-gérance, il n'en demeure pas moins que cette offre de prestations témoigne de la capacité de certains prescripteurs (exploitants eux-mêmes) à contrôler les décisions stratégiques d'entreprises agricoles individuelles à l'échelle d'un même territoire. Du conseil stratégique au contrôle, la frontière est parfois ténue dans le cadre de la prestation de services. Comme en Angleterre, en Belgique ou encore aux États-Unis, ce genre nouveau de prestataires de services pourraient voir leur rôle s'affirmer avec la double transition agroécologique et numérique, et devenir de futurs acteurs majeurs tant du marché de la sous-traitance que de ceux du conseil et de la gestion de patrimoine,

Dans le prolongement des travaux déjà réalisé par notre équipe, il s'agit pour nous :

- de comprendre les stratégies des propriétaires (exploitants proches de la retraite, propriétaires non exploitants, etc.) et des entrepreneurs : arbitrage fermage/délégation/vente ; accès au foncier, prestation intégrale ;

- de décrypter les modalités de contractualisation (entre les propriétaires du foncier agricole et le prestataire de service, entre ce dernier et les autres acteurs de la filière : coopérative, firmes d'agrofournitures, firmes d'agroéquipement, etc.) ;
- d'identifier les freins et les leviers à l'adoption des pratiques de sous-traitance (Nguyen *et al.*, 2020 et 2022). La sous-traitance agricole, et notamment la délégation intégrale des activités, reste peu documentée. Il convient notamment d'interroger la manière dont certains modèles de délégation du travail agricole reposant notamment sur le déploiement d'une nouvelle offre de services et de nouvelles technologies (Purseigle *et al.*, 2017) viennent remodeler les marchés des agroéquipements, de l'agrofourniture, du conseil et du financement ainsi que les rapports de force entre les acteurs de ces marchés. La transformation des exploitations agricoles s'ancre dans la recomposition de ces marchés avec des effets réciproques.

3. ENTREPRENARIAT ET NOUVEAUX MÉTIERS DE L'ENTREPRISE

Le deuxième axe de recherche porte sur l'entrepreneuriat et les nouveaux métiers de l'entreprise agricole. Les grandes transformations sociales et économiques de ce début de XXIe siècle parmi lesquels la globalisation et la financiarisation des activités conduisent à de profondes évolutions des conditions d'emploi et de travail au sein des firmes (Boltanski et Chiapello, 1999 ; Gollac et Volkoff, 2010 ; Askenazy, 2004). Par ailleurs, comme nous l'avons souligné dans nos travaux antérieurs, les données statistiques relatives au recours à la main-d'œuvre dans les entreprises de production agricole témoignent de deux mouvements de contractualisation (Legagneux *et al.*, 2015) : le premier correspond à un accroissement relatif de la main-d'œuvre salariée permanente et saisonnière venant compenser en partie la forte diminution des actifs familiaux au moment même où la taille des exploitations s'accroit ; et le deuxième tient à un recours plus fréquent à une main-d'œuvre fournie par des prestataires (entreprises de sous-traitance, agences d'intérim, etc.).

Il nous apparaît important d'identifier et caractériser les nouveaux métiers de la main-d'œuvre mobilisée par les firmes de production agricole, les nouvelles fonctions d'encadrement mais plus largement d'étudier les processus sociaux qui sous-tendent l'évolution des formes d'organisation sociale du travail agricole. Au sein notamment de la grande entreprise de production agricole, l'enchevêtrement des statuts professionnels et des pratiques complique la description de la condition concrète – ou plutôt des conditions concrètes – attachées à l'exercice des métiers. Ainsi, le travail temporaire, le travail à temps partiel, le travail saisonnier qui, dans le passé, concernaient exclusivement des travaux et des travailleurs peu qualifiés concernent aujourd'hui des tâches de haute technicité et de haute responsabilité (Roux, 2020). De la même façon, un chef d'entreprise agricole peut combiner son activité indépendante avec des activités complémentaires salariées qui lui permettent de diversifier et d'accroitre ses sources de revenus. Mais il peut aussi déléguer des travaux sur son exploitation à une entreprise de prestations de services. Le salarié de l'entreprise agricole peut en devenir l'actionnaire principal. Les frontières entre les catégories de fonctions et de métiers sont donc floues. L'image de métiers stables, unifiés et pour la vie s'applique de moins en moins au sein de la profession agricole. La question du sexe, de l'âge ou de la filiation ne définit plus uniquement celle de l'insertion dans les métiers de l'agriculture (Hervieu, Purseigle, 2013 ; Gasselin *et al.*, 2014). Dans les grandes entreprises de production agricole, cette rupture tient également à la recherche, pour certains, d'une identification à la figure des métiers industriels et commerciaux qui tendent à s'éloigner des logiques familiales.

Notre projet ambitionne d'identifier et de caractériser de nouvelles fonctions et métiers de l'entreprise de production agricole jusqu'alors ignorés par la sociologie des mondes agricoles en mobilisant une sociologie des professions qui souligne que les processus d'émergence, de formation, de cristallisation de nouvelles activités professionnelles forment un mouvement ambigu et paradoxal (Demazière, 2008). Alors que d'autres études se sont penchées largement sur la figure des salariés saisonniers (Morice et Michalon, 2008 ; Decosse, 2008), notre projet entend contribuer à une caractérisation des figures prises par un salariat permanent dont le volume du travail ne cesse d'augmenter. Plus précisément, il portera un éclairage sur les fonctions dites « encadrantes ». Parce que leurs présences redimensionnent le processus permanent de division du travail, nous formulerons l'hypothèse que l'émergence de nouvelles fonctions d'encadrement contribue au déploiement de nouvelles conceptions – qui leurs sont propres – de ce que doit être le travail agricole, son produit et son résultat, les introduisant dans le maillage de nouvelles relations sociales (Mazenc, 2020). Pour analyser l'entrée de ces nouveaux acteurs souvent issus de la firme industrielle et son impact, nous étudierons leur socialisation dans la grande entreprise agricole. Il s'agira de comprendre comment les acteurs plus établis et ces nouveaux entrants interagissent et contribuent à travers leurs adaptations réciproques à transformer et faire évoluer les normes et logiques des entreprises agricoles (Bargues, 2013 ; Bargues et Perrot, 2016). Il s'agira également d'apporter un éclairage sur les échecs d'intégration de ces nouveaux acteurs.

En retraçant leurs trajectoires biographiques et leurs « logiques entrepreneuriales » (Grossetti *et al.*, 2014), ce projet portera également une attention particulière aux carrières des cadres (ingénieurs, managers, techniciens spécialisés, etc.) de l'entreprise agricole. Il s'agira également de mieux caractériser la figure d'un entrepreneur agricole qui s'éloigne de celle du chef de famille pour s'incarner souvent dans le portrait d'un gestionnaire de contrats de travail, d'un animateur de réseaux ou d'un investisseur portant un projet productif d'envergure dans son pays d'origine ou à l'étranger. Dans une perspective interactionniste (Hughes, 1996) nous chercherons à mettre en évidence les évènements biographiques et les imprévisibilités (Grossetti, 2006) qui façonnent de nouvelles carrières agricoles en construisant une grille d'analyse portant à la fois sur les cadres structurels et intentionnels dans lesquels elles s'inscrivent. Ainsi, nous chercherons à rendre compte des dynamiques de changement et capacités d'émancipation offertes aux individus au cours d'une carrière (ce que l'entreprise impose aux carrières et la manière avec laquelle la trajectoire des dirigeants ou managers contribue à son évolution).

Au-delà d'une identification et d'une caractérisation des nouveaux métiers et fonctions de l'entreprise de production agricole, notre projet de chaire a pour objectif de comprendre les modalités de gestion de la main-d'œuvre : degré de délégation des responsabilités, individualisation des rapports de travail, gestion des carrières et des rémunérations, bien-être au travail. La grande entreprise de production agricole se distingue par la présence d'une multitude de décideurs, aux profils différents, aux formations diverses et aux domaines de compétences multiples. Au sein des nouvelles formes d'entreprise que nous étudions cohabitent et coopèrent des individus pluriels, ou des groupes sociaux, influencés « par » et influençant les systèmes sociaux. La firme semble être un espace de négociation qui sécrète ou mobilise en son sein d'autres institutions (CE, délégués du personnel), qui instituent des rôles, des règles qu'il conviendra de caractériser (Thuderoz, 2010).

Ainsi, il convient d'identifier les méthodes d'organisation de la main-d'œuvre agricole pour comprendre et déterminer les enjeux politiques, économiques, organisationnels et sociaux relatifs à la pérennisation de cette nouvelle forme d'exploitation agricole. En catégorisant les différents groupes culturels présents au sein de ces entreprises (Sainsaulieu, 1977) et en distinguant le va-et-vient des individus entre règles de contrôles et règles autonomes (Reynaud, 1988), il s'agira pour nous de saisir l'évolution des techniques de gestion de la main-d'œuvre, des parcours et des trajectoires professionnels dans une firme agricole. En effet, les pratiques sociales naissent des interactions entre des actions individuelles et des structures, entre l'acteur et le système (Crozier et Friedberg, 1977).

4. CONTRACTUALISATION ET NOUVEAUX OUTILS AU SERVICE DE LA VALEUR

Le troisième axe porte sur les contrats et les nouveaux outils au service de la valeur. Les filières agricoles sont incontestablement de plus en plus régulées par des politiques publiques de plus en plus contraignantes et parmi elles, en particulier, les normes de qualité des produits et les normes environnementales (Thévenot, 1995). L'adaptation et l'anticipation des politiques publiques et des normes constitue aujourd'hui un élément majeur du modèle économique des entreprises agricoles. Il apparaît indispensable de s'interroger sur la manière dont certaines entreprises agricoles notamment de grande taille articulent différentes catégories de politiques et de normes, et en particulier les normes environnementales avec les règles de fonctionnement et les normes sociales au sein de l'entreprise. Pour les sociologues du travail et les économistes qui ont travaillé sur le lien entre écologisation des pratiques agricoles et travail, dont les outils d'analyse seront repris ici, cela revient à s'interroger sur la manière dont les dirigeants et managers de ces firmes arrivent à « donner sens » à ces normes pour construire de nouvelles légitimités et modalités d'action (déconstruction et construction de nouvelles normes collectives) (Lémery, 2003 ; Cardona, 2012 ; Del Corso *et al.*, 2015 et 2016). Nous formulerons ici les hypothèses suivantes :

1. l'entreprise agricole, de type centralisé et intégré, du fait de sa taille et de ses capacités managériales et d'investissement dans les nouvelles technologies, dispose de moyens pour s'adapter aux évolutions de la réglementation environnementale, voire pour anticiper certaines de ces évolutions pour en tirer un avantage concurrentiel (mise en place de cahier des charges, réseaux d'entreprises) ;
2. l'analyse du lien entre intégration des normes environnementales et efficacité économique des entreprises agricoles renseigne sur les marges de manœuvre relatives à l'intégration de ces normes et sur les conditions de leur mise en œuvre ;
3. dans les grandes entreprises agricoles où la production est concentrée sur un seul site (exemple des firmes de grandes cultures en France), l'intégration de normes environnementales induit un surcoût dû à une complexification de l'organisation du travail qui peut nuire à l'écologisation des pratiques ;
4. dans les organisations plus complexes (firme de groupe, firme multi-site, intégration vers l'amont), l'intégration de normes environnementales conduit à une complexification de l'organisation et des compétences professionnelles. C'est également un processus top-down dont la réussite localement dépend du conseil et de la formation associés.

Les filières agricoles constituent un front de recherche notamment pour la sociologie des mondes agricoles ; leur analyse est centrale pour comprendre l'émergence et les transformations contemporaines des firmes agricoles. Aujourd'hui, les filières agricoles sont en recomposition sous l'effet de deux formes de pression exercées par leur environnement extérieur. D'une part, la dérégulation de la PAC et les crises structurelles que traversent certains secteurs de l'agriculture entraînent des recompositions économiques importantes et de nouvelles formes de régulation politique (Loi sur l'Agriculture et l'Alimentation, 2018 qui impose des mesures fortes sur la circulation de la valeur dans les filières pour améliorer la rémunération des agriculteurs). D'autre part, la montée en puissance de la critique environnementale exerce une autre forme de pression sur les firmes agricoles et les filières, et la recrudescence de labels (publics) et certifications (privées) illustre la capacité des organisations agricoles et des filières à s'adapter à ces nouvelles demandes sociales. Dans ce contexte, en quoi les filières orientent-elles les formes organisationnelles et les pratiques de production agricole des nouvelles formes d'organisation de la production ?

Le contrat constitue l'outil juridique privilégié pour relier l'amont et l'aval des filières agroalimentaires. La loi de modernisation de l'agriculture et de la pêche du 27 juillet 2010 (dite LMAP) a d'ailleurs offert aux pouvoirs publics et aux organisations interprofessionnelles la possibilité de rendre la contractualisation obligatoire pour certains produits agricoles. Mobilisant les outils d'analyse de la sociologie des relations contractuelles (Reverdy, 2009), nous devons déterminer les conditions sociales de la production et de la réappropriation de ces instruments juridiques par les acteurs des filières. Toutes les dimensions du contrat doivent être prises en compte : la négociation sur le prix des produits agricoles, les quantités livrées et la durée de la relation, mais aussi les aspects non tarifaires de la relation contractuelle tels que les contraintes logistiques, le respect des cahiers des charges et le partage des responsabilités en cas de rupture de la chaîne d'approvisionnement. La première question porte sur la genèse du contrat : qui des firmes agricoles ou des entreprises clientes parvient à prendre la main sur l'écriture du contrat ? De très grandes entreprises de production agricoles sont-elles en mesure de rivaliser avec les organisations de l'aval, qui disposent de services juridiques étoffés et sont devenues de véritables *repeat players* des relations contractuelles (Billows, 2017) ? En tout état de cause, nous faisons l'hypothèse que la capacité des grandes entreprises agricoles à maîtriser leurs relations contractuelles varie en fonction de leur structure interne et de leur niveau d'investissement dans certaines ressources bureaucratiques et politiques. Par ailleurs, une bonne compréhension du rôle joué par les contrats dans les rapports de force au sein des filières suppose de comprendre le degré d'encastrement de la relation commerciale. Jusqu'à quel point les acteurs des filières inscrivent-ils leurs échanges dans le cadre fixé par le contrat ? Les acteurs se permettent-ils d'en dévier pour s'adosser à des ordres de grandeur extra-juridiques et, si oui, quelles sont ces normes qui se substituent à la lettre du contrat ?

5. QUELLES NOUVELLES FORMES D'ORGANISATION DE LA PRODUCTION AGRICOLE ?

Le quatrième axe de ce programme porte sur les trajectoires individuelles et collectives des nouvelles formes d'organisation de la production agricole. En France, les organisations professionnelles ont été pensées le plus souvent pour accompagner et porter un modèle d'entreprise agricole : celui de l'exploitation familiale de taille moyenne. Ainsi, ces OPA ont su déployer leurs actions dans de multiples directions et se décliner à différentes échelles territoriales et par filière. Politique, social, financier, technique, économique…, national, régional, départemental et cantonal…, chaque pan de la vie des agriculteurs et chaque échelon administratif est couvert par une OPA. Les syndicats, les instituts techniques, les chambres d'agriculture, les coopératives et mutuelles agricoles comptent parmi les exemples les plus connus. Ces organisations proposent un large panel de dispositifs et de services structurant l'action collective, qu'ils portent sur le partage de ressources humaines et l'entraide, la diffusion de références technico-économiques, l'approvisionnement et la mutualisation de moyens de production, la commercialisation des produits, la structure même des exploitations ou encore leur financement.

Il s'agirait donc d'étudier : les relations de coopération et de concurrence entre nouvelles formes d'organisation de la production agricole et les OPA dont les coopératives ; les oppositions mais aussi les alliances entre ces entreprises et les OPA ; les relations et tensions entre OPA qui, loin de constituer un ensemble homogène, sont aussi traversées par des oppositions quant à la stratégie à adopter face au développement de ces grandes entreprises agricoles. Il apparaît crucial de mieux comprendre comment ces nouvelles formes d'organisations de la production tentent de s'émanciper des organisations professionnelles traditionnelles en proposant une offre de services proches voire identiques ou en créant de nouveaux collectifs de producteurs.

Il s'agirait en somme de comprendre et d'analyser la coexistence parfois complexe entre les nouvelles formes d'organisation de la production agricole et des exploitations familiales traditionnelles. Loin de correspondre à un continuum correspondant à différents niveaux de développement, ces différents modes d'organisation de la production se renforcent souvent dans leurs écarts et différences. L'originalité de notre projet est d'envisager la coexistence au travers des conflits pour offrir un regard complémentaire à la manière dont les études récentes appréhendent la coexistence des modèles d'agricultures familiales et autres. Ces conflits doivent, selon nous, être analysés sous l'angle de leurs manifestations à l'échelle des territoires :

- observation des stratégies et pratiques des nouvelles formes d'organisation de la production et de leurs conséquences sur d'autres catégories d'acteurs : conflits d'usage sur un territoire, de contrôle sur les ressources d'un territoire ;
- observation des controverses autour de certaines figures de la grande entreprise agricole mais également des conditions de l'absence de controverses autour de ces mêmes figures : processus d'hybridation ou d'alliances entre entreprises.

Dans la poursuite des travaux menés par les géographes ruralistes sur les recompositions des espaces ruraux (Jean et Guibert, 2011), il s'agira ici de s'interroger sur la manière dont les nouvelles formes d'organisation de la production investissent les espaces ruraux et construisent de nouveaux espaces d'action en les modifiant.

La question de la coexistence doit également être appréhendée au prisme des controverses qui interrogent l'acceptabilité sociale des nouvelles formes de la production agricole. En effet, les enjeux de mutation organisationnelle en agriculture font plus que jamais l'objet de controverses éminemment techniques où s'affrontent des conceptions antagonistes de la performance, de la maîtrise et du contrôle des forces productives (Gasselin *et al.*, 2021). Cette analyse est totalement originale. En mobilisant les travaux de Akrich *et al.* (1988) et de Callon (1998), notre projet portera l'attention en particulier sur les débats qui accompagnent l'essor et l'institutionnalisation d'une expertise relative au management stratégique de l'entreprise et de ses relations avec son environnement social. Nous pouvons faire l'hypothèse que les processus de cadrage et de débordement (Callon, 1998) des agencements organisationnels se jouent à l'interface entre experts issus des milieux agricoles ou non/professionnels agricoles/publics. En mettant l'accent sur la diversité des acteurs impliqués et des justifications qu'ils construisent, l'entrée par l'analyse des controverses sociotechniques vise à sortir d'une conception réductrice de l'affrontement frontal des modèles de production.

6. CONSTRUIRE DES INDICATEURS POUR SUIVRE LES PERFORMANCES

Enfin, un cinquième et dernier axe devrait, selon nous, porter sur la construction d'indicateurs et de suivi des performances (économiques, sociales et agro-environnementales). Traditionnellement, la performance globale de l'entreprise est centrée sur l'efficience et l'efficacité économique. L'acceptation contemporaine de la responsabilité sociale de l'entreprise (RSE) permet de prendre aussi en considération les impacts sociaux et environnementaux des décisions managériales d'entreprises d'une certaine taille (Marchesnay et Le Roy, 2005). Avec le changement de paradigme en agriculture, la notion de RSE gagne aujourd'hui le monde des entreprises agricoles. Deux objectifs seraient ici à atteindre : celui de la mesure des différentes dimensions de la performance globale de l'entreprise et celui de l'analyse à la fois des déterminants externes de la performance et de la manière dont les parties prenantes se fixent des objectifs de performance et déploient des stratégies (techniques, organisationnelles, spatiales, politiques) pour les atteindre.

Nous faisons ici les hypothèses suivantes. Les grandes entreprises agricoles, telles qu'elles sont organisées et managées, génèrent des gains de productivité qui proviennent pour la majorité d'innovations managériales. Ces gains sont un des principaux facteurs de la concentration productive parce qu'ils vont chercher à tirer parti au maximum des économies d'échelle. Enfin, certaines formes organisationnelles de la grande entreprise agricole peuvent gagner en efficience parce qu'elles permettent de tirer parti non seulement des économies d'échelle mais aussi des économies de gamme, mais à la condition qu'elles arrivent en même temps à contrôler l'augmentation relative des coûts de transaction induits par une montée en complexité de l'organisation.

Il s'agit également d'identifier les forces à l'œuvre dans les filières agroalimentaires qui résulteraient de la présence des grandes entreprises agricoles, sans pour autant préjuger des rapports de force amont-aval ni de l'extension ou du rétrécissement de la chaîne de valeur qui en résultent. Quelle que soit l'acceptation contemporaine de la notion de filière (Rastoin et Ghersi, 2010), la répartition des valeurs ajoutées le long des filières apparaît souvent déséquilibrée au profit de l'aval. Nous faisons l'hypothèse que la concentration aval appelle à une concentration amont ou à d'autres stratégies de la part des grandes entreprises de production agricole. Ainsi, l'évaluation des performances de ces dernières doit tenir compte des dynamiques de filière. L'autre objectif est de construire une typologie de chaînes de valeur questionnant la place de la grande entreprise agricole.

Les grandes entreprises agricoles émergent sous différentes formes comme une adaptation à la concentration capitalistique de l'activité agricole dans un contexte de libéralisation et de globalisation des marchés agricoles. Qu'en est-il de leur adaptation à la demande publique et sociétale de durabilité ? Cette question est devenue centrale en SHS, et des travaux ont été conduits pour évaluer et expliquer la performance environnementale de ces entreprises. Mais la plupart des méthodes n'offrent qu'une mesure indirecte (Vatn, 2007). Plus que jamais l'appareil de recherche doit : réaliser des mesures directes des externalités environnementales de la grande entreprise agricole et analyser le lien entre les résultats de ces mesures et son « profil environnemental » ; étudier l'intégration de normes par ce type d'entreprise et les conséquences de cette intégration sur l'organisation de la production et l'organisation du travail.

RÉFÉRENCES BIBLIOGRAPHIQUES

Akrich M., Callon M., Latour B., 1988, « À quoi tient le succès des innovations ? 1. L'art de l'intéressement. 2. Le choix des porte-parole », *Gérer et Comprendre. Annales des Mines*, n° 11-12, p. 4-17.

Allen D.W., Lueck D., 2004, *The nature of the farm: Contracts, risk, and organization in agriculture*, MIT press.

Aoki M., 2007, "Endogenizing institutions and institutional changes", *Journal of Institutional Economics*, vol. 3, n° 1, p. 1-31.

Aoki M., 2010, *Corporations in evolving diversity: Cognition, governance, and institutions*, Oxford, Oxford University Press.

Askenazy P., 2004, "Shorter work time, hours flexibility, and labor intensification", *Eastern Economic Journal*, vol. 30, n° 4, p. 603-614.

Aubert N., Chassagnon V., Hollandts X., 2016, « Actionnariat salarié, gouvernance et performance de l'entreprise : le cas d'un groupe français coté », *Revue d'Économie Industrielle*, n° 1 54, 2e trim. 2016, p. 151-176.

Baker G., Gibbons R., Murphy K.J., 2002, "Relational Contracts and the Theory of the Firm", *The Quarterly Journal of Economics*, vol. 117, n° 1, p. 39-84.

Bargues E., 2013, « Les pratiques de socialisation des petites entreprises françaises : une approche configurationnelle », *Revue Internationale des PME*, vol. 26, n° 3-4, p. 63-88.

Bargues E., Perrot S, 2016, « Pourquoi n'est-il pas resté ? Comprendre le processus et les résultats de l'intégration des nouvelles recrues dans les PME », *@GRH*, vol. 20, n° 3, p. 43-79.

Barral S., 2015, *Capitalismes agraires. Économie politique de la grande plantation en Asie du Sud Est*, Paris, Presses de Sciences Po..

Baudry B., Dubrion B. (éd.), 2009, *Analyses et transformations de la firme. Une approche pluridisciplinaire*, Paris, La Découverte.

Bernoux P., *Sociologie du changement. Dans les entreprises et les organisations*, Éd. du Seuil.

Billows S., 2017, « La grande distribution et ses fournisseurs : les usages commerciaux de la loi et du contrat », *Revue Française de Socio-Économie*, vol. 2, n° 19, p. 177-195

Boltansky L., Chiapello E., 1999, *Le nouvel esprit du capitalisme*, Paris, Gallimard.

Bosc P.M., Sourisseau J.M., Bonnal P., Gasselin P., Valette E., Bélières J.F. (éd.), 2014, *Diversité des agricultures familiales : exister, se transformer, devenir*, Paris, Éditions Quae.

Bosse-Platière H. (éd.), 2015, *Code rural et de la pêche maritime*, Lexisnexis, Litec (Code bleu), 11e éd.

Brookfield H., 2008, "Family farms are still around: Time to Invert the old agrarian question", *Geography Compass*, vol. 2, n° 1, p. 108-126.

Brossier J., 2003, *Gestion de l'exploitation agricole familiale*, Paris, Educagri Éditions.

Burch L., Bain C., 2004, "The Transformation of the Global Agrifood System", *Rural sociology*, vol. 69, n° 3, p. 321-346.

Callon M., 1998, "Introduction: The embeddedness of economic markets in economics", *The sociological review*, vol. 46, n° 1, p. 1-57.

Cardona A., 2012, *L'agriculture à l'épreuve de l'écologisation. Éléments pour une sociologie des transitions*, Paris, Éd. de l'EHESS.

Charreaux G., 2005, « Pour une gouvernance d'entreprise 'comportementale' : une réflexion exploratoire », *Revue française de gestion*, n° 4, p. 215-238.

Cochet H., 2018, "Capital/Labour separation in French agriculture: The end of family farming ?", *Land Use Policy*, vol. 77, p. 553-558.

Coenen-Huther J., 2003, « Le type-idéal comme instrument de la recherche sociologique », *Revue Française de Sociologie*, vol. 44, n° 3, p. 531-547.

Decosse F., 2008, « La santé des travailleurs agricoles migrants : un objet politique ? », *Études rurales*, n° 182, p. 103-120.

Del Corso J.P., Képhaliacos Ch., 2016, « La question de la transformation des préférences au cœur du développement durable : un exemple en agriculture », in Képhaliacos Ch. et Merri M. (éd), *Les nouvelles raisons d'agir dans la pêche et dans l'agriculture*, Paris, Éditions Quae.

Demazière D., 2008, « L'entretien biographique comme interaction négociations, contre-interprétations, ajustements de sens », *Langage et société*, vol. 1, n° 123, p. 15-35.

Ellis F., 1988, *Peasant Economics: Farm Household in Agrarian Development, Cambridge*, Cambridge University Press.

Forget V., Depeyrot J.N., Mahé M. *et al.*, 2019, *Actif'Agri : les transformations des emplois et des activités en agriculture*, Paris, La Documentation française.

Gagnon Y.-C., 2012, *L'étude de cas comme méthode de recherche*, 2e éd., Presses de l'Université du Québec.

Gasselin P., Choisis J.-P., Petit S., Purseigle F., Zasser S. (éd.), 2014, *L'agriculture en famille : travailler, réinventer, transmettre*, Les Ulis, EDP Sciences.

Gasselin P., Lardon S., Cerdan C., Loudiyi S., Sautier D., 2021, *Coexistence et confrontation des modèles agricoles et alimentaires : un nouveau paradigme du développement territorial ?*, Paris, Éditions Quae.

Gibbons R., Henderson R., 2012, "Relational contracts and organizational capabilities", *Organization Science*, vol. 23, n° 5, p. 1350-1364.

Gollac M., Volkoff S., 2010, *Les conditions de travail*, Paris, La Découverte.

Granovetter M., 2005, "The Impact of Social Structure on Economic Outcomes", *Journal of Economic Perspectives*, vol. 19, nº 1, p. 33-50.

Greif A., Laitin D., 2004, "A Theory of Endogenous Institutional Change", *American Political Science Review*, vol. 98, nº 4, p. 633-652.

Grimonprez B., 2006, *L'exigibilité en droit des contrats*, LGDJ, Poitiers (Collection de la Faculté de droit et des sciences sociales de Poitiers).

Grossetti M., 2006, « L'imprévisibilité dans les parcours sociaux », *Cahiers internationaux de sociologie*, nº 1, p. 5-28.

Hazell P.B., 2005, "Is there a future for small farms ?", *Agricultural Economics*, vol. 32, nº 1, p. 93-101.

Hervieu B., Purseigle F., 2013, *Sociologie des mondes agricoles*, Paris, Armand Colin (Coll. U).

Hughes E., 1996, *Le regard sociologique*, Paris, Éd. de l'EHESS.

Jean Y., Guibert M., 2011, *Dynamiques des espaces ruraux dans le monde*, Paris, Armand Colin.

Jeanneaux P., Purseigle F., Bodiguel L., Hervieu B., 2020, « Fragmentation du modèle de l'exploitation familiale et nouvelles structurations des relations capital-travail-foncier en agriculture », *Agronomie, environnement et sociétés*, Association française d'agronomie (AFA), vol. 10, nº. 2, p. 57-71.

Lamarche H., 1992, *L'agriculture familiale : comparaison internationale, une réalité polymorphe*, Paris, L'Harmattan.

Laurent C., Rémy J., 2000, « L'exploitation agricole en perspective », *Courrier de l'Environnement*, vol. 41, p. 5-23.

Lémery B., 2003, « Les agriculteurs dans la fabrique d'une nouvelle agriculture », *Sociologie du travail*, vol. 45, nº 1, p. 9-25.

Magnan A., 2022, *Le développement du salariat précaire dans l'agriculture française : une approche d'économie institutionnelle*, thèse de doctorat en économie, Université Paris-Saclay, soutenue le 11 mai 2022, p. 128.

Magrini M.B. *et al.*, 2018, "Pulses for Sustainability: Breaking Agriculture and Food Sectors Out of Lock-In", *Frontiers in Sustainable Food Systems*, https://doi.org/10.3389/fsufs.2018.00064, consulté le 25 juin 2022.

Marchesnay M., Le Roy F., 2005, *La responsabilité sociale de l'entreprise : mélanges en l'honneur du professeur Roland Pérez*, Paris, Éditions EMS.

Martino G., Karantininis K., Pascucci S., Dries L., Codron J.-M. (éd.), 2017, *It's a Jungle Out There. The Strange Animals of Economic Organization in Agri-Food Value Chains*, Wageningen, Wageningen Academic Publishers.

Mazenc L., 2020, *Les chefs de culture : des interprètes contrariés du nouveau capitalisme agricole. Dualisme d'une professionnalisation*, thèse de doctorat en sociologie, Toulouse, Institut national polytechnique de Toulouse.

Ménard C., 2014, "Embedding Organizational Arrangements: Towards a General Model", *Journal of Institutional Economics*, vol. 10, n° 4, p. 567-589.

Morice A., Michalon, B. (éd.), 2008, « Travailleurs saisonniers dans l'agriculture européenne », numéro spécial *Études Rurales*, n° 182, 2008.

Nelson R., Winter S., 1982, *An Evolutionary Theory of Economic Change*, Harvard University Press.

Nguyen G., Purseigle F., Brailly J., Legagneux B., 2020, « Sous-traitance et délégation du travail : marqueurs des mutations de l'organisation de la production agricole », *Notes et études socio-économiques*, n° 47, juillet 2020, Centre d'Études et de Prospective, Service de la Statistique et de la Prospective, p. 43-88.

Nguyen G., Purseigle F., Brailly J., Marre M., 2022, « La sous-traitance agricole en France : mise en perspective statistique d'un phénomène émergent », *Économie et statistique*, n° 532-33, p. 89-110.

Olivier V., Legagneux B., 2012, « L'agriculture de firme : un fait émergent dans le contexte agricole français ? », *Études Rurales*, n° 190, p. 77-97.

Paillard S., Treyer S., Dorin B. (éd.), 2010, *Agrimonde : scénarios et défis pour nourrir le monde en 2050*, Paris, Éditions Quae.

Purseigle F. (éd.), 2012, « Les agricultures de firme. Tome 1 », *Études rurales*, n° 190, Paris, Éd. de l'EHESS.

Purseigle F., Chouquer G. (éd.), 2013, « Les agricultures de firme. Tome 2 », *Études rurales*, n° 191, Éd. de l'EHESS.

Purseigle F., Hervieu B., 2013, *Sociologie des mondes agricoles*, Paris, Armand Colin (Coll. U Sociologie).

Purseigle F., Nguyen G., Blanc P., 2017, *Le nouveau capitalisme agricole : de la ferme à la firme*, Paris, Presses de Sciences Po.

Purseigle F., Mazenc L., « Des cultures sous tensions. Les rationalisations des grandes entreprises agricoles », *L'année sociologique*, n° 71, p. 127-161.

Rastoin J.-L., Ghersi G., 2010, *Le système alimentaire mondial : concepts et méthodes, analyses et dynamiques*, Paris, Éditions Quae.

Reardon T., Timmer C.P., Berdegue J., 2003, "The Rise of Supermarkets in Africa, Asia and Latin America", *American Journal of Agricultural Economics*, vol. 85, n° 5, p. 1140-1146.

Rémy J., 2013, « L'exploitation agricole : une institution en mouvement », *Déméter*, p. 357-384.

Reverdy T., 2009, « Mettre en concurrence ses fournisseurs-partenaires », *Revue française de sociologie*, vol. 50, n° 4, p. 775-815.

Reynaud J.-D., 1988, « La négociation des nouvelles technologies : une transformation des règles du jeu ? », *Revue Française de Science Politique*, vol. 38, n° 1, p. 5-22.

Roux N., 2020, « Faire de nécessité soutenabilité : tenir et vieillir comme saisonnier/ère agricole », *Revue française de sociologie*, vol. 61, n° 2, p. 177-206.

Sainsaulieu R., 1977, *L'identité au travail, les effets culturels de l'organisation*, Paris, Presse de la Fondation nationale des sciences politiques.

Teece D.J., Rumelt R., Dosi G., 1994, "Understanding corporate coherence: Theory and evidence", *Journal of Economic Behavior & Organization*, vol. 23, n° 1, p. 1-30.

Thévenot L., 1995, « Des marchés aux normes », in G. Allaire et R. Boyer *La grande transformation de l'agriculture : lectures conventionnalistes et régulationnistes*, Paris, INRA-Economica.

Thuderoz C., 2010, *Sociologie des entreprises*, Paris, La Découverte.

Van der Ploeg J.D., 2014, *Les paysans du XXIe siècle : mouvements de repaysannisation dans l'Europe d'aujourd'hui*, Paris, Éd. Charles Léopold Mayer.

Vatn A., 2005, *Institutions and the Environment*, Cheltenham, Edward Elgar.

COMMENT S'IMPLANTER EN CIRCUITS COURTS FAÇONNE SON ENVIRONNEMENT

Élodie Brûlé-Gapihan
Audrey Laude
Université de Reims Champagne-Ardenne (EA 6292 REGARDS)

INTRODUCTION

Le terme « entrepreneur institutionnel » désigne un individu – ou une organisation, un ensemble d'individus ou d'organisations – qui, confronté à des contradictions (Seo et Creed, 2002) entreprend un changement de structure, de pratique ou de représentation, lequel se diffuse dans l'ensemble de son environnement (Hardy et Maguire, 2008). La recherche sur l'entrepreneuriat institutionnel a longtemps privilégié les entreprises de changement réussies, décrivant ainsi le contexte environnemental d'arrivée et de départ, comme étant celui qui dominait le secteur étudié (*ibid.*). Depuis une quinzaine d'années, des questionnements apparaissent sur l'ampleur et le rythme de ces changements, et les recherches privilégient davantage les micro-changements au niveau des interprétations (Zilber, 2002), pratiques (Lawrence *et al.*, 2009 ; Smets *et al.*, 2012) et structures organisationnelles (Battilana *et al.*, 2015). Ce changement de perspective dans la définition de l'action de changement se traduit par une redéfinition du contexte environnemental, tantôt vu comme un espace d'échanges (Zietsma *et al.*, 2017) dans lequel les membres sont impliqués dans la recherche de compréhensions communes (Wooten et Hoffman, 2017), ou comme un espace d'enjeux (Zietsma *et al.*, 2017 ; Hoffman, 1999) axé autour de l'action stratégique (Fligstein et McAdam, 2012). Cet article propose de contribuer à la réflexion sur le contexte institutionnel, en questionnant celui des exploitants agricoles qui entreprennent dans les circuits courts alimentaires (CCA).

Les CCA, définis comme une vente présentant un intermédiaire au plus, sont des systèmes agroalimentaires alternatifs (Deverre et Lamine, 2010) permettant à l'agriculteur de s'affranchir du système agroalimentaire conventionnel. Toute forme de recours aux circuits courts contribue en effet à construire un autre rapport au travail agricole et à sa rétribution (Dufour, Hérault-Fournier, Lanciano et Pennec, 2010). Les CCA imposent ainsi une reconfiguration du métier initial centré sur la production et l'acquisition de compétences liées à la commercialisation (Nicourt, 2013). Selon le mode de commercialisation privilégié (vente à la ferme, à domicile, sur un marché, dans un magasin de producteurs, au sein d'un drive fermier, en AMAP, etc.), les exigences de ce nouveau métier diffèrent. Entreprendre en CCA relève d'un changement dans les pratiques, dans les mentalités et dans la structure organisationnelle de la ferme. Il s'agit d'opérer une rupture, au moins partielle, avec les circuits de distribution, voire d'approvisionnement, historiquement privilégiés dans le modèle conventionnel. L'exploitant en CCA, en se libérant des contraintes imposées par les intermédiaires de l'agroalimentaire, entreprend de gagner en autonomie. En créant sa demande et en façonnant son propre marché (Lumpkin et Dess, 1996), il agit sur son environnement. Néanmoins, quoiqu'en circuit court, certains exploitants peinent à se détacher intégralement des pressions liées à la structuration actuellement dominante de la filière agricole, établie dans une logique de circuit long (Le Velly *et al.*, 2016). Ainsi, plutôt qu'une rupture totale avec le système dit conventionnel (vente via plusieurs intermédiaires), les CCA semblent se décliner selon une variété d'hybridations (Le Velly et Dubuisson-Quellier, 2008), hybridation qui fait écho au débat relatif à la « conventionnalisation » de l'agriculture biologique qui atteste que l'agriculture biologique se confond avec l'agriculture conventionnelle en adoptant certaines de ses caractéristiques (Guthman, 2004).

Compte tenu de cette relation ambigüe qu'entretient l'entrepreneur en CCA avec son environnement, il nous semble intéressant d'analyser en quoi le choix de commercialiser en circuit court modifie la perception de l'environnement. Pour ce faire, nous faisons l'hypothèse qu'au-delà des spécificités de chaque production, les entrepreneurs en CCA partagent des points communs et rencontrent des difficultés similaires, induites par l'intégration des activités de commercialisation. Par ailleurs, les entrepreneurs interrogés présentent des similitudes ; ils ont ainsi tous une expérience en circuit long, qu'ils poursuivent ou non une fois l'atelier « circuit court » développé. De plus, les ateliers « circuit court » sont de taille comparable, ne nécessitant pas un niveau d'équipement ou de transformation conséquent.

L'objectif poursuivi est de comprendre comment le choix de vendre en circuit court conduit l'entrepreneur agricole à refaçonner son environnement, en interagissant avec des pressions spécifiques. Aussi, l'article s'articule-t-il autour de la question suivante : « Comment l'entrepreneur en choisissant de se développer en CCA façonne-t-il son environnement ? ». Pour répondre à cette question, nous détaillerons les types de pressions perçues et les stratégies de réponses entreprises.

Cette étude est réalisée en partenariat avec l'association régionale de développement de l'emploi agricole et rural (ARDEAR). L'association se questionnait sur la pérennité économique des CCA en Champagne-Ardenne (Région Grand Est). Les entretiens réalisés dans le but de comprendre les difficultés rencontrées par les entrepreneurs en CCA nous ont servi à saisir les similarités qu'ils exprimaient en termes de perception de leur environnement institutionnel.

Ce papier se décompose en quatre parties. La première partie présente le cadre théorique qui aide à identifier les pressions environnementales ainsi que les stratégies de réponse à la portée des entrepreneurs. La deuxième partie explicite les étapes de collecte et de traitement des données réunies à partir d'une vingtaine d'entretiens réalisés auprès d'entrepreneurs en CCA. La troisième partie décline l'environnement perçu par ces entrepreneurs en pressions socio-économiques, réglementaires, culturelles et naturelles, et leurs réactions face ces pressions. La quatrième partie synthétise les résultats et discute de leur intérêt au regard de la littérature.

1. CADRE THÉORIQUE : PRESSIONS SUR LES RESSOURCES ORGANISATIONNELLES ET EXTRA-ORGANISATIONNELLES ET STRATÉGIE DE RÉACTION

Afin de comprendre comment le choix de commercialisation contribue à façonner l'environnement des entrepreneurs concernés, nous proposons d'analyser la manière dont ils comprennent et interprètent les pressions de cet environnement, et la manière dont ils y répondent. Pour cela, nous nous inspirons, comme d'autres chercheurs avant nous, de la complémentarité et de la proximité de la théorie de la dépendance aux ressources (TDR) et de la théorie néo-institutionnelle (TNI) (voir Charreire, 2002).

Les tenants de la TNI définissent le contexte institutionnel sous le terme de « champ organisationnel ». Il s'agit d'une zone de conflits et d'échanges (Zietsma *et al.*, 2017 ; Fligstein et McAdam, 2012 ; Hoffman, 1999) regroupant des organisations ou individus qui partagent un sentiment d'appartenance (DiMaggio et Powell, 1983) et des valeurs communes (Zucker, 1977). Les tenants de la TDR, dans la lignée de Pfeffer et Salancik (1978), appréhendent l'environnement au regard des ressources nécessaires à la survie de l'entreprise focale, et surtout des dépendances à ces ressources.

Afin d'appréhender l'environnement institutionnel des entrepreneurs en CCA, nous nous référons à ces deux courants théoriques complémentaires pour définir les pressions liées à l'environnement (section 1.1), et les stratégies de réaction des entrepreneurs (section 1.2).

1.1. PRESSIONS LIÉES À L'ENVIRONNEMENT

Selon la TDR, l'entrepreneur dépend d'un environnement contraignant qui lui est extérieur, mais au sein duquel il doit puiser les ressources nécessaires à la survie de son organisation. Il subit les contraintes de son environnement au regard des relations de dépendance ou d'interdépendance qu'il a su nouer au fil du temps avec les organisations qui le composent. L'environnement est ainsi défini au regard des relations inter-organisationnelles.

Ce cadre a permis à Nizet et Van Dam (2014) de définir l'environnement des exploitants en agriculture biologique à travers deux types de dépendances : la dépendance économique et la dépendance réglementaire. La dépendance économique comprend elle-même trois grandes catégories de dépendance : l'acquisition des terres ; la production et la commercialisation (ex. : volume minimal pour accéder au supermarché ; concurrence internationale, constitution de clientèle) ; la main-d'œuvre (coût et qualification). La dépendance réglementaire englobe les dépendances liées à la certification en agriculture biologique, les lois régissant les activités agricoles, les réglementations sociales et la protection de la santé (par exemple par les services vétérinaires).

Les tenants de la TNI adoptent une vision de l'environnement institutionnel qui va au-delà des relations inter-organisationnelles. Nous pouvons ainsi nous référer aux piliers institutionnels définis par Scott (2001). Ces piliers, d'ordre coercitif, normatif et culturo-cognitif contraignent le comportement des acteurs et sont autant de pressions perçues par l'entrepreneur. Le pilier coercitif considère la pression réglementaire et correspond aux lois, règlements et sanctions associées. Le pilier normatif fait référence aux obligations sociales et/ou professionnelles (Hoffman, 1999). Le pilier culturo-cognitif comprend les habitudes de pensée et de raisonnement. Un quatrième pilier, peu détaillé par Scott (2001) se nomme le pilier émotionnel et est composé de sentiments et de désirs qui influencent la signification culturelle des symboles (*ibid.*, p. 61). Ces deux derniers piliers vont explicitement au-delà des dépendances inter-organisationnelles. Compte tenu de la place des entités non humaines dans les différentes formes d'interactions avec l'environnement (voir Lawrence et Suddaby, 2006), ils ouvrent la voie à la prise en compte plus générale des relations de dépendance avec la nature, pression incontournable dans le métier agricole.

Dans notre analyse, nous privilégierons le terme de pressions pour définir l'influence de l'environnement, tout en précisant le type de ressources auxquelles elles font référence.

1.2. STRATÉGIE DE RÉPONSE AUX PRESSIONS DE L'ENVIRONNEMENT

Oliver (1991, p. 151-159) a mis en exergue cinq réponses organisationnelles à l'environnement, graduellement classées de la plus passive à la plus active : l'assentiment, le compromis, l'évitement, la contestation ou la manipulation.

L'assentiment peut se produire par la répétition automatique et non consciente de routines. Les organisations n'ont ainsi pas nécessairement conscience de l'existence d'une pression et sont donc dans l'impossibilité d'y répondre stratégiquement. L'assentiment peut également prendre la forme d'imitation consciente ou inconsciente ou encore de mise en conformité, c'est-à-dire de l'incorporation délibérée des attentes de l'environnement. L'assentiment conscient révèle une première mise à distance des pressions de l'environnement.

Le compromis correspond à une forme de résistance. Il consiste à compenser les attentes, apaiser les pressions en se conformant au moins partiellement aux pressions, ou négocier les pressions ressenties.

L'évitement se définit comme la volonté d'empêcher la nécessité de conformité. Les organisations résistent aux pressions en dissimulant leur non-conformité, en se protégeant de leurs obligations afin notamment de réduire le risque de contrôle externe ou enfin, en se soustrayant tout simplement aux obligations.

La contestation est une forme de résistance plus active. Elle englobe l'intention d'ignorer délibérément les règles et valeurs de l'environnement, de les défier ou, de manière plus agressive, de fomenter un mouvement de protestation incluant des actions de dénigrement et de dénonciation des règles en place.

La manipulation, enfin, consiste à influencer le contenu des attentes environnementales. Cela se traduit par de la cooptation pour notamment neutraliser les oppositions, l'influence des systèmes de pensée, comme ceux qui sous-tendent les critères d'évaluation, ou, de manière plus agressive, l'exercice d'une domination franche sur les organisations de l'environnement.

La mobilisation simultanée de la théorie de la dépendance aux ressources et de la théorie néo-institutionnelle nous sert de canevas d'analyse pour appréhender l'éventail des pressions ressenties par les entrepreneurs en CCA et la diversité des réponses possibles. Cet inventaire nous permet de coder les données primaires collectées via des entretiens semi-dirigés.

2. MÉTHODOLOGIE

La méthodologie repose sur une analyse qualitative de données primaires de première main (section 2.1). Pour chaque entretien, nous avons tout d'abord codé les pressions environnementales exprimées puis discerné, le cas échéant, la stratégie de réponse adoptée par l'entrepreneur (section 2.2).

2.1. COLLECTE DES DONNÉES

Comme précisé précédemment, cette étude résulte d'un partenariat avec l'association ARDEAR. L'échantillon est réalisé à partir du fichier de membres de cette association. Puisque les interrogations qui ont motivé l'ARDEAR émanaient principalement d'entrepreneurs installés en production avicole, nous avons privilégié ces spécialisations dans nos rencontres. Nous avons ensuite ajouté des entrepreneurs en culture maraîchère, puisqu'ils présentent un profil comparable aux entrepreneurs en aviculture. Tout d'abord, ils n'ont pas adopté une production de type industriel pour les ateliers en CCA. Par ailleurs, compte tenu de leurs spécialisations, ils n'ont pas eu besoin d'investissement financier important pour se convertir en CCA. Enfin, ils sont dans une logique de minimisation des intrants chimiques, que ce soit motivé par une sensibilité écologique ou par des contraintes budgétaires. Afin de conforter et/ou relativiser les propos recueillis, nous avons rencontré des entrepreneurs installés en CCA sur d'autres spécialités, comme les produits laitiers et la production d'herbes aromatiques. Ainsi, 23 entrepreneurs installés en CCA, dont le détail des activités est indiqué dans l'annexe 1, ont fait l'objet d'entretiens semi-dirigés enregistrés et retranscrits.

Le guide d'entretien est composé de deux thèmes. Le premier thème porte sur la trajectoire de l'entrepreneur. Il vise à identifier les décisions clefs de l'exploitation et à comprendre ce qui détermine ces décisions. Le deuxième thème regroupe des questions relatives aux moteurs et aux freins des circuits courts ; l'objectif ici est de comprendre les difficultés rencontrées et la manière de les résoudre. Tous les entretiens, d'une durée variant de 45 minutes à 2h 51, ont été retranscrits et codés à l'aide du logiciel QDA Miner.

2.2. LE CODAGE DES ENTRETIENS

Le codage a tout d'abord consisté à distinguer le discours relatif aux relations inter-organisationnelles de celui relatif aux relations intra-personnelles afin de préciser les ressources et l'acteur – individuel ou collectif – concernés. Nous avons ensuite repris ces *verbatim* en nous inspirant dans un premier temps des catégories créées par Nizet et Van Dam (2014) qui distinguent les dépendances économiques et réglementaires en agriculture. Dans un second temps, nous avons adapté ces catégories au contenu de nos entretiens et à notre canevas théorique. Nous avons ainsi abouti à cinq catégories de pressions socio-économiques, puis trois catégories de pressions réglementaires. Nous avons enfin créé deux autres catégories de pression. La première regroupe les *verbatim* en lien avec ce que nous avons appelé les pressions liées aux croyances véhiculées qui tiennent parfois lieu de stéréotypes, comme celles relatives au prix à afficher, au regard du niveau de vie de la population. La seconde concerne les pressions liées à la nature, en lien avec les aléas climatiques, prophylactiques et la lutte contre les nuisibles.

L'annexe 2 synthétise les quatre types de pressions relevées en précisant les acteurs collectifs ou individuels qui les véhiculent, ainsi que les ressources tangibles ou intangibles qui leur sont associées. De manière surprenante, l'accès au foncier n'apparaît pas dans les pressions relevées. Il s'est avéré que celui-ci façonnait le choix de culture/élevage des entrepreneurs rencontrés ou leur décision de se maintenir ou de se convertir aux CCA. Mais, une fois ces décisions prises, la pression du foncier n'est pas ouvertement citée comme déterminante dans le fonctionnement quotidien de l'exploitation ; les entrepreneurs mentionnent néanmoins les contraintes de la configuration de leur exploitation, les caractéristiques de terrain ou de l'équipement initial, que nous avons classées dans « pression envers l'amont » (accès aux matériels et aux intrants).

Pour chacune de ces pressions, nous avons relevé les stratégies de réaction employées, en mobilisant la typologie d'Oliver (1991). Au fur et à mesure du codage, il nous est apparu plus pertinent de simplifier le continuum des stratégies pour homogénéiser les réactions. Nous retenons ainsi les stratégies dites actives (incluant l'évitement et la contestation) et les stratégies dites passives (désignant l'assentiment et le compromis). La stratégie de manipulation mentionnée par Oliver (1991) n'est pas apparue dans nos données comme explicitement associée à une pression particulière. Par ailleurs, nous avons ajouté à ces stratégies de réponse le degré d'externalisation/internalisation adopté : faire ou faire faire. Il s'est en effet avéré que, pour les pressions socio-économiques, si l'accès aux ressources (clients, formations, fournisseurs, etc.) est primordial, le temps pour accéder aux ressources l'est de manière encore plus prégnante. Or, les catégories de réponse suggérées par Oliver (1991) sont pertinentes pour désigner l'accès aux ressources, mais pas pour désigner la volonté de minimiser le temps consacré pour accéder à ces ressources. Par exemple, le recours au marché peut être considéré comme une stratégie active, qui appartient à la catégorie de l'évitement puisque l'objectif est de contourner la difficulté d'accès au client. Néanmoins, quand il s'agit de diminuer le temps d'accès à cette ressource, les stratégies adoptées par les entrepreneurs s'apparentent davantage aux capacités d'internalisation des activités, faire soi-même ou faire faire la vente. Les distinctions entre faire et faire faire s'appliquent à l'ensemble des sous-catégories de pressions socio-économiques. Nous avons considéré la stratégie d'externalisation comme une stratégie active, quand il s'agit de diminuer le temps consacré à l'accès à la ressource ; l'internalisation est quant à elle une stratégie active quand il s'agit d'éviter une pression venant de l'environnement ; elle est une stratégie passive quand il s'agit de diminuer le temps d'accès aux ressources souhaitées.

Ainsi, la grille de codage pressions / stratégies de réponse nous permet de dessiner la manière dont les entrepreneurs en CCA perçoivent leur environnement et y font face.

3. RÉSULTATS : L'ENVIRONNEMENT DES ENTREPRENEURS EN CCA

La section 3.1 explicite ce que recouvrent, pour les entrepreneurs en CCA, les pressions socio-économiques, réglementaires, ainsi que celles liées aux croyances et à la nature. La section 3.2 présente les stratégies de réaction mobilisées par les entrepreneurs en CCA. Nous observons notamment que les pressions socio-économiques et réglementaires sont celles auxquelles ils ont le plus de difficulté à se soustraire.

3.1. LES PRESSIONS RELEVÉES

La pression la plus souvent citée en CCA est sans conteste la pression socio-économique. Cette catégorie rassemble 1) les pressions vis-à-vis de l'aval, ce qui inclut les caractéristiques des clients, des intermédiaires, mais aussi de la concurrence ; 2) les pressions vis-à-vis de l'amont, pour désigner le nombre et l'accessibilité des fournisseurs et prestataires de service ; 3) les pressions informationnelles pour qualifier le réseau d'organisations facilitant l'accès aux informations ; 4) les pressions financières comme l'accès aux aides, aux emprunts bancaires, ou les pertes liées notamment aux vols ; et enfin 5) les pressions humaines qui font référence aux ressources en main-d'œuvre. Parmi ces catégories de pressions, la pression vis-à-vis de l'aval est la plus forte, l'entrepreneur devant trouver le moyen de distribution qui lui sied le mieux. Pour les entrepreneurs en élevage, la pression vis-à-vis de l'aval inclut la question de l'abattage qui pose des contraintes en termes d'organisation et de rentabilité, au vu des kilomètres à parcourir quand celui-ci ne peut se faire sur le site de production. Vient ensuite la pression venant de l'amont, et notamment l'approvisionnement des intrants. Au-delà de l'accès aux intrants phytosanitaires qu'ils soient chimiques ou biologiques, il s'agit principalement de s'approvisionner en matériel, en alimentation et en poussins pour l'élevage, et en graines et plants pour le maraîchage. Le nombre de fournisseurs étant limité, la pression est d'autant plus importante si les entrepreneurs souhaitent respecter la logique du localisme ou adopter des intrants non chimiques.

Les pressions réglementaires comprennent les règles issues du droit du travail et des sociétés, les règles qui régissent certaines productions en termes de qualité et d'hygiène. Elles sont véhiculées par les législateurs, les comptables et les organismes certificateurs spécialisés ou généralistes. La citation suivante évoque par exemple les services vétérinaires :

> Après j'ai construit vraiment un laboratoire, pas aux normes européennes, un petit labo. On a fait venir [...] les services vétérinaires. Il a été agréé, on a eu le droit de vendre la production sur les marchés [16].

Ces pressions sont d'autant plus prégnantes que les entrepreneurs en CCA n'ont pas systématiquement la taille ou le chiffre d'affaires requis pour les réglementations souvent plus adaptées à la production industrielle.

> En élevage, on est soit trop petits pour être considérés comme industriels et on est trop gros pour être considérés comme particuliers. À chaque fois, on a les réglementations les plus contraignantes, puisqu'on est juste au milieu [5].

En maraichage, également, il faut attendre des surfaces minimales d'installation pour être reconnu comme exploitant agricole.

Les pressions liées aux croyances rassemblent les postulats qui tiennent lieu d'évidences et guident le raisonnement des entrepreneurs eux-mêmes ou de leur entourage. Cela inclut ce qui va de soi compte tenu de la représentation dominante du monde agricole. Les entretiens ont permis de caractériser deux grandes catégories de stéréotypes. La première inclut les représentations véhiculées sur le travail des entrepreneurs, comme le fait de travailler chez soi, l'image de la femme agricultrice, le décalage par rapport au rythme salarié, le fait de ne pas compter son temps ou la supposée facilité technique des activités avicole et maraîchère. La seconde catégorie désigne la représentation du CCA dans une région à dominante céréalière comme devant être au plus une diversification et non une activité principale, car non suffisamment rentable. C'est ainsi que l'on découvre que ce postulat conduit les banques à être nettement plus sceptiques lors du financement d'activités en circuit court si c'est le seul mode de commercialisation choisi. Ces pressions relèvent souvent des lieux communs entendus dans le voisinage qu'il soit ou non professionnel. Ces stéréotypes questionnent la pertinence des projets entrepris, voire dénigrent la qualité de travail des entrepreneurs. Ainsi pouvons-nous entendre :

> Au démarrage j'avais l'air d'un fou, tout le monde rigolait [19].

D'autres agricultrices ressentaient du scepticisme de la part de collègues en circuit long, lors du démarrage de leur atelier circuit court :

> Il y en a qui ont observé : ah, les filles elles font quoi là ? Peut-être un peu nous attendre au virage ou je ne sais pas trop [11].

Ces stéréotypes se reflètent également dans la disponibilité préjugée totale de l'entrepreneur ; certains clients n'hésitant pas, au prétexte de connaître l'adresse personnelle de l'entrepreneur, à venir à toute heure du jour pour faire leurs achats.

> J'ai toujours les mêmes qui vont à 20h avoir envie d'œufs un mardi soir, urgent. On a un couple de petits vieux, ils sont tous les deux toujours, ils vont débarquer en plein hiver à 20 h, ils vont toquer chez mes parents pour avoir des œufs, c'est systématique, toujours hors clous [17].

Les pressions liées à la nature désignent les aléas inhérents à tout travail sur le vivant, allant de la météorologie à la prolifération de maladies. Ces pressions peuvent être définies comme inhérentes au métier d'agriculteur. Elles sont cependant accentuées pour les agriculteurs en CCA qui souhaitent s'extraire du modèle conventionnel, en limitant voire en renonçant aux intrants chimiques, pour des raisons économiques ou écologiques. Il s'agit ainsi pour l'agriculteur en CCA d'apprendre à maîtriser la technique d'élevage et/ou de culture, d'adapter les cultures/élevages aux contraintes de terrain et de s'adapter aux changements imposés par son environnement naturel. Pour l'élevage des volailles, le contrôle de la température dans les poulaillers, du taux de mortalité et l'alimentation sont autant de questions techniques qui démontrent l'expérience de l'entrepreneur. La lutte contre les nuisibles relève également de l'expérience, comme en témoigne ce maraîcher :

> La première année on s'est un peu tout fait bouffer par les campagnols. Déjà par les lapins, une fois qu'on a compris comment réussir à s'en prémunir c'est les campagnols qui sont passés derrière [21].

3.2. STRATÉGIES OBSERVÉES FACE AUX PRESSIONS

Les stratégies observées face aux pressions sont autant de manières pour les entrepreneurs en CCA de façonner, de manière délibérée ou non, leur propre environnement. Comme exposé précédemment, nous distinguons ici les stratégies actives et passives. Les premières regroupent les stratégies d'évitement et de contestation tandis que les secondes témoignent d'une acceptation partielle ou complète de la situation (stratégies dites d'assentiment et de compromis). Nous commencerons par exposer les stratégies de réponse aux pressions socio-économiques, réglementaires, puis celles liées aux croyances et à la nature.

Pour déterminer les stratégies de réponse aux pressions socio-économiques, il nous paraît important de distinguer l'accès aux ressources, d'une part, et le temps nécessaire pour accéder à ces ressources, d'autre part. Ainsi, si nous prenons l'exemple des pressions envers l'aval, les stratégies adoptées sont actives et appartiennent à la catégorie de l'évitement puisque l'objectif est de contourner la difficulté d'accès au client.

Minimiser le temps investi pour accéder à la clientèle est déterminant dans la marge de manœuvre des entrepreneurs. Les citations suivantes illustrent les réactions actives des entrepreneurs, mus par la volonté de limiter le temps investi pour accéder aux clients.

> Au début on partait sur les livraisons, à un moment donné ça prenait vraiment beaucoup de temps d'appeler les gens, tout ça, on s'est dit : il faut peut-être faire un marché quand même [13].

Néanmoins, tous les canaux de distribution ne se valent pas en termes de temps investi. À ce titre, les opportunités offertes par les circuits de distribution imposent de fait un niveau d'externalisation aux entrepreneurs. Ainsi, schématiquement, les AMAP permettent davantage de déléguer les activités de vente que les autres formes de circuits courts ; les magasins de producteurs permettent d'externaliser partiellement la vente, en mutualisant l'offre de produits et en partageant le temps de présence en magasin. Pour autant, ces choix sont souvent liés aux opportunités de collaboration offertes et à la localisation de l'exploitation. Aussi nous paraît-il important de comprendre le niveau de dépendance envers l'aval en étudiant la question du prix de vente.

En second lieu, les stratégies de réponses aux pressions provenant de l'amont varient en fonction des critères de l'entrepreneur, en termes de qualité, de prix, de fiabilité et pour certains de proximité. En ce qui concerne les intrants, il s'agit principalement pour les éleveurs de poussins et d'alimentation. Les éleveurs qui possèdent des terres de culture préfèrent composer leurs propres rations avec les céréales de leurs champs.

> Nous faisons l'aliment. Avec les céréales que nous produisons. [...] Mais l'aliment qu'on fabrique, qu'on s'achète, c'est de l'autoconsommation [10].

Cependant, réaliser sa propre alimentation suppose de composer avec les aliments proposés sur le marché. Plusieurs entrepreneurs témoignent ainsi de leur difficulté à trouver des compléments de qualité. Ces difficultés s'accroissent pour les entrepreneurs qui s'imposent un cahier des charges spécifique, comme l'illustre la citation suivante :

> C'est l'aliment en fait qui nous pose souvent souci. En bio, ils ne sont pas dans la capacité de nous faire un aliment 100 % bio. C'est pour ça qu'on achète de la protéine de pomme de terre qui n'est pas bio à 100 % [1].

Ici, il apparaît que l'internalisation de la production est une stratégie active d'évitement. Pour les poussins, les stratégies des entrepreneurs varient et se concrétisent par l'achat de poussins à des âges différents, ce qui induit parfois la nécessité d'acheter une couveuse et d'adapter l'alimentation en conséquence. En maraîchage, la marge de manœuvre vis-à-vis des fournisseurs consiste principalement à choisir le bon fournisseur de plants. En témoigne une maraîchère dont la production n'est pas certifiée en agriculture biologique :

> Nous sommes dans un quart Nord-Est de production de légumes, donc il n'y a pas de producteurs de plants. [...] Mon producteur de plants est à Ambricourt dans le Nord, à côté de Lille, à une heure de Lille. Sinon, il y a beaucoup de producteurs de plants autour d'Orléans, il y en a aussi en Bretagne, au bout du bout de la Bretagne. [...] Ce n'est plus très bio, s'ils font 1 000 km [11].

Certains cependant préfèrent réaliser leurs propres plants :

> On fait déjà nos plants, ce qui n'est déjà pas forcément courant, plus en bio et encore de moins en moins [9].

Dans le cas des pressions envers l'amont, l'internalisation (par exemple, l'élevage en interne des poussins dès leurs premiers jours, la production de ses propres plants) s'apparente à une stratégie active, pour une meilleure maîtrise du processus de production. Nous sommes donc dans une logique inverse par rapport aux pressions envers l'aval ; l'entrepreneur ne cherche pas à minimiser son temps, mais à maîtriser au plus l'accès à ses ressources. Dans les exemples donnés, il est à noter que les ressources sont au cœur de l'activité entrepreneuriale. Cette logique de volonté de maîtrise se retrouve à des degrés moindres pour ce qui est de l'achat de matériels de production. Aussi avons-nous des entrepreneurs qui ont préféré construire leur propre couveuse, magasin de vente ou poulailler plutôt que de le faire faire. À tout le moins, les entrepreneurs privilégient les achats d'occasion qu'ils adaptent à leurs besoins.

La pression réglementaire se traduit, pour les entrepreneurs, en travail administratif. Dans notre échantillon, ce travail n'est que très rarement pris en compte comme un coût de main-d'œuvre intégré dans la fixation des prix. Or, la difficulté liée à l'interprétation des textes peut s'avérer très compliquée, comme en témoigne l'entrepreneure suivante :

> Vous montez le dossier et il n'y a pas de souci. [...] Il fallait que j'attende [...] pour commencer les travaux. [...] Donc, on a attendu, on a attendu, on a attendu. Ils envoient le dossier, il y a un souci : en fait, vous n'êtes pas en bio, donc ça ne passera pas. J'ai dit : vous vous moquez de moi ! On a perdu six mois, tout ça pour me dire qu'on n'est pas en bio ! [17].

La difficulté d'accéder aux différents statuts, agréments ou labels nécessaires à la production est susceptible d'engendrer d'importants retards de production. Par ailleurs, les changements de réglementation nécessitent des dépenses supplémentaires, comme la construction d'un sas pour lutter contre la salmonelle. Certains attendus ne semblent pas toujours justifiés du point de vue des entrepreneurs. Ainsi, les stratégies choisies vont de l'évitement à l'adoption des règles imposées. L'évitement constaté ici peut être temporaire quand l'exploitation n'est pas en mesure d'intégrer l'ensemble des recommandations réglementaires ; cette stratégie peut être délibérément provocatrice quand il s'agit de renoncer à des subventions, eu égard à l'investissement en temps, que cela impose.

En ce qui concerne les pressions liées aux croyances, les entrepreneurs répondent de façon active à ces pressions en défiant les stéréotypes véhiculés sur le circuit court pour suivre leur propre voie. Néanmoins, une fois installés en CCA, les entrepreneurs sont confrontés aux stéréotypes propres à leur activité, tout en ayant parfois du mal à se départir des manières de penser propres à l'agriculture conventionnelle. Ainsi, l'habitude de certains clients de venir à toute heure du jour et de la nuit peut être contournée par les entrepreneurs par l'imposition d'horaires stricts, voire le renoncement à la vente sur la ferme ; mais elle est aussi tolérée par une minorité d'entre eux. À ces croyances, s'ajoute le fait de considérer le cours du marché ou le prix de la grande distribution comme une référence inévitable, quels que soient le travail et la qualité du produit, ou encore de justifier le recours à certains remèdes phytosanitaires. En ce qui concerne les prix, quand les prix du marché sont intégrés comme variables de référence, la stratégie de réaction est qualifiée d'assentiment. Cela conduit les entrepreneurs à ne pas intégrer ou à n'intégrer que partiellement certains coûts, comme ceux liés aux déplacements. Or, dans des régions – comme celles étudiées ici, où la densité de la population est relativement faible, l'écoulement de la marchandise est particulièrement chronophage. Quand les entrepreneurs intègrent les frais kilométriques ou optent pour l'optimisation des circuits de distribution afin de diminuer les distances, nous qualifions la stratégie d'évitement. La perception du niveau de vie de la population environnante est particulièrement déterminante dans la fixation du prix des denrées. Le niveau de vie de cette population est considéré comme moyen à faible par les agriculteurs rencontrés. Cette pression est parfois tellement intégrée qu'elle impose à l'entrepreneur la fixation d'un prix plafond en lien avec le niveau de vie supposé de leurs clients. D'autres au contraire, l'ignorent délibérément ou jouent sur l'élasticité de la demande par rapport à l'offre pour certains produits phares, comme la tomate, le beurre, les œufs, qui peuvent voir leur prix augmenter sans risquer de perdre la clientèle. Nous pourrions supposer que le choix du circuit de distribution peut faire varier la marge de manœuvre des entrepreneurs. Or, dans notre échantillon, seuls les entrepreneurs en AMAP ont un prix et une quantité négociés pour l'année, mais les quantités peuvent varier au regard des aléas de production.

Pour les pressions liées à la nature, les stratégies observées vont de la simplification à la montée en compétences. Cette dernière stratégie révèle la volonté de maîtriser les pressions liées à la nature en les anticipant. C'est donc une stratégie active. Quand la simplification des cultures est étudiée et anticipée, elle est considérée comme active. Quand elle ne consiste qu'à abandonner l'activité qui est problématique (par exemple, l'élevage de très jeunes poussins ou la culture de pommes de terre), elle est considérée comme passive. Cela dit, les stratégies relevées sont intimement liées à l'accessibilité des ressources socio-économiques. La montée en compétences peut provenir de l'expérience, mais est grandement facilitée par l'accès à des formations adaptées. De même, la simplification par abandon d'activité est parfois contrainte par l'absence de fournisseurs compétents (ex. : taux de mortalité important de très jeunes poussins lors du transport) ou, au contraire, par la disponibilité d'un fournisseur qui propose des prix compétitifs. C'est ainsi qu'un maraîcher nous confiait avoir abandonné la culture de pommes de terre, considérée comme trop chronophage, mais s'approvisionner chez un autre producteur pour approvisionner son stand au marché.

En ce qui concerne la protection sanitaire, l'enjeu consiste à choisir parmi les traitements chimiques ou biologiques. Il est donc intrinsèquement lié à l'accès à l'information pour choisir le bon intrant. Certains préfèrent renoncer aux soins non obligatoires ; il s'agit alors d'une stratégie active. Ils optent alors pour des races ou des variétés plus résistantes aux infections redoutées ou changent de méthodes de culture et d'élevage, comme indiqué dans la citation suivante :

> J'ai changé notre façon de faire par rapport à mon beau-père. Avant, il ne fallait pas que les poussins sortent avant 5 semaines, maintenant au bout de 2 semaines, ils sont dehors suivant le temps. Ils sont plus rapidement immunisés. Ce qui fait qu'on n'utilise pas de produits particuliers [5].

Vouloir renoncer aux intrants chimiques nécessite encore une fois de monter en compétence.

> Quand on est en conventionnel, on a une assurance chimique qui est remarquable. On ne l'a jamais fait, on s'est beaucoup posé la question [12].

Or pour monter en compétence dans le domaine de la santé, des formations et/ou partages d'expérience sont nécessaires. Encore une fois, les stratégies adoptées par les entrepreneurs pour accéder à des mécanismes de prévention efficaces sont intrinsèquement liées aux ressources informationnelles.

L'analyse des pressions inhérentes à l'environnement des entrepreneurs en CCA, combinée à celle de leurs stratégies de réponse, révèle un besoin de structuration de la filière pour répondre aux attentes des entrepreneurs, que ce soit en intrants ou plus largement en formation. Ce résultat permet de légitimer les initiatives déjà entreprises sur le terrain par des associations qui promeuvent la formation auprès d'entrepreneurs en CCA. Le développement d'une formation robuste et adaptée aux besoins des entrepreneurs en CCA est en effet crucial pour les accompagner au mieux dans leur entreprise.

DISCUSSION ET CONCLUSION

Cet article propose une analyse de l'environnement des entrepreneurs en CCA fondée sur l'analyse des pressions et des stratégies de réaction face à ces pressions. La combinaison de la TDR et de la TNI permet de distinguer quatre types de pressions liées entre elles : les pressions inter-organisationnelles telles que les pressions socio-économiques et réglementaires (Nizet et Van Dam, 2014), et les pressions liées aux croyances et à la nature (Scott, 2001). Ces pressions, ainsi que les stratégies de réaction qu'elles suscitent permettent *in fine* de dessiner l'environnement façonné par les entrepreneurs. Ainsi, pour les pressions liées aux croyances (Scott, 2001), les entrepreneurs parviennent à se départir des manières de penser propres aux circuits longs, même si certaines croyances persistent, celles-ci étant visibles lors de la fixation du prix ou du choix du traitement phytosanitaire. Pour la pression réglementaire, les entrepreneurs composent avec les obligations imposées, même s'ils regrettent le manque de souplesse d'une administration qui semble plus adaptée aux caractéristiques des exploitations impliquées exclusivement dans le circuit long. Pour les pressions liées à la nature, les stratégies de réaction varient fortement d'un entrepreneur à l'autre, et ces problèmes techniques sont souvent associés au manque d'information ou de formation, et donc aux pressions socio-économiques. Nos entretiens montrent ainsi que les entrepreneurs peinent à accéder aux biens et services (matières premières, matériels, formations, service d'abattage) qui leur seraient les plus adaptés, ce qui contribue à limiter leur développement. Ce résultat conforte l'intérêt des actions de terrain menées par la Chambre d'agriculture ou par des associations engagées dans des actions de transmission de connaissances, et les invite à poursuivre leurs initiatives dans ce domaine.

D'un point de vue théorique, cette étude soutient l'idée que le choix de commercialiser en circuit court entraîne un effet boule de neige qui tend à supposer que cette pratique a une portée institutionnelle forte. Nous avons montré ici la spécificité de l'environnement des entrepreneurs en CCA, en prenant soin de choisir des entrepreneurs ayant une expérience passée ou actuelle en circuit long. Compte tenu de l'engouement des circuits courts et de l'arrivée d'agriculteurs ayant des profils de production plus conventionnels, cette étude mériterait d'être approfondie en interrogeant des agriculteurs/agricultrices ayant des exploitations plus grandes.

Plus spécifiquement, notre article fournit trois contributions à la recherche : sur la manière d'appréhender les pressions de l'environnement, sur l'accès aux ressources et sur la définition des stratégies de réponse aux pressions.

Au sujet de la définition des pressions de l'environnement, nous avons opté pour la distinction entre les pressions inter-organisationnelles (propres à la TDR) que sont les pressions socio-économiques et réglementaires, et les pressions plus abstraites (prônées par la TNI) comme celles liées aux croyances et à la nature. Notre analyse révèle que la prise en compte des pressions liées aux croyances et à la nature permet d'affiner la compréhension des pressions socio-économiques. Aussi, leur prise en compte paraît-elle primordiale pour contextualiser les relations inter-organisationnelles.

Au sujet de l'accès aux ressources, notre analyse démontre que la définition de cet accès mérite d'être nuancé. Il ne s'agit pas seulement d'obtenir les ressources souhaitées ; il s'agit également de considérer le temps consacré pour accéder à ces ressources. Cette distinction nous a notamment permis d'affiner notre compréhension des stratégies de réponses des entrepreneurs.

Sur ce dernier point, notre analyse permet d'enrichir de deux manières le canevas proposé par Oliver (1991). Nous avons tout d'abord ajouté les stratégies d'internalisation/externalisation pour rendre compte de la dimension temporelle précédemment évoquée. Nous mettons par ailleurs en cause la hiérarchisation des stratégies de réponse suggérée par l'auteure, considérant par exemple les stratégies d'évitement comme actives. Dans notre cas, les stratégies d'évitement ou de compromis sont tantôt passives, tantôt actives, relativement aux objectifs recherchés par l'entrepreneur.

Enfin, cet article repose sur l'interprétation de l'environnement fait par des entrepreneurs en CCA. Il offre ainsi une vision subjective, ancrée sur le territoire champardennais. Tout en limitant la généralisation des résultats, il permet de rendre compte de la manière dont les entrepreneurs donnent sens à leur environnement. Si l'on se réfère aux étapes du processus de *sensemaking* établis par Weik (1995), nous nous sommes consacrés à l'interprétation d'éléments de contexte incertain – exprimés ici sous forme de pressions, et à l'action issue du sens donné à cette interprétation. Cette démarche mériterait d'être affinée à l'avenir afin de bien saisir quelle interprétation engendre quelle action. Pour ce faire, la distinction des spécialisations de chaque entrepreneur permettrait probablement d'analyser les liens entre spécialisation-métier, perception de l'environnement et réaction à cet environnement perçu.

RÉFÉRENCES BIBLIOGRAPHIQUES

Battilana J., Sengul M., Pache A.-C., Model J., 2015, "Harnessing Productive Tensions in Hybrid Organizations: The Case of Work Integration Social Enterprises", *Academy of Management Journal* 58 (6), p. 1658-1685.

Deverre C., Lamine C., 2010, « Les systèmes agroalimentaires alternatifs : une revue de travaux anglophones en sciences sociales », *Économie Rurale*, n° 317, p. 57-73.

DiMaggio P., Powell W.W., 1983, "The Iron Cage Revisited : Institutional Isomorphism and Collective Rationality in Organizational Fields", *American Sociological Review*, n° 48, p. 1750-1762.

Dufour A., Hérault-Fournier C., Lanciano É., Pennec N., 2010, « L'herbe est-elle plus verte dans le panier ? Satisfaction au travail et intégration professionnelle de maraîchers qui commercialisent sous forme de paniers », in *Colloque national Circuits courts alimentaires – États des lieux de la recherche*, p. 1-14.

Fligstein N., McAdam D., 2012, *A Theory of Fields*, New York, Oxford University Press.

Guthman J., 2004, "The Trouble with 'Organic Lite' in California: A Rejoinder to the 'Conventionalisation' Debate", *Sociologia Ruralis*, vol. 44, n° 3, p. 301-16.

Hardy C., Maguire S., 2008, "Institutional entrepreneurship", in R. Suddaby R. Greenwood, C. Oliver et K. Sahlin, *The Sage handbook of organizational institutionalism*, p. 198-217.

Hoffman A.J., 1999, "Institutional Evolution and Change: Environmentalism and the U.S. Chemical Industry", *Academy of Management Journal*, 42(4), p. 351-371.

Jepperson L.R., 1991, "Institutions, institutional Effects, and Institutionalism", in W.W. Powell and P. DiMaggio (ed.), *The New Institutionalism in Organizational Analysis*, p. 143-163, Chicago, Chicago University Press.

Lanciano É., Saleilles S., 2020, « Saisir l'agir entrepreneurial en agriculture : une analyse de l'apprentissage à la commercialisation en circuits courts par la trajectoire de projet », *Revue de l'Entrepreneuriat*, n° 19 (4), p. 31-56.

Lawrence T.B., Suddaby R., 2006, « Institutions and Institutional Work », in S.R. Clegg, C. Hardy, T.B. Lawrence and W.R. Nord (ed.), *The SAGE Handbook of Organization Studies* (p. 215-254). London, Sage.

Le Velly R., Dubuisson-Quellier S., 2008, « Les circuits courts entre alternative et hybridation », in *Les circuits courts alimentaires, Bien manger dans les territoires*, Educagri.

Le Velly R., Dufeu I., Le Grel L., 2016, « Les systèmes alimentaires alternatifs peuvent-ils se développer commercialement sans perdre leur âme ? Analyse de trois agencements marchands », *Économie rurale*, n° 356.

Lincoln Y.S., Guba E.G., 1985, *Naturalistic inquiry*, Beverly Hills, Sage.

Marchesnay M., 2016, « Types, taxonomies et typologies : une approche pragmatique du micro-entrepreneuriat », *Revue de l'Entrepreneuriat*, n° 15(3), p. 15-38.

Maréchal G., Spanu A., 2010, « Les circuits courts favorisent-ils l'adoption de pratiques agricoles plus respectueuses », *Courrier de l'environnement de l'INRA*, vol. 59, p. 33-46.

Nicourt C., 2013, « De l'élevage au commerce : une dérive du métier d'éleveur de porcs bio ? », *Économie Rurale*, n° 335 (mai-juin), p. 71-86.

Nizet J., Van Dam D., 2014, « Les évolutions des exploitations agricoles bio », *Économie Rurale*, n° 339–340 (janvier-mars), p. 165-181.

Oliver C., 1991, « Strategic Responses to Institutional Processes », *Academy of Management Review*, n° 16 (1), p. 145-179.

Pfeffer J., Salancik G.R., 1978, *The external control of organizations. A resource dependance theory*, Harper et Row.

Pfeffer J., Salancik G., 2002, « La dépendance des ressources est stratégique », in Charreire et Huault, *Les Grands Auteurs en Management*, p. 151-163, EMS (Management et Société).

Scott W.R., 2001, *Institutions and Organizations*, (2d ed.), London, Sage Publication.

Seo M.-G., Creed D.W.E., 2002, "Institutional Contradictions, Praxis and Institutional Change: A Dialectical Perspective", *Academy of Management Review*, 27(2), 222247.

Seo M.-G., Creed D.W.E., 2002, "Institutional Contradictions, Praxis and Institutional Change: A Dialectical Perspective", *Academy of Management Review*, 27(2), p. 222-247.

Smets M., Morris T., Greenwood R., 2012, "From Practice to Field: A multilevel Model of Practice-driven Institutional Change", *Academy of Management Journal*, 55(4), p. 877-904.

Weick K.E., 1995, *Sensemaking in Organizations*, SAGE Publications Inc, Thousand Oaks.

Wooten M., Hoffman A.J., 2016, "Organizational Fields Past, Present and Future" in R. Greenwood, C. Oliver, K. Sahlin, and R. Suddaby, ed.), *The SAGE Handbook of Organizational Institutionalism*, London, Sage Publication.

Zietsma C., Groenewegen P., Logue D., Hinings C.R. (Bob).,2017, « Field or Fields ? Building the Scaffolding for Cumulation of Research on Institutional Fields », *Academy of Management Annals*, 11(1), p. 391-450.

Zilber T.B., 2002, "Institutionalization as an Interplay between Actions, Meanings, and Actors: The Case of a Rape Crisis Center in Israël" *Academy of Management Journal*, 45(1), p. 234-254.

Zucker L.G., 1977, "The Role of Institutionalization in Cultural Persistence", *American Sociological Review*, n° 42(5), p. 726-743.

ANNEXE 1
Caractéristiques des personnes interrogées

Entrepr.		Entretien		Exploitation		CCA
Code	Sexe	Date	Durée	Activ. ppale	Type autre act.	Type de CCA
1	F	22/06/2015	02:40:18	Élevage avicole	Polyculture céréalière, élevage bovin	Vente aux particuliers/comités d'entreprise
2	H	09/02/2016	01:33:52	Élevage avicole	Polyculture céréalière	AMAP/Marché
3	H	08/06/2016	02:51:49	Maraîcher	Aucun	Marché
4	H	15/06/2016	02:28:18	Maraîcher	Aucun	Amap/Cantine
5	H	15/06/2016	02:07:52	Élevage avicole	Polyculture céréalière	Vente à la ferme/PVC associé/Ruche qui dit oui
6	H	20/06/2016	01:55:35	Verger	Aucun	PVC-Associé/Marché
7	H	22/06/2016	01:31:18	Élevage avicole	Aucun	PVC - associé
8	H	22/06/2016	01:19:06	Élevage avicole	Aucun	Vente à la ferme
9	H	29/06/2016	00:53:57	Maraîcher	Aucun	Vente à la ferme/Marché/Livraison à domicile/Paniers
10	H	30/06/2016	01:45:26	Élevage avicole	Polyculture céréalière	PVC - associé
11	F	01/07/2016	01:29:40	Maraîcher	Aucun	AMAP/Panier/Magasin de producteurs
12	F	08/07/2016	01:15:45	Herbes	Agro-viticulture	Foire/Salon/Événementiel/Marché/Magasin bio/Amap/Ruche qui dit Oui

13	F	08/07/2016	01:47:58	Produits laitiers	Élevage vaches laitières	PVC-dépôt/vente aux particuliers
14	H	09/07/2016	02:08:11	Élevage avicole	Polyculture céréalière	PVC - associé
15	H	20/07/2016	01:42:00	Maraîcher	Horticulture	PVC/Marché
16	H	26/07/2016	01:20:12	Produits laitiers	Élevage vaches laitières	Marché
17	F	27/09/2016	02:31:01	Élevage avicole	Polyculture céréalière	Vente à la ferme
18	H	28/03/2017	01:52:54	Élevage avicole	Polyculture céréalière	Vente à la ferme
19	H	30/06/2017	01:46:07	Produit laitiers	Culture céréalière, élevage ovin	Vente à la ferme/Comité d'Entreprise
20	H	30/06/2017	02:00:15	Maraicher	Aucun	AMAP
21	H	27/07/2017	01:31:12	Maraicher	Verger	Vente à la ferme/dépôt-vente/ restaurateur/panier/site
22	H	01/08/2017	01:29:07	Maraîcher	Verger	Vente à la ferme/Livraison à domicile/ Marché
23	F	02/08/2017	01:02:22	Maraîcher	Polyculture céréalière	Panier/Vente à la ferme/Magasin spécialisé/Cantine/Restaurant

ANNEXE 2
Pressions vécues par les entrepreneurs en CCA

	Catégories de pressions	Principales organisations liées	Ressources
Pression socio-économique	Aval	Intermédiaires, clients	Accès à la clientèle
	Amont	Fournisseurs	Accès au matériel et aux intrants
	Informationnelle	Associations professionnelles, syndicats, cabinets de conseil, technicien, comptable	Accès à l'information, au savoir-faire
	Financière	Banques, Chambre d'agriculture, Conseil régional	Accès aux prêts, aux subventions
	Humaine	Pôle emploi et sites de recrutement	Accès à la main- d'œuvre
Pression réglementaire	Droit du travail et des sociétés	Comptable, législateur européen, national ; représentant politique local	Accès aux différents statuts
	Règles de production	Organisme certificateur	Accès aux agréments, label et certification
	Règles sanitaires	Vétérinaire	Accès à l'homologation
Pression liée aux croyances	Stéréotype relatif à l'agriculteur	La société, les agriculteur·rice·s	Réputation
	Stéréotype relatif au CCA	La société, les agriculteur·rice·s, financeurs, syndicats	
	Stéréotype envers la population	La société, les agriculteur·rice·s	
Pression liée à la nature	Aléa climatique	Centre de recherche, de formation et d'information	Savoir-faire : mécanismes de prévention et de défense, procédure
	Aléa prophylactique	Entreprises de produits phytosanitaires	
	Lutte contre les nuisibles (renards, aigles, loups, altises, etc.)	Vétérinaires	

EXPLORING THE POTENTIAL ROLE OF CROWDFUNDING FOR AGRI-FOOD TRANSITION

Sana ELOUAER-MRIZAK
Centre de recherche sur l'innovation et les stratégies industrielles, ULCO

INTRODUCTION

A food system is defined as a set of interrelated actors oriented towards meeting the food needs of a population (Rastoin, 2018). Unfortunately, the situations of malnutrition, of undernourishment mainly present in poor countries, or chronic diseases of food origin (obesity, diabetes, cardio-vascular diseases, cancers…) highlight the limits of this system. The multiple health, social and environmental crises have contributed to an environmental awareness of populations (Bonnin-De-Toffoli and Lazaric, 2013).

Consumers, now more responsible, want to eat better both for their health and for the preservation of the environment. We are moving from a passive consumer just consuming what companies produce, to a responsible consumer who pays great attention to the social, environmental and ethical characteristics of the products he buys (Bonnin-De-Toffoli and Lazaric, 2013). In this way, we are evolving from a mass industrial system to a system oriented by the objectives of sustainable development (Rastoin, 2020). According to Rastoin (2020), "*the change into the agri-food system is implemented according to four interdependent principles: product quality, autonomy, proximity and solidarity, in a strategy of sustainable food security*".

This transformation of the processes towards sustainable food systems is called Food Sustainability Transition (El Bilali and Allahyari, 2018). According to Allahyari (2009), sustainable agri-food system is a knowledge-intensive system that requires a new kind of knowledge, skills, technologies, and attitudes. One of the key levers to implement this transition is to find funds to support initiatives promising more sustainable agri-food systems. However, the focus on social and environmental goals rather than economic returns makes sustainability projects less attractive investments for professional investors than traditional entrepreneurial projects (Petruzzelli et al., 2019).

The crowdfunding emerges as a solution to finance entrepreneurial projects that couldn't be funded by traditional financing resources. It allows entrepreneurs to raise external funds by appealing to a crowd of people, who receive monetary or non-monetary rewards in return (Belleflamme et al., 2010; Belleflamme et al., 2014).

In this paper, we will explore the role of crowdfunding in promoting agri-food transition. Our starting point is that crowdfunding could not only financially support agri-food transitions by giving access to financial resources to initiatives supporting sustainability at a time when access to bank loans is complicated, but it can also raise awareness of the importance of the agri-food transition among users and the society. As such, crowdfunding could generate positive effects between the different dimensions of the agri-food system (technological, commercial, social and political dimensions) to transform it into a sustainable system. This recent mechanism to finance a variety of initiatives (Belleflamme et al., 2014; Fraser et al., 2015) could be a suitable tool to boost the transformation of our food system by taking into account consumers' expectations, and could help in changing community attitudes. In 2018, Eileen Gordon, founder the crowdfunding platform of Barnraiser asserts that: crowdfunding provides consumers the opportunity *"to vote with their forks at the grocery stores by choosing sustainable foods"*.

Our aim, in this research, is to show the potential role that crowdfunding could play in the agri-food transition. Two reasons motive our idea. On the one hand, crowdfunding has become a multi-billion-dollar industry (Figueroa-Armijos and Berns, 2021) reflecting the importance of this mode of financing. On the other hand, we are witnessing a social orientation of the crowdfunded projects (more projects with a positive impact on the environment and society).

Bessière and Stéphany (2014) explain that "the dynamics of the crowd, its evolution and its involvement are linked to the role played by social networks. They allow for a connection of actors, an immediate transmission of information, and they impose a reactivity of the actors to any communication of information or signal". In other words, crowdfunding mobilizes a growing number of individuals, thus promoting the diffusion of innovation and new ideas. The learning and participatory process enabled by crowdfunding are expected to change the ways in which things are understood, and consequently the ways in which decisions are made and actions are undertaken. According to Forssell and Lankoski (2015), learning and participation dynamics may be highly significant for sustainability (Forssell and Lankoski, 2015). Our paper contributes to the existing literature on crowdfunding by examining the potential of crowdfunding in improving agri-food transitions by allowing significant interactions between of user-producers and user-consumers.

To reach our goal, we will rely on Multilevel Perspective (MLP) theory, proposed by Geels (2002). This theory allows us to understand the stages of this important evolution of crowdfunding and how this emerging financing tool will be useful for agri-food transition. This theory considers that transitions results from three phases that are linked and reinforced each other. By introducing crowdfunding into the MLP theory, the three phases are: start-up phase (when alternative sources of funding were required), acceleration phase (the success of this method of funding and the use of this tool by several project leaders and different actors of the ecosystem) and stabilization phase (even large-scale projects are funded, and the number of platforms as well as the size of the amounts raised).

Our paper is organized as follows: first we present the theoretical framework of our study, and then we apply the MLP theory to crowdfunding. After that, we present our methodology before presenting the main results of our analysis. Finally, we conclude and discuss our results.

1. THEORETICAL FRAMEWORK: MULTI-LEVEL PERSPECTIVE (MLP)

The socio-technical transitions are characterized by technological modifications and changes in our attitudes (Allahyari, 2009) that generally set the change. The involvement of several parties (individuals, small companies, large companies, public actor, etc.) and the presence of several variables make this transition process complex. The multilevel perspective (MLP) approach allows us to understand the emergence of transitions and take into account this complexity (Geels, 2002; Geels and Schot, 2007). This framework proposes that changement results from emerging innovations that arise from group of actors, such as end-users, entrepreneurs and start-ups, operating in the protected space where special requirements are proposed to generate new artefacts and prototypes (Barbier and Elzen, 2012). Rip and Kemp (1998) and Geels (2002; 2005) assess that transitions result from the interplay of development of three levels: niches which are the locus for radical innovations, socio-technical regimes which are the locus of established practices and associated rules that stabilize existing systems, and an exogenous sociotechnical landscape.

The trigger element for the transition is a factor that puts pressure or constraint on the current regime that does not meet the demand of a group of users. This constraint will lead to the creation of an innovation allowing its users to find a solution to their problems. This pressure will destabilise the functioning and rules of the current regime, creating an opportunity to develop new ideas that will be the solutions to the constraints of the current system, they are called niche innovators. Testa et al. (2019) define niche innovators as "end-user(s) and thus "the end-consumer" of a given product or service" (p. 68). Schot et al. (2016) propose the concept of user rather than consumer, because the concept of consumer reflects only the commercial side. It implies that the individual is just purchasing the product (Schot et al., 2016), while the concept of user reflects the utility of the product for the individual. These users play in important role in "initiating, accelerating and stabilizing transitions" (Schot et al., 2016, p. 1). Since users innovators are the first adopters of the innovation product, they will be key players in the diffusion process of this niche innovation.

Moving from one level to another depends on the different roles that the user of the innovation can play (Schot et al., 2016). When an innovation starts to spread among the population of early adopters, there is an acceleration of diffusion (Corbel, 2014) resulting from network externalities that act as an accelerator (Tellis et al., 2009). Following the early adopters, other people will do the same and behave like the others; they are called mimetic, thereby increasing the number of adopters of this innovation. This interest for innovation leads to an increase in the number and type of adopters. Simpson (2015) asserts that: "the diffusion of innovations is a social process involving the adaptation, adoption and integration of new technologies and practices and the reconstruction of entire production systems involving many individuals" (p. 7). The niche's development has a higher chance of success when it is adopted and developed by new actors. The process of diffusion will not only facilitate the adoption of given radical new technological products or practices, but also it will help stimulation and implementation of various factors and elements generating a new socio-technical system. The latter is the result of a dynamic process, driven by interactions between new technologies, user preferences and institutional frameworks (Schot et al., 2016). Users not only adopt the innovative niche, but also they will adapt it to their expectations: "user needs and demands are actively constructed during the transition, rather than merely "discovered' by producers" (Schot et al., 2016, p. 3).

This analytical framework allows us to understand the dynamics that drive transitions in socio-technical systems, from the emergence of innovation niches to their adoption and application. The main challenge is to understand how changes in the financial domain can support sustainable initiatives to achieve a sustainable transition.

2. INTRODUCING CROWDFUNDING INTO MLP FRAMEWORK

"Crowdfunding involves an open call, mostly through the Internet, for the provision of financial resources either in form of donation or in exchange for the future product or some of reward to support initiatives for specific purposes" (Belleflamme et al., 2010, p. 4). A capital seeker presents his project on a platform's webpage to the crowd and the funding is realized when a number of capital providers contribute to attaining the target amount. Prior studies examined motives behind entrepreneurs' use of crowdfunding (Gerber et al., 2012; Onnée and Renault, 2014), and factors of success or failure of a crowdfunding campaign (Mollick, 2014; Corbel et al., 2018).

Apart collecting funds, entrepreneurs' motives are multiple. They aim raising public attention around their projects and receive feedback in order to build their customer communities. Through crowdfunding campaign, entrepreneurs are testing the market by giving visibility to their ideas, thus helping to promote their products and to create a customer community with low costs, and could offer a product in line with the crowd expectations. Concerning contributors' motivations, we find the willingness to support small entrepreneurs particularly when they identify with the project's goal. Crowdfunders' motivations could be either the satisfaction of being engaged in financing a project and interacting with the project's team or the producer, or being part of a community that shares similar priorities (Mariani et al., 2017). It is possible that these crowdfunders want to attract funders for their own project (Mariani et al., 2017). In return, capital provider could expect or not a reward depending on the crowdfunding campaign model. Mollick (2014) defines four main contexts in which individuals fund projects. The first model is called "the patronage model" where funders did not expect a direct return for their donations. For the other three models, the funders receive a reward in return, monetary or non-monetary depending on the campaign model. These are "the lending based model", "the reward based model", and "the equity crowdfunding model".

The evolution of the amounts raised via crowdfunding is spectacular. In 2017, €940 million were collected by French alternative finance actors, a 50% increase compared to 2016[1]. As shown in figure 1, between 2017 and 2020, the amount raised for loan campaigns has increased by around 280%. The reason of its success could be its form, which allows to finance companies, from start-ups to large companies.

Due to this progress, crowdfunding is rapidly regarded as an alternative tool to finance sustainable entrepreneurial projects, thus removing the barriers to raising capital, the main obstacle to sustainable projects. Due to their social and environmental goals, these projects as less attractive ventures compared to traditional entrepreneurial businesses with economic returns (Choi and Gray, 2008). Crowdfunding become the main way to fund sustainable projects (Petruzzelli et al., 2019; Laurel et al., 2019). Geddes and Schmidt (2020) emphasize the role of finance, namely the reorientation of financial capital, in achieving a socio-technical transition. In this sense, we assume that crowdfunding contributes to the implementation of the agri-food transition.

Initially, crowdfunding has emerged as a solution for funding ideas that cannot access traditional funding[2] (start-up phase). The producers of these solutions will themselves be the users and will try to convince other users to adopt them. Once the dynamic is launched, the role of the user (Figure 1) will not only be limited to the production and consumption of this innovation, but will be the legitimator for validating and approving this innovation by other actors, who will consequently abandon the initial scheme (acceleration phase). This growing interest in crowdfunding has attracted the attention of other actors (banks, SMEs, large companies). The latter have set up collaborations with crowdfunding platforms, some of them even using it to finance their projects.

1 Financement Participatif France (2017). Le crowdfunding, sûrement pas un effet de mode | FPF Financement Participatif France – financeparticipatif.org (financeparticipative.org)

2 In 2007, Michael Goldman launches crowdfunding to finance musicians.

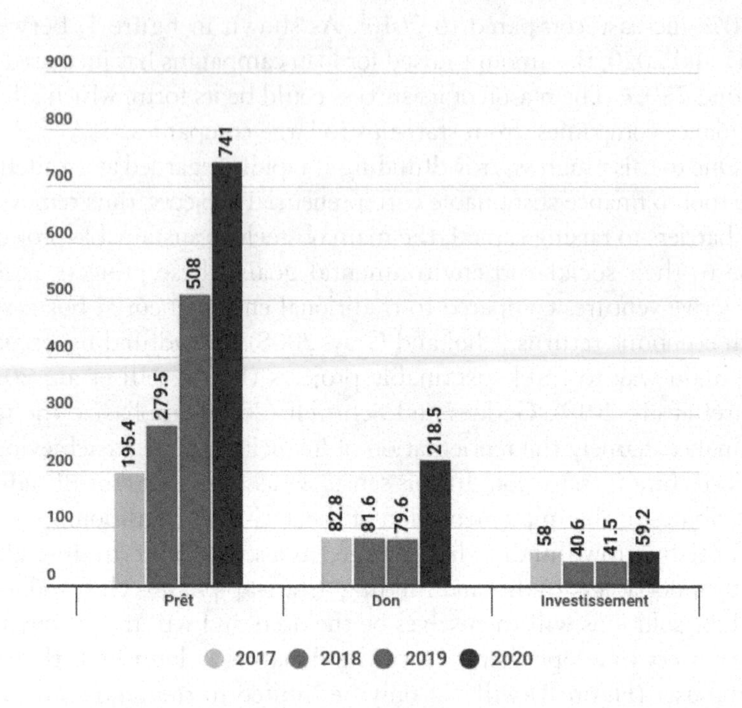

Source: Baromètre Financement Participatif France FPF.

FIG. 1 – Crowdfunding evolution between 2017-2020 (from left to right).

To adapt to this change in the financial sector and protect themselves against this threat or seize this opportunity, other organizations (such as banks and large corporations) are adapting their strategies. The seminal work of Simon, Cyert and March in the 1960s considered companies as dynamic and continuous decision processes (Coriat and Weinstein, 2010). According to these authors, companies modify their behaviour and their perception of things over time, and organize themselves to discover new activities quickly and efficiently. They adapt their conduct over time based on the results of previous actions. This process of dynamic adoption by different actors will boost to the establishment of a new socio-technical system (stabilization phase).

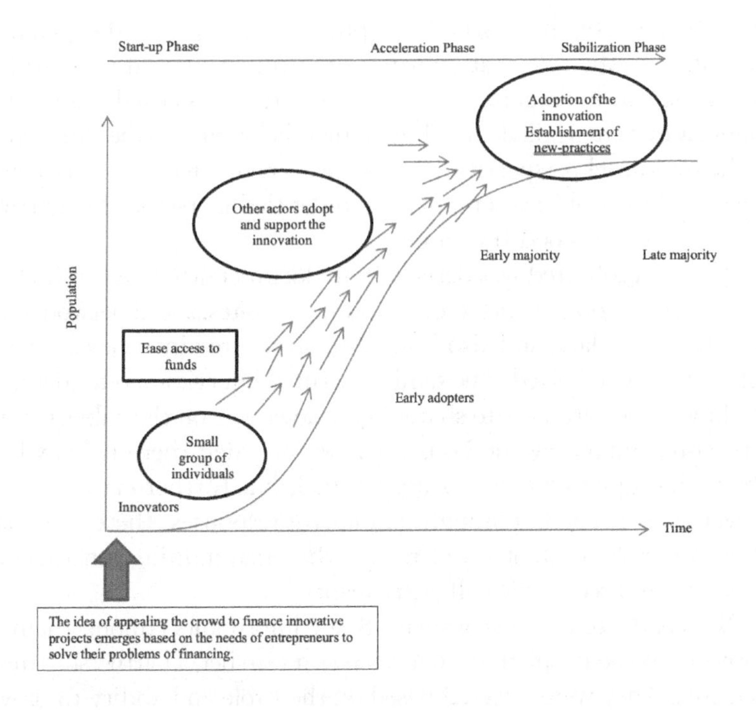

FIG. 2 – User roles and transition dynamics (adapted from Schot et al. 2016).

3. RESEARCH METHODOLOGY AND DATA COLLECTION

To achieve our goal, we adopted a qualitative case study approach. It is a particular technique of collecting, presenting and processing information that seeks to account for the evolving and complex nature of phenomena concerning the social system with its own dynamics. The objective of the case study is to reveal the trajectory followed by the phenomena studied in order to identify their particularities. This methodology is recommended for studying emerging contemporary phenomena in their context (Stake, 1995, Yin, 1993, 2014), but also when the objective of the research is to answer the "how" and "why" questions and when the boundaries between process and context are not clear. In our case, this method will provide contextual and explanatory insights into the role that crowdfunding might play in the agri-food transition. In this regard, a multiple case study was used (Yin, 2009). Eight cases were studied according to their belonging to the three phases of the multilevel perspective, namely the start-up phase, the acceleration phase and the stabilization phase, in order to understand the dynamics favoring the agri-food transition.

The data collected was derived from documentary research (webinar reports, policy documents, crowdfunding websites, social networks, etc.) and statistical data, and also from semi-structured interviews with the actors directly involved. The semi-structured interviews were conducted to allow the informants to share their knowledge on the subject. Semi-structured interview methods are relevant when there is knowledge about the topics or issues being studied, but further clarification or reflection is needed. Through qualitative responses, these interviews allow for exploration of key elements while maintaining consistency of approach and scope with all participants.

We conducted interviews with 8 key informants (among them, we have entrepreneurs, platform managers, a researcher, a partnership manager, etc.). They were selected based on their role and ability to provide insights into the interactions that could drive the agri-food transition. The interviewees were contacted by e-mail, telephone, and linkedIn in order to set up interview meetings. Interviews lasted approximately 30 to 75 minutes. Table 1 provides a summary of the interviewees during the data collection phase and includes their occupations. Figure 3 provides an overview of the interpretation process that we followed to analyze the data collected. All interviews were recorded and transcribed verbatim to facilitate the qualitative analysis process. The treatment, and in particular the interpretation of the data will be carried out on the basis of the following two fundamental questions: 1) how to take advantage of the current knowledge and theory to deal with the cases studied? 2) what lessons can be drawn from the exploitation of the cases for future studies, i.e. how can we capitalize on the knowledge acquired through the processing of our data? (Leplat, 2002).

TAB. 1 – Summary of interviews.

Interviewees	Professional Role	Organization	Date of interview
1	Platform manager	Crowdfunding Platform	12 February 2019
2	Academic researcher	University	29 March 2019
3	Entrepreneur		22 February 2019
4	Partnership manager	Crowdfunding Platform	16 February 2021
5	Entrepreneur		19 June 2018
6	Platform manager	Crowdfunding Platform	17 February 2021
7	Platform manager	Crowdfunding Platform	10 February 2021
8	Entrepreneur		04 February 2019

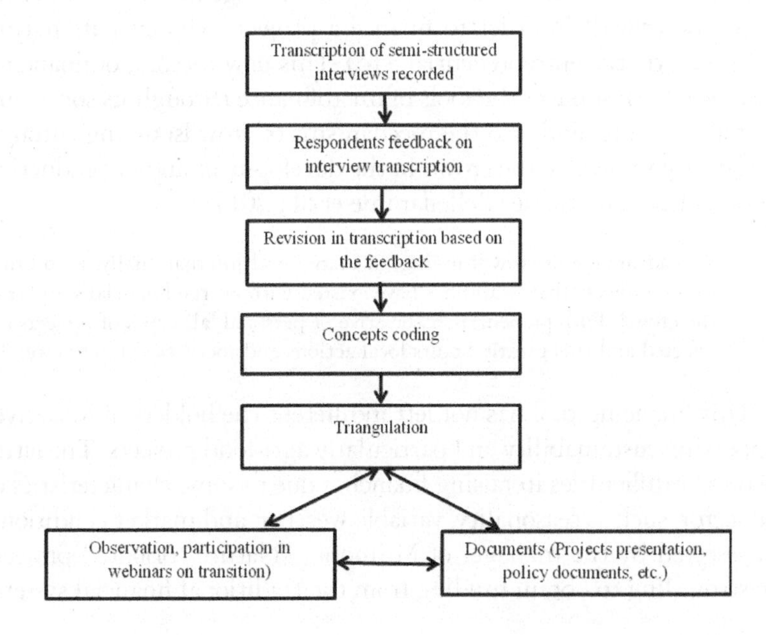

FIG. 3 – Empirical material interpretation process (adapted from Rashid et al., 2019).

4. THE DYNAMICS OF CROWDFUNDING TO SERVE THE AGRI-FOOD TRANSITION: THE CONTRIBUTION OF MLP THEORY

Our objective is to show how crowdfunding could help the agri-food transition by triggering interactions between different actors. Agri-food transition's challenges imply a transformation of the actual agri-food system towards sustainable food and agriculture. Based on MLP theory, this transformation will occur in three phases: niche, regime, landscape.

4.1. FIRST PHASE: THE NICHE OR START-UP PHASE

Crowdfunding has emerged as an alternative mode of funding for entrepreneurial and innovative projects that fall to obtain funding from traditional capital markets (Assadi, 2018; Kirby and Worner, 2014). It is a way of collecting financial resources from a large number of Internet users (the crowd) in order to finance a project, whatever its nature (cultural, artistic, entrepreneurial, etc.). This new method of financing integrates both some of the tools of microfinance through its social and accessible nature, and also the mechanisms of crowdsourcing through its capacity to involve the crowd in the development and/or production process of the enterprise (Belleflamme et al., 2014).

> The advantage of crowdfunding, in France and internationally, is to bring to life projects that would not have existed without the financial support of the crowd. Entrepreneurial, associative or personal, all types of projects are affected and this greatly boosts local actions and social ties (Interviewee 1).

This financing tool has not left indifferent the holders of initiatives supporting sustainability and particularly agri-food projects. The latter encounter difficulties in raising financing due to some characteristics of the sector, such as seasonality, variable weather, and market conditions. As asserted by the manager of Miimosa[3], "Nature" oriented projects are struggling to obtain funding from the traditional financial system.

---

3 Miimosa is a crowdfunding platform specialized in financing projects in the agricultural and food sector.

Crowdfunding is not only a funding tool, it is also a way to communicate and increase visibility of an innovation, a project, or a new behaviour. At the beginning of the campaign, the entrepreneur publishes a description of his project that will be posted on the platform's website. During the campaign, the entrepreneur shares different informations with the contributors, who will be able to follow the evolution of the project.

> Crowdfunding pushes the project leader to publicise his or her project as widely as possible in order to obtain public funding. It therefore brings certain projects to the forefront of the stage and points the finger at other issues that would have been underreported or insufficiently raised without these projects (Interviewee 8).

Consequently, the entrepreneurs have to set up a communication strategy (mainly through social networks, blogs or tools proposed by the platform) and eventually produce a video to present the project (Bonet and Sastre, 2016). He will also be able to communicate in a positive way about his project and broaden his audience and/or strengthen his links with his communities. The key to the success of a crowdfunding campaign often depends on the ability to mobilize large social or other traditional networks (Mollick, 2014). Furthermore, crowdfunding campaign is considered as an opportunity for business development of a company. Contributors are future customers who can be ambassadors for the product and the project idea. Consumers have become not only the receptacles but also co-creators of new products (Pieniążek, 2014) and the project's best ambassadors. They become active actors in selecting what, where and how to produce food.

> Another advantage of crowdfunding is the gathering of a community of interest around a project: the creation of a group of people who support and inquire about its evolution in the future (Interviewee 1).

Interaction and co-participation between contributors and entrepreneurs allow certain environmental or health risks or issues to be highlighted. They improve the ethics, environmental sustainability, and quality of food products (Pronti and Pagliarini, 2019). The dissemination of information in their networks will trigger a process of diffusion and adoption of an innovation or an initiative. Indeed, through communication during the crowdfunding campaign, the project leader will be able to make people aware of a particular sustainable issue of his or her project or to show the consequences of current consumption habits on the environment and society (food waste, pollution, etc.). The learning enabled by crowdfunding is supposed to change the understanding of things, the representations and consequently the ways of deciding and acting. Based on this idea crowdfunding could be used as a tool to raise awareness about the transformation of current agri-food systems into sustainable systems.

> Through crowdfunding, food-related projects raise awareness of the urgent need to transform our food system. Beyond a method of financing, it is a great way to get people on board by making them aware that food, a branch of ecology, is today essential for the future of our planet and ours (Interviewee 4).

Moreover, interviewee 3 asserts that:

> Through the project's description and messages published during the campaign, participating to a crowdfunding campaign can improve funders' knowledge of agriculture and food issues. For example for agricultural projects, we find raising awareness about overproduction linked to public subsidies in rich countries comparing to underproduction generally in less developed countries, sensitize the crowd to the effects of climate change that threaten the food self-sufficiency of many developing countries, pinpointing environmental problems caused by the misuse of plant protection products...

Therefore, crowdfunding provides a space for the sustainable consumer to express their opinions on sustainability issues. It is an excellent way to engage individuals by making them aware that food is now essential for the future of the planet and sustainable development. The educational usefulness of crowdfunding and the change in the attitudes of a part of the consumers have given a greater scope to this mode of financing.

> Today, we have a large community of people who are interested in agricultural and food conditions, and being able to reach this community allows the farmer to give visibility to the products he proposes, to make people discover his products and to explain his production through education. This brings the producer closer to the consumer.

It could help motivate people to achieve a sustainable society and reduce the negative effects of the food industry giants by supporting alternative food sources. The transition of these systems will require a strong commitment from all players, under pressure from consumers or politicians.

In this start-up phase, crowdfunding as a financial innovation offers a dynamic environment where pedagogical processes of learning and experimentation are taking place that allow for the development of innovations that meet the objectives of the transition. Sharing information about projects with the global audience during the campaign, will serve to share and diffuse knowledge and act as "an educational tool" when it comes to agri-food practices innovations.

> For many consumers, crowdfunding of food is a big part of their identity and story. Crowdfunding of food is a great way to engage in specialized products, that supports your believes and priorities: animal welfare, taste, production methods, etc. (Interviewee 8).

4.2. SECOND PHASE: THE REGIME OR ACCELERATION PHASE

The success of this financial niche as a source of financing for sustainable projects and as an educational tool to raise awareness of the challenges of the transition has led, on the one hand, to put in place a regulatory framework allowing its development and, on the other hand, to attract other players in the agri-food system.

Note that a food system is "a network of interdependent actors (companies, financial institutions, public and private organizations), located in a geographical space (region, state, multi-country space), and participating directly or indirectly in the creation of flows of goods and services oriented towards the satisfaction of the food needs of one or more groups of consumers locally or outside the space considered" (Rastoin, 2015). Thus, for this niche to be stable, it must not be carried solely by individual entrepreneurs but by other actors capable of having a great impact on society. In other words, the effort of the crowd must be accentuated and supported by the other actors of the agri-food system to implement this transformation. The success of crowdfunding has attracted several actors from different sectors and of different sizes (banking institutions, large companies and even associations).

> Many wealthy companies are starting to use crowdfunding as a way to fund new products and gain a competitive edge (Interviewee 3).

A review of the websites of financial institutions and crowdfunding platforms shows that the majority of them have indeed entered into partnerships. This collaboration between banks and crowdfunding platforms allows to banks to catch liquid savings without increasing their risk exposure (Cieply and Le Nadant, 2016). Moreover, several banks are creating their own platform, such as Royal Bank of Scotland. Banque Populaire, for example, announced in April 2015 the launch of a local platform, Proximea, in Nantes. Besides, aware of the urgency of the transition's challenges and to address the changing attitudes of the society, banks and large companies, in collaboration with crowdfunding platforms, have launched a program "Act for Food" of concrete actions for the agri-food transition. Since 2018, BNP Paribas, through its partnership with Ulule, has been working to better identify these impact entrepreneurs and help them launch their projects. They support projects offering an innovative product or service with a positive impact on the environment or society, thus giving greater scope to this method of financing.

> At BNP Paribas and Ulule, we are convinced that innovation is useful for changing the world: to help citizens make their own transitions, to invent new and virtuous solutions, to have a positive impact on society[4].

Agri-food companies are also using crowdfunding to develop new processes in order to increase food security. For example, in 2015 Novolyze launched a crowdfunding campaign for a project aimed to reduce food infections. The project of this French food safety company is to offer an innovative solution that improves the prevention of pathogenic risks in food products in order to intervene upstream and not downstream, as is the case with traditional health controls.

At the beginning of 2019, Carrefour, Europe's leading retailer, announced that it will be associated with the launch of the "MiiMOSA transition" project for agricultural transition. Following its Act for Food transition campaign, Carrefour support local producers in their conversion to organic farming with a call for projects aimed at Walloon producers. The collaboration between Carrefour and MiiMOSA aims to offer assistance to producers wishing to move towards more sustainable agriculture.

4 BNP Paribas – Ulule.

> 57% of farmers declare that their collection helped finance their first agro-ecological transition project; 66% of entrepreneurs declare that the collection enabled them to engage in their first food transition project (zero waste, anti-waste) (Interviewee 4).

Interviewee 4 continued:

> Miimosa has exploded exploitation in every sense of the word. Beyond the financing, we have had many other positive effects and if this continues, we will be obliged to produce on an additional hectare.

From the side of universities, agri-food researchers call on crowdfunding to obtain funds for their not-for-profit research work. As an illustration, researchers at the French National Institute for Agricultural Research have launched a crowdfunding campaign to collect funds for to develop a food recipe book adapted to the masticatory capacity of elderly people. Recipes must be both nutritionally validated, easy to realize and especially appreciated by elderly people with oral disorders.

> Aging is often accompanied by oral disorders (loss of teeth, decreased salivary flow) that can make eating difficult, or even lead to deficiencies or undernutrition (Interviewee 2).

In response to the 2011 food crisis, the French Red Cross decided to launch a sustainable development project to support agriculture and ensure access to water, to improve the food security of the Maasai population. To carry out this project, the Red Cross association decided to launch a crowdfunding campaign. On their part, the Rotary e-Club Premier charity has launched a crowdfunding campaign to send baby formula to the Sanyu Babies' Home in Kampala to build up a reserve stock to ensure food security for the orphaned babies. In addition, the project also aims to establish a nutritional self-sufficiency program by creating a dairy farm to be managed by the orphanage.

While taking advantage of access to funding and interesting communication thanks to digital, organizations are increasingly interested in crowdfunding to draw the attention of the crowd to the issues of transition. The involvement of banks, large companies and other organizations in this development is therefore part of a logical and coherent process of transformation of the current agri-food system (the socio-technical regime). In this sense, crowdfunding appears as the outcome of the evolution of the financial system (Cieply and Le Nadant, 2016) with the objective of supporting the agri-food transition.

4.3. THIRD PHASE: THE LANDSCAPE OR STABILIZATION PHASE

This new regime, in our case the existing agri-food system composed by institutions, public policies as well as production norms and actor networks, exerts influence to stabilize the landscape. The latter is the political, cultural and institutional environment that structures the emergence and dissemination of an innovation. In other words, the landscape refers to a broader socio-economic and political context that includes political ideologies, social values, and dominant macroeconomic trends that have the capacity to influence regime and niche-level dynamics (Geels, 2011).

According to Geddes and Schmidt, 2020, "the institutions aiming to improve technological niche – financial regime interactions can be powerful if designed to operate as part of the finance regime while also utilising actors from both the finance regime and technology niche". In this manner, the institution can conceive and implement policy interventions that both match with the niche innovation and transform the agri-food sector During a webinar organised by the crowdfunding platform Miimosa specialised in agriculture on 11 February 2021, an ex-former Minister of Economy, entrepreneur, said that "the creation of a tax niche can encourage savers to move more towards crowdfunding".

Tax incentives may motivate individuals to invest their savings in crowdfunding, but regulations that protect them in case of default will increase their confidence. According to Keynes (1963), forward-looking confidence is as a necessary condition for any investment decision.

Moreover, communicating on environmental impacts and clearly presenting the objectives to be reached will have an impact on citizens' behavior and their consumption decisions.

CONCLUSION AND DISCUSSION

In this article, our objective is to show the potential of crowdfunding to boost the agrifood transition, i.e. the modification of current agricultural and food systems. By using the multi-level theory, we were able to highlight the dynamics generated by this mode of financing, to foster this transition. According to this theory, the transition goes through three levels: the niche, the regime and the landscape.

The contributions of this work are both conceptual and empirical. Conceptually, we have integrated financial innovations, i.e. crowdfunding, as a catalyst element of this transition. Whereas in MLP theory, the issue of technologies appears as an important dimension in the initiation of sustainable transitions. Empirically and on the basis of a qualitative study, we show that this mode of financing not only offers access to funding for projects that struggle to convince traditional financiers, but its pedagogical usefulness allows the crowd to become aware of some risks or environmental or health issues. It also allows a collective co-design of an offer that is adequate to the demand.

Crowdfunding is a good tool to connect actors who care about sustainability, health and wellness. With the help of digital technology, the transmissive pedagogy of crowdfunding corresponds to the dissemination of knowledge, and allows the crowd to move to a state of knowledge of the agri-food transition issues, thus creating a dynamic and amplifying effect (more organizations adopting and adapting their strategies to crowdfunding) allowing to move from one level to another, from the start-up phase to the regime phase. Several decision-makers and public actor are aware of the need to act and have identified different priorities among which we find: guaranteeing food security, calls for local and solidarity food projects, the national program for healthy and balanced food, a plan for structuring the agri-food sector, etc. Many companies and organizations have ambitious objectives, for example: "Eating is acting on the environment and health", "together for the food transition". Certainly, the agri-food transition is underway, but there is still a lot to do.

The transition to the macro level and the stabilization of this level require additional interventions to accelerate the transition. For example, it is recommended to think about highlighting the future benefits of investments in agri-food projects to encourage investors to do business and also imposing the necessary changes on industrial giants to meet the challenge of sustainability of the food system.

As future paths of research, a question that should be addressed is: what is the optimal strategy to improve this process of learning and dissemination of sustainable innovation and to make it accepted and adopted by the actors of the agri-food system?

REFERENCES

Allahyari M. S., 2009, "Agricultural sustainability: implications for extension systems", *African Journal of Agriculture Research*, vol. 4, n° 9, p. 781-786.

Assadi D., 2018, « Crowdfunding: vers de nouveaux paradigmes de l'innovation? », *Innovations*, vol. 2, n° 56, p. 5-14.

Barbier M., Elzen B., 2012, *System Innovations, Knowledge Regimes, and Design Practices towards Transitions for Sustainable Agriculture.* Inra [online], posted online November 20, 2012. URL: http://www4.inra.fr/sad_eng/Publications2/Free-e-books/System-Innovations-for-Sustainable-Agriculture (15/06/2022).

Belleflamme P., Lambert T., Schwienbacher A., 2010, "Crowdfunding: An Industrial Organization Perspective", Prepared for the workshop *Digital Business Models: Understanding Strategies'*, p. 25-26.

Belleflamme P., Lambert T., Schwienbacher A., 2014, "Crowdfunding: Tapping the Right Crowd", *Journal of Business Venturing*, vol. 29, p. 585-609.

Bessière V., Stéphany É., 2014, « Le financement par *crowdfunding*: quelles spécificités pour l'évaluation des entreprises? », *Revue française de gestion*, n° 242, p. 149-161.

Bonet L.,Sastre E., Ripoll M., 2016, « Le financement participatif, une alternative à la politique culturelle? », *Nectart*, 2, 121-129.

Bonnin-De Toffoli C., Lazaric N., 2013, « Consommation durable et sécurité alimentaire », *Revue juridique de l'environnement*, vol. 38, n° 4, p. 625-635.

Choi D.Y., Gray E.R., 2008, "The venture development processes of 'sustainable' entrepreneurs", *Management Research News*, vol. 31, issue 8, p. 558-569._

Cieply S., Le Nadant A., 2016, « Le *crowdfunding*: modèle alternatif de financement ou généralisation du modèle de marché pour les *start-up* et les PME? », *Revue d'économie financière*, n° 122, p. 255-272.

Corbel P., Charreire-Petit S., Dubocage E., 2018, « Crowdfunding: les trajectoires du succès… ou de l'échec », *Innovations*, vol. 2, n° 56, p. 239-266.

Corbel P., 2014, « Le processus de diffusion des innovations dans la nouvelle ère numérique », Conference paper, *5e rencontre du Groupe de recherche thématique « Innovation » de l'AIMS.* At: Luxembourg. DOI:10.13140/2.1.5191.8409.

Coriat B., Weinstein O., 2010, « Les théories de la firme entre 'contrats' et 'compétences' », *Revue d'économie industrielle* [En ligne], 129-130 | 1er et 2e trimestres 2010, document 4, mis en ligne le 15 juin 2012, consulté le 23 février 2022. URL: http://journals.openedition.org/rei/4142; DOI: https://doi.org/10.4000/rei.4142.

El Bilali H., Allahyari M.S., 2018, "Transition towards sustainability in agriculture and food systems: Role of information and communication technologies", *Information Processing in Agriculture*, vol. 5, n° 10, p. 2-9.

Figueroa-Armijos M., Berns J.P., 2021, "Vulnerable Populations and Individual Social Responsibility in Prosocial Crowdfunding: Does the Framing Matter for Female and Rural Entrepreneurs?", *Journal of Business Ethics*, Early Access, Jan. 2021, p. 1-18.

Forssell S., Lankoski L., 2015, "The sustainability promise of alternative food networks: an examination through 'alternative' characteristics", *Agriculture and Human Values*, 32, p. 63-75.

Fraser S., Bhaumik S.K., Wright M., 2015, "What Do We Know about Entrepreneurial Finance and Its Relationship with Growth?", *International Small Business Journal*, vol. 33, issue 1, p. 70-88.

Geddes A., Schmidt T.S., 2020, "Integrating finance into the multi-level perspective: Technology niche-finance regime interactions and financial policy interventions", *Research Policy*, vol. 49, issue 6, 103985, ISSN 0048-7333.

Geels F.W., 2002, "Technological transitions as evolutionary reconfiguration processes: A multi-level perspective and a case-study", *Research Policy*, vol. 31, issues 8-9, p. 1257-1274.

Geels F.W., 2005, "The dynamics of transitions in socio-technical systems: A multi-level analysis of the transition pathway from horse-drawn carriages to automobiles (1860-1930)", *Technology Analysis and Strategic Management*, vol. 17, issue 4, p. 445-476.

Geels F.W., 2011, "The multi-level perspective on sustainability transitions: Responses to seven criticisms", *Environmental Innovation and Societal Transitions*, 1, p. 24-40.

Geels F.W., Schot J., 2007, "Typology of sociotechnical transition pathways", *Research Policy*, vol. 36, issue 3, p. 399-417.

Gerber E.M., Hui J.S., Kuo P.-Y., 2012, "Crowdfunding: Why people are motivated to post and fund projects on crowdfunding platforms". In *Proceedings of the International Workshop on Design, Influence, and Social Technologies: Techniques, Impacts and Ethics.*

Keynes J.M., 1936, *The General Theory of Employment, Interest and Money*, Mac Millan.

Kirby E., Worner S., 2014, "Crowd-Funding: An Infant Industry Growing Fast", *Staff Working Paper* of the IOSCO Research Department, SWP 2014/3, Madrid, OICVIOSCO.

Laurell Ch., Sandström Ch., Suseno Y., 2019, "Assessing the interplay between crowdfunding and sustainability in social media", *Technological Forecasting and Social Change*, vol. 141, issue C, p. 117-127.

Leplat J., 2012, « De l'étude de cas à l'analyse de l'activité », *Perspectives interdisciplinaires sur le travail et la santé* [En ligne], 4-2 | 2002, mis en ligne le 23 septembre 2012, http://journals.openedition.org/pistes/3658; DOI: https://doi.org/10.4000/pistes.3658 (15/06/2022)

Mariani A., Annunziata A., Aprile M.C., Nacchia F., 2017, "Crowdfunding and wine business: Some insights from Fundovino experience", *Wine Economics and Policy*, http://dx.doi.org/10.1016/j.wep.2017.02.001 (15/06/2022).

Mollick E., 2014, "The dynamics of crowdfunding: An exploratory study", *Journal of Business Venturing*, 29, p. 1-16.

Onnée S., Renault S., 2014, « Le crowdfunding: quels enjeux pour la construction d'un réseau communautaire? », *Revue Sciences et Société*, n° 91, p. 116-133.

Petruzzelli A.M., Natalicchio A., Panniello U., Roma P., 2019, "Understanding the crowdfunding phenomenon and its implications for sustainability", *Technological Forecasting and Social Change*, vol. 141, p. 138-148.

Pieniążek J., 2014, "Crowdfunding and New Trends in Consumer Behaviour". MINIB—Marketing of Scientific and Research Organizations. https://doi.org/10.14611/minib.12.02.2014.10 (15/06/2022).

Pronti A., Pagliarino E., 2019, ""Not Just for Money. Crowdfunding a New Tool of Open Innovation to Support the Agro-Food Sector. Evidences on the Italian Market", *Journal of Agricultural & Food Industrial Organization*, vol. 17, n° 1, p. 1-16.

Rashid Y., Rashid A., Warraich M A., Sabir S., Waseem A., 2019, "Case Study Method: A Step-by-Step Guide for Business Researchers", *International Journal of Qualitative Methods*, vol. 18, p. 1-13.

Rastoin J.-L., 2015, *Dynamique du système alimentaire français*, Économie et Gestion agro-alimentaire, Cergy.

Rastoin J.-L., 2018, « Accélérer la transition vers une alimentation durable par un changement de paradigme scientifique et économique et des politiques publiques innovantes », *Systèmes alimentaires / Food Systems*, n° 3, p. 17-27.

Rastoin J.-L., 2020, « Éditorial. Crises sanitaires, résilience et refondation des systèmes alimentaires », *Systèmes alimentaires / Food Systems*, n° 5, p. 17-31.

Rip A., Kemp R., 1998, "Technological Change". In S. Rayner and L. Malone (ed.) Human Choice and Climate Change, Vol. 2: Resources and Technology. Batelle Press, Washington D.C., p. 327-399.

Royer A., St-Pierre J., 2020, « Facteurs qui entravent ou facilitent l'expansion des PME en croissance rapide de l'industrie bioalimentaire », *Document de travail* Cirano.

Schot J., Kanger L., Verbong G., 2016, "The roles of users in shaping transitions to new energy systems", *Nature Energy*, vol. 1, n° 5, p. 1-7.

Simpson B.M., 2015, "Planning for scale: Using what we know about human behaviour in the diffusion of agricultural innovation and the role of agricultural extension", *MEAS Technical Note.*

Stake R.E., 1995, *The art of case study research*, London, Sage Publications.

Tellis G.J., Yin E., Niraj R., 2009, "Does quality mean? Network effects versus quality in high-tech markets", *Journal of Marketing Research*, vol. 46, n° 2, p. 135-149.

Testa S., Nielsen K.R., Bogers M., Cincotti S., 2019, "The role of crowdfunding in moving towards a sustainable society", *Technological Forecasting & Social Change*, vol. 141, p. 66-73.

Yin R.K. 2014, *Case study research: Design and Methods*, Sage publications.

Yin R.K., 2009, "How to do better case studies", *The SAGE Handbook of Applied Social Research Methods*, 2, p. 254-282.

Yin R.K., 1993, "Applications of case study research", *Applied Social Research Series*, 34, London, Sage.

ÉCOSYSTÈME EN RÉGION RURALE ET CAPACITÉ D'INNOVATION DES PME AGROALIMENTAIRES QUÉBÉCOISES

Josée St-Pierre
Université du Québec à
Trois-Rivières
Institut de recherche sur les PME

Annie Royer
Université Laval, Québec
Département d'économie
agroalimentaire et sciences de la
consommation

Crispin A. Enagogo
Université du Québec à
Trois-Rivières
Institut de recherche sur les PME

INTRODUCTION ET PROBLÉMATIQUE DE RECHERCHE

Depuis de nombreuses années, on reconnaît le rôle essentiel des petites et moyennes entreprise (PME) pour assurer la vitalité économique des territoires, et leur contribution à l'emploi et à la création de richesse (OCDE, 2019). Cette contribution n'est toutefois pas uniforme, étant induite par un pourcentage limité d'entreprises qui réalisent une croissance nettement supérieure à leur domaine d'activité et qui est alimentée par l'innovation. Au Royaume-Uni, par exemple, l'étude de Anyadike-Danes et Hart (2018) montre que ces firmes ne représentent que 6 % du nombre total d'entreprises mais seraient à l'origine de 54 % des créations nettes d'emplois.

L'innovation est vue sous l'angle des capacités de l'entreprise de satisfaire les besoins changeants des clients en introduisant des produits nouveaux ou améliorés sur le marché, cette nouveauté pouvant résulter notamment de l'amélioration des procédés ou de nouvelles façons de faire (Della Corte *et al.*, 2018). Dans les PME, l'innovation résulte des combinaisons de plusieurs ressources qui leur sont endogènes, car générées directement à partir des capacités et des connaissances internes à l'entreprise ou contrôlées par celle-ci (Morretta *et al.*, 2020), ou exogènes, provenant de leur écosystème (Stam et Bosma, 2015). La munificence de cet écosystème devrait permettre aux entreprises de compléter les ressources requises qui pourraient leur faire défaut. Toutefois, cette capacité de l'écosystème de compléter les besoins des organisations n'est pas toujours acquise.

Garcia-Alvarez-Coque *et al.* (2021) se sont intéressés aux zones rurales qui seraient caractérisées par la forte présence des secteurs primaires, à faible intensité technologique, parfois difficilement accessibles, moins agglomérées avec un accès limité aux connaissances. Ces caractéristiques peuvent constituer des contraintes pour les PME qui souhaitent croître par des stratégies d'innovation. Celles-ci ont besoin de connaissances très souvent spécifiques pour le développement de certains produits ou du marché.

Qu'en est-il dans le secteur agroalimentaire où l'innovation est soumise à beaucoup d'incertitude (Pascucci *et al.*, 2011), devant notamment composer avec des produits « vivants » dont la qualité peut varier d'un cycle de production à l'autre, des produits « saisonniers », l'influence des tendances « santé » et la non-fidélité des consommateurs (Enzing *et al.*, 2011) ? À cela s'ajoute l'obligation de respecter certains règlements visant la protection de la santé humaine. En plus de compter sur la volonté et une stratégie bien définie par l'entrepreneur, les PME agroalimentaires devront pouvoir compter sur les ressources de leur écosystème afin de poursuivre leurs activités d'innovation et ainsi leur croissance.

L'influence de cet écosystème a été relativement peu étudiée notamment chez les PME du domaine alimentaire, et encore moins de façon concomitante avec l'entrepreneur et l'entreprise (Saunila, 2020), que Paturel (2007) identifie aux 3^E en entrepreneuriat[1]. Quel rôle joue l'écosystème des PME agroalimentaires rurales sur leur capacité d'innovation et comment interagit-il avec les facteurs endogènes que sont l'entrepreneur et l'entreprise ?

Cette question a guidé cette recherche qualitative réalisée auprès de trois PME agroalimentaires québécoises innovantes à forte croissance, localisées dans des zones rurales réputées déficientes en termes d'infrastructures et de compétences en innovation. Cela offre la possibilité de mettre l'accent sur cet écosystème et les limites qu'il peut imposer aux PME, et de mettre en exergue les actions déployées par ces entreprises pour « réussir » à innover. Nos résultats mettent en lumière l'importance du rôle supplétif de l'entrepreneur dans un écosystème rural faiblement doté, notamment sa créativité, sa capacité d'apprentissage et sa persévérance.

La suite de cet article est structurée comme suit. La première section présente le cadre théorique dans lequel nous identifions les éléments clés qui pourraient soutenir l'innovation chez les PME en mobilisant la théorie des ressources et les travaux sur l'écosystème entrepreneurial. La deuxième section décrit notre démarche méthodologique. Les résultats sont présentés et discutés respectivement dans les troisième et quatrième sections, alors que la dernière expose la conclusion de cette recherche, ses limites et son extension.

1. CADRE THÉORIQUE : COMMENT FAVORISER L'INNOVATION DANS LES PME ?

L'innovation est une source de dynamisme et de performance d'une entreprise, voire de plus en plus une question de survie pour faire face à la concurrence. Pour innover, les entreprises doivent mobiliser des ressources de diverses natures, incluant les capacités managériales des dirigeants, le développement des connaissances internes et les collaborations avec une diversité d'acteurs externes (Saunila, 2020). La théorie

1 3^E, soit les entrepreneurs, les entreprises et l'écosystème.

des ressources et les capacités organisationnelles apportent un éclairage à la compréhension des facteurs qui facilitent l'innovation chez les PME (Barney, 2018).

1.1. THÉORIE DES RESSOURCES ET CAPACITÉS ORGANISATIONNELLES

D'après la théorie des ressources mobilisée pour cette étude, une entreprise tire son dynamisme et ses avantages comparatifs d'une combinaison de ressources qu'elle peut réunir et dont la valeur découle de leur rareté et leur spécificité (Barney, 2018). Ainsi, les ressources idiosyncratiques à une entreprise lui permettent de développer son produit, ses services et sa stratégie sur lesquels se fondent sa compétitivité. Tangibles ou non, elles émanent des processus internes des entreprises ainsi que de leur écosystème (Barney, 2018). Les ressources internes sont liées à l'entrepreneur et à son entreprise et résultent des capacités développées au sein des organisations.

Le concept de capacités désigne l'aptitude à mettre en œuvre des ressources, des pratiques et des processus, ainsi qu'à les modifier ou les remplacer éventuellement, dans le but d'atteindre certains objectifs (Demir *et al.*, 2017). Demir et ses collègues notent aussi que grâce à ses capacités managériales ou organisationnelles, une entreprise peut s'adapter aux turbulences de son écosystème et se montrer résiliente. Cela traduit le fait que les capacités managériales reflètent des aptitudes de coordination des ressources, des processus et des relations de collaboration qu'entretient une entreprise avec d'autres acteurs. Pour assurer ou préserver sa place sur son marché, l'entreprise doit aussi s'engager dans des activités d'innovation diverses. Elle devra alors mobiliser des capacités d'absorption soit des aptitudes d'identification, d'assimilation et d'application de nouvelles connaissances (Della Corte *et al.*, 2018).

Pour Reboud, Lequin et Tanguy (2021), la capacité d'une entreprise à innover est renforcée par le comportement ambidextre de ses dirigeants. Ce comportement décrit le fait que les dirigeants s'évertuent à l'exploitation des capacités internes de développement ou d'amélioration des produits et des processus existants, tout en explorant des opportunités d'innovation bénéfiques pour l'entreprise. Ces auteurs signalent que les capacités d'exploitation peuvent représenter un défi majeur pour certaines entreprises du secteur agroalimentaire, compte tenu de leur limitation en ressources et des caractéristiques de leur écosystème.

Les capacités dynamiques du dirigeant, sa vision et sa détermination constituent, en pareille situation, des ingrédients importants pour le succès de l'innovation.

Pour développer ces capacités, les PME doivent pouvoir détenir une certaine quantité et diversité de ressources ou compter sur leur écosystème en soutien, en plus d'être dirigées par un entrepreneur qui affirme son intérêt pour l'innovation. La conjugaison de ces trois acteurs est essentielle pour soutenir l'innovation, que nous discutons dans la section qui suit.

1.2. DÉTERMINANTS DE L'INNOVATION DANS LES PME : TROIS ACTEURS ESSENTIELS

D'après Saunila (2020), les facteurs déterminant les capacités d'innovation des PME peuvent être associés aux trois types d'acteurs, soit les entrepreneurs, les entreprises et l'écosystème, symbolisés par les 3^E^.

L'**entrepreneur** ou le **propriétaire-dirigeant** est au cœur des décisions dans les PME. Pour se lancer dans des activités dynamiques, il accepte d'expérimenter une certaine instabilité occasionnée par les multiples changements organisationnels que devra opérer son entreprise. Les activités d'innovation seront alors favorisées par une manifestation claire de son intention et l'expression de son leadership (Garcia-Alvarez-Coque *et al.*, 2021). Pour cela, le propriétaire-dirigeant devra faire preuve d'une importante capacité d'apprentissage en plus de savoir naviguer dans des situations incertaines où les délais pour prendre des décisions sont souvent réduits et les conséquences parfois irréversibles. Cette incertitude demande de développer différentes stratégies, ce qui est plus facile chez les dirigeants plus scolarisés, qui disposent d'une bonne connaissance du domaine d'activités (exigences du marché, réseaux existants, règles du jeu) et d'une expérience « réussie » de direction d'entreprise (Saunila, 2020). Ils sont aussi proactifs, preneurs de risque et montrent beaucoup d'intérêt et d'aptitude pour l'innovation (Arzubiaga *et al.*, 2018), comme le propose le concept d'orientation entrepreneuriale de plus en plus mis en avant chez les PME dynamiques.

Hormis l'importance du rôle du propriétaire-dirigeant, les caractéristiques des **entreprises** influencent également leur capacité d'innovation. La taille, reflétant les ressources disponibles, est un facteur souvent évoqué pour juger des aptitudes des PME à innover. Cependant, cela néglige le fait qu'elles peuvent opérer sur un marché de niche, et qu'elles ont pu développer des collaborations avec différentes organisations ou des liens étroits avec de grands donneurs d'ordres de qui dépendront les modifications à apporter sur leurs produits ou leurs procédés (Morretta *et al.*, 2020). Par ailleurs, certains auteurs soutiennent que les capacités d'innovation résultent de l'apprentissage et de l'accumulation d'expérience, leur absence défavorisant les jeunes entreprises (Arzubiaga *et al.*, 2018). D'autres croient plutôt que la capacité de créativité et d'innovation se détériore habituellement avec l'âge alors qu'un certain conservatisme peut s'installer avec le temps induisant de l'inertie et de la rigidité organisationnelle (Demir *et al.*, 2017). Cette capacité d'innovation est soutenue par du personnel formé, bien intégré à l'organisation (Saunila, 2020) et mobilisé par des pratiques de gestion motivantes. Du côté financier, le risque perçu par les banques réduit leur propension à endosser les demandes de financement des PME innovantes alors que ces dernières ont besoin de fonds pour leurs immobilisations, mais aussi pour le développement et la mise en marché de leurs nouveaux produits. Des ressources monétaires limitées pourront être une contrainte à l'innovation et la retarder significativement. Finalement, les stratégies d'innovation varient d'une entreprise à l'autre. Certaines favoriseraient une orientation marché avec une augmentation de l'étendue de leur rayon d'action et une diversité dans leurs produits pour conserver leur avantage compétitif (Demir *et al.*, 2017) ; et d'autres pourraient se concentrer sur les clients actuels avec lesquels elles peuvent notamment collaborer pour mieux répondre à leurs besoins (marché de niche).

Dans le contexte des PME agroalimentaires qui peuvent connaître des difficultés à posséder l'ensemble des ressources requises, dont les compétences, le financement, l'information (Garcia-Alvarez-Coque et *al.*, 2021), l'écosystème joue un rôle essentiel.

L'écosystème entrepreneurial procure un ensemble de ressources tangibles et intangibles qui permettent de combler les besoins des acteurs économiques tout en assurant une certaine cohésion dans leur utilisation. Pour Stam et Bosma (2015), un écosystème qui offre des infrastructures éducatives, caractérisées par une diversité d'institutions susceptibles de renforcer les habiletés cognitives des individus, peut constituer un cadre d'émergence des entreprises innovantes et dynamiques, en plus de fournir une main-d'œuvre compétente et qualifiée. La présence d'experts, de réseaux d'entrepreneurs, de mentors et d'acteurs intéressés au développement économique est aussi un élément favorable aux PME grâce aux connaissances qui y sont véhiculées et aux possibilités d'accompagnement pour permettre de mieux gérer les situations nouvelles et accéder aux technologies requises (Garcia-Alvarez-Coque *et al.*, 2021). D'après Tefera, Gebremichael et Abera (2013), les entreprises localisées en milieu rural peuvent accéder plus facilement et à plus faibles coûts à certains intrants, ce qui leur permet d'enregistrer de meilleures performances que celles des milieux urbains. Cependant, même si cette proximité peut s'avérer bénéfique, elle signifie aussi un éloignement des grandes agglomérations qui peuvent constituer des marchés lucratifs, des sources d'informations et de connaissances (Garcia-Alvarez-Coque *et al.*, 2021). Toutefois, dans la mesure où les PME peuvent développer rapidement des produits de niche et où elles ont des besoins très variés en ressources, la localisation peut être un facteur déterminant pour certaines sans être une barrière ou un obstacle décisif pour d'autres (Brown *et al.*, 2017).

Ainsi, la prise en compte de l'écosystème suppose que les capacités d'innovation pourraient différer dans des entreprises qui ne sont pas localisées dans des écosystèmes semblables, ce que soutiennent d'emblée Brown *et al.* (2017) et Garcia-Alvarez-Coque *et al.* (2021). Aussi, l'identification de stratégie d'innovation afin d'en extraire des modèles génériques est rendue compliquée par la singularité de chaque PME (Park *et al.*, 2022). Chaque combinaison « PME et écosystème » est unique, mettant en exergue les difficultés d'analyse et de conceptualisation de l'ensemble des déterminants pouvant produire l'innovation pour soutenir la croissance.

Cette recension des travaux montre que l'innovation, vecteur de croissance, découle de la réunion de plusieurs facteurs en lien avec le propriétaire-dirigeant, la situation de l'entreprise et celle de l'écosystème dans lequel elle évolue. Cependant, peu de travaux ont mis en commun ces facteurs dans une approche globale qui permettrait de mieux comprendre les interactions en termes de complémentarité ou de substitution entre ces acteurs. Cela apporterait peut-être une compréhension plus nuancée de l'influence relative de chaque déterminant individuel mais aussi des freins ou barrières que l'on peut parfois retrouver selon les contextes spécifiques des entreprises. La compréhension des sources d'échec peut être facilitée par cette approche globale, en ne focalisant pas sur un seul facteur qui pourrait, au demeurant, ne pas présenter de lacunes.

2. DÉMARCHE DE RECHERCHE[2]

Pour répondre au questionnement sur l'influence de l'écosystème, l'étude de cas est la méthode la plus appropriée (Yin, 2017). Elle permet de prendre en compte le caractère unique de chaque entreprise notamment à cause du contexte dans lequel elles arrivent à combler leurs besoins pour soutenir leurs ambitions de croissance grâce à l'innovation.

Avec l'aide de conseillers du gouvernement (initiateur de cette recherche), grâce à nos contacts et la consultation de la presse d'affaires, nous avons pu identifier 18 PME agroalimentaires qui ont connu une croissance annuelle de leurs revenus de plus de 15 %[3] pendant trois années consécutives. Nous en avons retenu trois sur la base des critères suivants : 1) ces entreprises ont développé des produits particulièrement novateurs[4], 2) elles sont localisées dans des zones rurales différentes, éloignées des centres urbains, et 3) elles ont connu des difficultés à obtenir le soutien de leur écosystème.

Les données ont été collectées lors d'entretiens semi-dirigés, avec le propriétaire-dirigeant de chaque entreprise entre janvier et septembre 2019. D'une durée moyenne de 90 minutes, ils ont été enregistrés. Le guide d'entretien, basé sur la littérature des déterminants de la forte croissance et qui met l'accent sur l'innovation et les défis des PME, comprend des éléments factuels relatifs au contexte général de chaque entreprise (profil, turbulence de l'écosystème, avantage concurrentiel), à l'entreprise (ressources humaines, technologiques, financières, informationnelles et activités d'innovation), à son écosystème (ressources, réseaux, collaborations), au propriétaire-dirigeant (expérience, expertise,

2 Cette étude découle d'une recherche initiée par un organisme gouvernemental intéressé à stimuler la croissance et l'innovation chez les PME de transformation alimentaire au Québec.

3 Ce seuil se rapproche de celui qui est utilisé dans la littérature pour distinguer les PME à forte croissance des autres, soit une variation annuelle des revenus de 20 % par année sur trois années consécutives. Afin de prendre en considération les plus faibles rythmes moyens de croissance dans le secteur agroalimentaire (Garcia-Alvarez-Coque *et al.*, 2021), nous avons réduit ce seuil à 15 %.

4 Selon la définition de l'OCDE et du Manuel d'Oslo (2018), une entreprise est considérée innovante si elle a introduit sur le marché des produits nouveaux ou significativement améliorés au cours des deux dernières années.

orientation entrepreneuriale), ainsi que les barrières, freins, facilitateurs et défis liés à leur croissance. Les entretiens ont été retranscrits par un des chercheurs qui a extrait, pour chaque entreprise, les éléments clés en faisant ressortir ce qui n'était pas documenté dans la littérature. Les données recueillies ont été analysées sous l'angle des trois acteurs identifiés plus tôt pour mieux comprendre leurs interrelations et la dynamique entre eux qui devait assurer la mise en marché de leurs produits nouveaux au profit de leur croissance.

3. PRÉSENTATION DES CAS ET DES RÉSULTATS

Les trois entreprises étudiées, localisées dans des zones rurales, présentent certaines similitudes du point de vue des contraintes que posent leur écosystème et leur mode d'innovation. Nous les désignons par Cas_A, Cas_B et Cas_C. Après avoir exposé le portrait de chacune d'elles, nous présentons les résultats issus de l'analyse des données.

3.1. PORTRAIT DES ENTREPRISES

CasA, créée en 1997, est à 40 km d'une agglomération de plus d'un demi-million d'habitants, où l'on retrouve des institutions universitaires, de formation, de recherche, etc. La MRC[5] compte 32 629 habitants et la principale activité économique concerne l'industrie où les salaires sont élevés et le travail moins exigeant que dans le domaine agricole. Le Cas_A offre un produit alimentaire haut de gamme, pour lequel les seuls produits vendus au Québec sont issus de l'importation. Elle émane de la passion de son propriétaire-dirigeant qui, déjà à l'adolescence, était propriétaire d'un petit élevage tenu en milieu familial. Après ses études universitaires, l'entrepreneur et sa conjointe décidèrent de se lancer en affaires dans un domaine où ils n'avaient pas suffisamment de connaissances ni de réseaux. Cela a constitué un grand défi de

5 Les MRC, municipalités régionales de comtés, sont des regroupements de localités formés selon des découpages territoriaux réalisés par le Gouvernement du Québec. Ces regroupements partagent des ressources qui contribuent au développement économique et social de leur territoire. Le Québec compte 87 MRC.

légitimité, limitant leur accès à certaines ressources utiles à la croissance. Déterminés et motivés, les deux associés s'étaient résolus à suivre une formation à l'étranger. « C'est la seule formation et elle a permis d'améliorer la quasi-totalité des problématiques de notre entreprise. Et nous avons aussi accru notre efficacité. [...] nos revenus ont doublé d'une année à l'autre entre 1998 et 2002 ». Cette forte croissance leur a permis d'étendre leurs activités en intégrant l'élevage, l'abattage et la transformation alimentaire. Elle a été tirée par une demande locale : « nous avons développé le service à la clientèle, des clients cinq étoiles, nous nous occupions de leur satisfaction et montrions l'avantage de nos produits avec un côté artisanal ».

Toutefois, cette période de forte croissance a été caractérisée par des contraintes majeures liées à l'écosystème de l'entreprise. « [...] il n'y avait pas de ressources externes pour nous aider ». Il s'agit notamment du déficit de main-d'œuvre et de connaissances spécifiques sur le territoire, de la méconnaissance par certains acteurs publics des activités opérées par l'entreprise, des difficultés de collaboration avec d'autres entreprises participant à la chaîne de valeur, de l'insuffisance d'infrastructures industrielles dans le territoire (milieu d'activité), et de la présence de normes nationales et internationales qui dissuadent les ambitions d'exportation de l'entreprise. Ces contraintes ont obligé l'entrepreneur à développer des capacités de créativité et d'innovation.

CasB est située entre Montréal et la frontière avec les États-Unis. La MRC compte 30 842 habitants et est caractérisée par des conditions pédoclimatiques et un micro-climat qui ont fait de l'agriculture son principal moteur économique. L'entreprise a été créée après plusieurs années de recherche pour le développement d'un produit agricole haut de gamme. Les propriétaires de la terre où est cultivé l'intrant principal étaient convaincus qu'ils tenaient une belle opportunité commerciale, nécessitant toutefois d'être mise en valeur par des activités de R.-D. Des collaborations avec des experts provenant d'organismes gouvernementaux et d'un laboratoire universitaire ont permis de développer le produit, menant ensuite à la création d'une entreprise pour assurer les activités de production et de commercialisation. Diplômé universitaire dans le domaine de la santé et sans expérience dans la direction d'une entreprise de production, l'entrepreneur souhaitait créer son entreprise dans le secteur agricole par intérêt personnel et familial. Plusieurs membres de la famille ont réuni un capital financier et un important réseau d'affaires pour soutenir la création.

L'un des défis de l'entreprise était de faire connaître son produit nouveau, créé à partir d'un ingrédient méconnu au Québec à l'époque et qui devait remplacer un produit d'importation reconnu et largement dominant sur le marché. L'entrepreneur proactif et opportuniste, accompagné d'un mentor, a saisi les différentes occasions qui se sont présentées pour faire connaître son produit. « Le produit se fait de plus en plus connaître… ça a pris trois ans avant que la roue commence à tourner seule… ». Il a fallu déployer d'importants efforts à chaque fois qu'un marché nouveau était à développer pour éduquer les consommateurs sur le produit.

L'entreprise se distingue sur son marché par la qualité du terroir où est cultivé l'ingrédient principal, sa marque de commerce est : « les années de recherche ont permis d'aller chercher un goût qui est distinctif à nous… plus doux, plus léger… ». De même, les innovations sont souvent issues des conseils partagés par des collaborateurs chefs cuisiniers reconnus et sur les réseaux sociaux qu'alimente l'entreprise. La demande pour le produit est en forte croissance depuis cinq années, mais la production est ralentie par les ressources financières contraintes et la capacité de l'entrepreneur à faire face à ces exigences. L'écosystème rural attire peu les employés compétents, sauf ceux qui sont peu intéressés à travailler dans de grandes agglomérations ou qui sont originaires de la région. Ce sont les ressources financières qui constituent, aujourd'hui, le principal défi qui ralentit « tout » dans l'entreprise.

CasC est très éloignée des grands marchés, dans une région réputée pour son tourisme et ses activités en lien avec la nature et le bien-être. La MRC compte 17 565 habitants et la population y est en décroissance. Elle est fondée par un entrepreneur qui débute comme producteur agricole en 1988 avec une production saisonnière en serre. Afin d'obtenir un revenu suffisant et stable sur l'année, il crée une entreprise de transformation en 1994 et dessert un marché local. Les débuts de l'entreprise sont assez lents, la maitrise du processus de production se fait par essai-erreur. Il ne peut compter sur des organismes externes étant donné la nouveauté du processus. Mais rapidement, l'entreprise doit produire du volume pour bénéficier d'économies d'échelle : « dans notre région, ça prend du volume pour sortir d'ici, sinon nos frais fixes et de transport sont beaucoup trop élevés. Pas de volume, oublie ça ! ». Elle développe alors un marché dans le reste du Canada où la consommation pour ses produits est en croissance. L'entreprise produit essentiellement pour des marques privées et crée des alliances pour se développer et réduire la concurrence. Cela lui permet de peaufiner son processus de production afin d'accroître son efficacité et finaliser le développement de son produit.

Le développement à grande échelle au Québec débute réellement en 2014-2015 avec un engouement des consommateurs québécois pour les produits santé et naturels. L'entreprise sent que la demande québécoise pour son produit est enfin confirmée. Leur maitrise de la recette du produit, leur capacité de production, leur situation financière solide et leur longue expérience d'entreprise leur a permis de se tailler une place sur le marché très rapidement : « Il y a eu une demande, et on était équipé pour y répondre ». L'entreprise produit une partie de ses intrants agricoles et contractualise le reste avec d'autres producteurs de la même région. Le produit vendu au Québec est entièrement constitué de la production locale : « Pour nous, notre entreprise, on y tient beaucoup et on veut développer l'agriculture en région, c'est des choix qu'on a faits ».

Les entreprises ont décidé de se localiser près de leurs sources d'intrants ce qui les amène à se distancer des zones urbaines et donc à se priver de certaines ressources.

3.2. ANALYSE DES DONNÉES ET PRÉSENTATION DES RÉSULTATS

Les trois entreprises ont développé leur production sur des territoires non familiers avec leurs produits de sorte qu'elles n'ont pas pu bénéficier d'un partage de ressources, d'expertise ou de connaissances comme cela peut se faire dans des régions où il y a davantage de proximité entre les types d'activités (Rieutort, 2017). Bien que les trois entreprises soient localisées dans des territoires ruraux, elles n'évoluent pas dans le même écosystème et n'ont donc pas accès aux mêmes ressources. Sur la base du contenu des entretiens, cette sous-section analyse l'interaction entre l'écosystème, l'entreprise et l'entrepreneur afin d'en faire ressortir les substitutions et les complémentarités.

3.2.1. Éloignement des pôles et centres de recherche

Au début du processus d'innovation, les propriétaires-dirigeants (P-Dir) n'entrevoyaient pas les défis liés à la nouveauté de leur produit et ont rapidement été dépassés par leurs connaissances limitées. Le Cas_A a peu de connaissance du processus de production et de transformation, il doit aussi adapter les équipements existants à ses activités. Le Cas_B requiert un degré élevé d'innovation technologique et de procédé difficilement imitable. Le Cas_C, lui, doit innover au niveau des procédés de production en vue de l'amélioration de la qualité et la valeur du produit sur le marché. Ce type d'innovation requiert une expertise pointue à laquelle l'entreprise n'a pas accès vu sa localisation.

Les trois entreprises ne disposaient pas de ressources dans leur écosystème immédiat pour combler ces déficits de connaissances. $P\text{-}Dir_A$ a dû suivre une formation à l'étranger pour acquérir une base d'expertise, occasionnant l'arrêt momentané des activités, ce qui a été préjudiciable à l'entreprise. $P\text{-}Dir_B$ a pour sa part dû procéder par essai-erreur dans les premières années ce qui a retardé la mise en marché des produits et a mis l'entreprise dans une situation financière difficile. Il a ensuite établi une collaboration avec un centre de recherche universitaire situé en dehors de sa région. Ces deux entrepreneurs ont dû « adapter » des équipements aux particularités de leur intrant, occasionnant des coûts et des délais. $P\text{-}Dir_C$, quant à lui, a dû développer son produit et son expertise ailleurs au Canada avant de revenir au Québec pour répondre aux nouveaux besoins exprimés par les consommateurs pour ce type de produits. Tout comme pour le Cas_B, le Cas_C a adopté un processus d'innovation par essai-erreur, subissant les mêmes conséquences sur les délais de mise en marché et les coûts.

Dans les trois entreprises, le manque de ressources de l'écosystème a obligé les P-Dir à consacrer d'importants efforts de recherche pour arriver à la qualité souhaitée pour leur produit. Le temps alloué à développer leur expertise et adapter leurs équipements a retardé la mise en marché et a créé une incertitude palpable sur la faisabilité de leur projet. Les lacunes dans les ressources de l'écosystème ont donc été comblées par les entrepreneurs eux-mêmes, suggérant que les rôles de l'entreprise et de l'entrepreneur se sont ici substitués aux insuffisances de l'écosystème. Les entretiens montrent que cette substitution a été possible grâce à la grande résilience, proactivité et capacité d'adaptation de ces entrepreneurs, tous persévérants.

3.2.2. *Distance du marché*

L'éloignement des centres urbains a un impact sur les coûts d'exploitation et de commercialisation. P-Dir_C, le plus éloigné des marchés des trois cas étudiés, mentionne que ses coûts de transport sont très élevés pour la vente de ses produits. Il explique aussi que les coûts de construction pour certaines infrastructures sont plus élevés vu son éloignement, réduisant sensiblement l'impact de l'aide gouvernementale qu'il obtient au même titre que d'autres entreprises localisées plus près des grands centres[6]. La distance des grandes agglomérations ne peut être résolue par le propriétaire-dirigeant, toutefois il doit en atténuer les conséquences. Ainsi, l'éloignement géographique de cette entreprise fait en sorte que le propriétaire-dirigeant doit consacrer beaucoup de temps auprès de différents comités régionaux et provinciaux afin de sensibiliser les décideurs à sa situation.

3.2.3. *Rareté des ressources humaines qualifiées*

La localisation dans des zones non urbaines et la production d'intrants agricoles rendent difficile l'embauche d'experts qui préfèrent travailler dans les grands centres, mais aussi de personnel de production agricole qui est relativement rare. Les entreprises doivent donc se concentrer sur l'amélioration de la productivité et des conditions de travail offertes, et sur la mécanisation de certaines opérations afin de réduire leur vulnérabilité. Le Cas_A doit compter sur des travailleurs étrangers pour assurer la production d'intrants agricoles. Le Cas_B doit faire face à un déficit de ressources commerciales, nécessaire à la mise en marché, d'où un fort degré d'apprentissage des produits et des actions de la concurrence et une ouverture auprès des organismes gouvernementaux pour l'accès à des ressources informationnelles.

Les entrepreneurs et les entreprises sont donc appelés dans ces situations à se substituer aux déficits en expertise qu'exigent leurs activités

6 Certains matériaux essentiels sont deux à trois fois plus chers dans sa région, de sorte qu'une aide financière gouvernementale pour un agrandissement d'usine ne permet de défrayer qu'une petite partie du coût total.

d'innovation et leur rythme de croissance. Cette substitution ajoute aux tâches et aux coûts de ces entreprises.

3.2.4. Accès aux ressources en région

Pour réduire les difficultés liées aux ressources limitées de leur écosystème, les participants ont mentionné l'importance du rôle des services gouvernementaux en région. Leur présence favoriserait la visibilité de certaines ressources et la connexion des acteurs entrepreneuriaux aux fournisseurs de ressources. De fait, ces services contribuent à faciliter la circulation des informations et des connaissances entre les différents acteurs afin de coordonner les activités de l'écosystème.

Les trois entreprises ont consulté les représentants de différents organismes publics voués au développement économique ainsi que des consultants. P-Dir_A et P-Dir_C n'ont pas été bien servis à cet égard, faisant face au peu d'intérêt pour la nouveauté de leurs produits et les défis de leur mise en valeur, contrairement à P-Dir_B qui a pu compter sur un conseiller très favorable aux innovations dans le secteur agroalimentaire et intéressé à les faire connaître. Les propriétaires-dirigeants deviennent ainsi dépendants de l'intérêt pour leurs produits méconnus que peuvent manifester les conseillers des pouvoirs publics qui doivent les accompagner.

Par ailleurs, lorsque l'écosystème permet d'avoir accès à des ressources, celles-ci peuvent devenir complémentaires à l'entrepreneur et à l'entreprise. C'est le cas pour l'arrimage avec des mentors par exemple. P-Dir_B a utilisé les services d'un mentor suggéré par le ministère de l'Agriculture. L'expertise du mentor, complémentaire à celle du propriétaire-dirigeant, a permis à l'entreprise d'améliorer ses opérations de transformation, de gestion d'entreprise et de gestion financière.

3.2.5. Accès au financement

La nouveauté des produits des entreprises, ainsi que leur éloignement des marchés et des expertises, sont autant d'éléments d'incertitude qui peuvent freiner les institutions financières à accorder leur soutien. Les premières années sont d'ailleurs déficitaires pour Cas_A et $Cas_{B,}$ les dirigeants conservent leurs emplois professionnels et leurs ressources financières personnelles sont investies dans l'activité.

$P\text{-}Dir_A$ a réussi à traverser certaines étapes critiques grâce à une stratégie de financement développée avec ses meilleurs clients qui s'assimile à du troc. La proximité qu'il maintient avec ses clients a permis de réduire certaines tensions financières vu le non-engagement des institutions et des organismes de soutien économique. $P\text{-}Dir_B$ a participé à des concours de produits alimentaires afin de faire connaître son produit et ainsi gagner la confiance des bailleurs de fonds.

Les lacunes au niveau de l'écosystème financier ont obligé les entreprises à les combler en mobilisant beaucoup de capital social et de temps, ce qui a pu ralentir leurs activités et fragiliser leur entreprise.

Cette analyse des interactions entre entrepreneur, entreprise et écosystème montre à quel point l'écosystème constitue un support essentiel à l'innovation stimulant la croissance des PME. Des lacunes dans l'écosystème forcent toutefois les entrepreneurs et les entreprises à engager plus de ressources financières et de temps, en plus de générer d'importants délais dans la mise en marché des produits, ce qui accroît la vulnérabilité de ces PME. Dans ce contexte de fonctionnement, leur créativité, leur persévérance et leur croyance dans la valeur unique de leur produit ont largement contribué à assurer leur survie alors qu'ils ont eu à traverser plusieurs phases de découragement et d'abandon.

4. DISCUSSION

Les travaux antérieurs sur les PME dynamiques mettent en l'avant les qualités entrepreneuriales des entreprises qui sont proactives, preneuses de risque et orientées vers l'innovation pour arriver à se démarquer et à créer de la valeur de façon durable. L'origine des ressources requises pour créer ce dynamisme n'est pas toujours clairement discuté, à savoir si elles sont endogènes à l'entreprise (entrepreneur et entreprise) ou exogènes venant de leur écosystème. L'étude de trois cas de PME œuvrant dans des écosystèmes ruraux différents nous éclairent sur les déterminants de l'innovation. Dans ce contexte de ruralité, Vedula et Kim (2019) trouvent que le support de l'écosystème est nécessaire pour la viabilité des entreprises. Lorsque ce support est insuffisant, certaines caractéristiques du dirigeant, telle que sa créativité, sa capacité d'apprentissage et sa persévérance, seront indispensables pour le développement des entreprises.

C'est sur le plan des connaissances que l'on constate le plus grand défi des PME. Ces connaissances doivent être développées pour arriver à créer les produits nouveaux et aussi pour convaincre les consommateurs de les acheter. Lorsque les connaissances requises ne sont pas disponibles ni dans l'entreprise ni dans l'écosystème au moment voulu, les entrepreneurs doivent miser sur leur **créativité** pour trouver eux-mêmes des solutions pour leur développement. Contrairement aux résultats de Castillo-Vergara et García-Pérez-De-Lema (2021), nos résultats montrent que la créativité ne serait pas un facteur clé pour développer des innovations uniquement dans des environnements stimulants, mais aussi lorsque cet environnement est dépourvu des facteurs de base nécessaires à l'innovation. Ainsi, la déficience de l'écosystème serait un stimulant de la créativité, une perspective qui a été peu abordée dans les travaux antérieurs.

Par ailleurs, comme l'ont montré Vedula et Kim (2019) auprès de PME étatsuniennes localisées en zones rurales, la présence de différents acteurs ne suffit pas dans des cas d'innovation importante s'ils ne sont pas coordonnés pour répondre aux besoins des PME innovantes qui ne sont pas toujours faciles à anticiper. Le degré de nouveauté implique de l'incertitude et un peu d'improvisation pour arriver à un résultat acceptable. Les dirigeants rencontrés comblent les connaissances insuffisantes à travers des collaborations qu'ils identifient au gré de leur parcours et la mise en valeur du réseau d'affaires qu'ils construisent avec le temps. Ainsi, la construction de leur expérience au rythme des difficultés vécues alimente leur capacité d'innovation et de croissance, mettant en valeur l'importance des **capacités d'apprentissage** des dirigeants pour le soutien de l'innovation dans les écosystèmes peu munificents (Vedula et Kim, 2019).

Cet apprentissage est toutefois conditionnel à leur **persévérance**, puisqu'il se fait sur du temps long ce qui est rarement évoqué par les chercheurs. La persévérance permet d'éviter d'abandonner face aux difficultés que le dirigeant rencontre et de persister dans les projets dont l'échéancier n'est pas entièrement prévisible (Gerschewski *et al.*, 2016). À cet égard, Cas_A et Cas_B ont persévéré en vivant d'importantes périodes de remises en question alors que Cas_C a pu se développer à l'extérieur de sa région et assurer un certain niveau de revenus et de stabilité financière. Il ne suffit donc pas aux dirigeants d'être proactifs, preneurs de risque et innovateurs pour réussir dans un environnement relativement dénué de ressources ou lorsque les ressources disponibles ne répondent pas à leurs besoins. Ce résultat permet d'enrichir les dimensions de base de l'orientation entrepreneuriale largement abordée par les travaux en gestion, en ajoutant, tout comme l'ont fait Gershewski *et al.* (2016) pour les PME à internationalisation précoce, un élément de contexte important qu'est celui de la localisation de l'entreprise. Ainsi, le rôle de la proactivité peut être contraint par les ressources limitées de l'écosystème mais se révéler important à condition de la jumeler avec la persévérance.

La complémentarité des 3^{E} pour soutenir l'innovation des PME est essentielle mais les déterminants de chacun des acteurs doivent pouvoir s'ajuster ou se moduler selon le degré d'incertitude et de connaissances lié à l'innovation. Cet ajustement est encore plus important dans le contexte d'un écosystème en zone rurale dont les infrastructures et les ressources ne sont pas toujours compatibles avec le type d'innovation que souhaitent développer les entrepreneurs. Si l'on ne peut compter sur des entrepreneurs créatifs, persévérants et ayant une forte capacité d'apprentissage, il sera difficile d'assurer le développement des zones rurales à partir de projets présentant un fort degré d'innovation. C'est le principal constat qui émerge des analyses de cas grâce à une lecture globale de leur situation.

CONCLUSION

Renforcer les activités d'une entreprise en misant sur une stratégie d'innovation, demande de faire appel à une combinaison de ressources et de capacités qui sont présentes dans les firmes ou accessibles via leur écosystème ou des collaborations externes. Que se passe-t-il lorsque cette combinaison n'est pas présente dans l'immédiat et que l'écosystème n'offre pas de solution satisfaisante ? C'est la question à laquelle nous avons voulu répondre par l'étude de trois PME agroalimentaires québécoises innovantes et localisées dans des zones rurales. Il est difficile de comprendre les difficultés qu'elles ont pu rencontrer dans le développement de leurs produits, qui a permis une forte croissance de leur activité, si l'on analyse de façon isolée les trois acteurs essentiels à tout développement économique, soit l'entrepreneur, l'entreprise et son écosystème (3^{E}).

La littérature suggère que l'écosystème constitue un support essentiel pour l'innovation des PME, mais elle s'intéresse relativement peu aux entreprises localisées en zones rurales. Or, les PME du secteur agroalimentaire se trouvent souvent dans ce type d'écosystème où l'accès aux intrants est facilité, alors que leur transformation peut faire face à certaines contraintes. Les résultats de nos analyses montrent que les lacunes de cet écosystème peuvent être atténuées par des entrepreneurs qui font preuve de créativité, de certaines capacités d'apprentissage et de persévérance.

Sur le plan théorique, ces résultats contribuent à enrichir la littérature sur au moins trois points. Celle-ci suggère que l'interaction entre les 3^{E} est essentielle lorsque l'un des déterminants à l'innovation présente des lacunes. Mais elle devient d'autant plus importante lorsque les trois sont déficients, comme on peut l'observer sur le plan des connaissances, où l'on constate les effets néfastes sur le cheminement des PME étant donné l'absence de solutions à court terme. Dans des contextes d'innovation requérant des connaissances et de l'expertise absentes de l'écosystème où sont localisées les PME, ces dernières doivent présenter certaines caractéristiques pour arriver à concrétiser leur projet. Le rôle complémentaire dévolu à l'écosystème pour faire émerger des entreprises innovantes n'est donc pas assumé. De ce fait, l'une des contributions théoriques de cette étude est qu'elle montre que les capacités d'apprentissages et la créativité de l'entrepreneur peuvent se renforcer dans des contextes de déficience de l'écosystème, en vue de substituer les ressources que l'environnement externe ne peut offrir. Cette contribution nuance les travaux antérieurs qui se sont plutôt intéressés aux effets bénéfiques de l'écosystème sur les capacités d'apprentissage et la créativité (Castillo-Vergara et García-Pérez-De-Lema, 2021 ; Vedula et Kim, 2019), ce qui n'est pas toujours possible lorsqu'on prend en compte la localisation des entreprises.

Une seconde contribution issue des entretiens et des discussions avec les entrepreneurs est la mise en valeur de l'aspect temporel sous-jacent au développement de l'innovation. Les recherches insistent peu sur le temps nécessaire à l'alignement ou à la coordination des 3[E] alors que les ressources financières sont rares et que la détresse guette les propriétaires dirigeants. Les déterminants de l'orientation entrepreneuriale qui sont démontrés chez les entrepreneurs rencontrés ne suffisent pas à assurer leur succès si on ne leur ajoute pas les qualités de persévérance qui permettent de relever les défis sur du long terme. Ces résultats soutiennent ceux de Gershewski *et al.* (2016) mais dans un contexte d'innovation en zone rurale.

Enfin, le profil des entrepreneurs rencontrés s'éloigne de ceux qui est reconnu comme pouvant assurer le succès du développement de produits nouveaux. L'absence d'expertise dans le domaine d'activité, d'expérience entrepreneuriale et d'un capital social habituellement requis pour suppléer à leur manque d'expérience et de compétences n'a pas empêché l'innovation dans ces trois PME, mais elle aura eu comme conséquences de ralentir la mise en marché. La persévérance, la passion et la croyance des dirigeants dans la valeur de leurs produits ont contribué à atténuer leurs faiblesses présumées.

Ces résultats présentent aussi des implications pour les entrepreneurs et les acteurs publics. Ils permettent d'identifier des caractéristiques que devraient développer les entrepreneurs qui décident de poursuivre leurs activités dans les zones rurales. Si cet écosystème ne présente pas le niveau d'expertise requise pour contribuer au développement de leurs produits innovants, ils doivent eux-mêmes s'attacher à développer des solutions qui répondent à leurs besoins. En plus des caractéristiques entrepreneuriales connues, il leur faut un surcroît de persévérance, de créativité et de capacités d'apprentissage, pour suppléer à la carence de certaines ressources qui feraient défaut dans ces milieux. Les acteurs publics sont des coordonnateurs des ressources en milieu rural. Leur rôle demeure central dans l'identification de certaines déficiences des milieux ruraux afin de les combler par des moyens alternatifs. Par exemple, les services publics peuvent renforcer l'accès aux connaissances en facilitant les échanges entre les centres de recherches et les entrepreneurs en zones rurales, dans le but de renforcer les connaissances et d'en apporter de nouvelles.

Bien que les trois cas soient éclairants sur les difficultés que peuvent rencontrer les PME pour innover dans des zones où il peut exister des lacunes sur le plan des ressources, ils ne peuvent mener à des généralisations. En effet, ces trois PME présentaient certaines particularités telles que le degré de nouveauté du produit et un faible niveau d'expérience et d'expertise des entrepreneurs, qui influencent les besoins en ressources externes. Aussi, ces trois entreprises ont réussi à faire face aux difficultés et ont pu survivre aux différentes périodes de tensions, ce qui en fait probablement des exceptions. En plus, nous avons sollicité la mémoire des entrepreneurs qui nous ont raconté les difficultés auxquelles ils ont fait face. Cela constitue une limite à notre étude tout en offrant quelques pistes de recherche.

Ainsi, nous suggérons que les travaux ultérieurs adoptent une approche longitudinale, voire processuelle, pour examiner l'influence de l'écosystème sur la croissance des PME du secteur agroalimentaire, stimulée par l'innovation. Cet examen apportera un éclairage sur le rythme d'évolution des besoins internes des entreprises et les solutions que celles-ci peuvent trouver au sein de leur écosystème. Cela implique la prise en compte de certains facteurs d'hétérogénéité tels que la nature des produits, la technologie utilisée et les connaissances requises afin de comprendre leur évolution et les stratégies mobilisées par les entreprises pour couvrir leurs déficits éventuels dans le temps. Une étude processuelle permettra également d'identifier les moments charnières où les entrepreneurs sont prêts à abandonner leur projet étant donné les tensions qui peuvent devenir difficilement supportables, mettant leur santé personnelle en jeu.

RÉFÉRENCES BIBLIOGRAPHIQUES

Anyadike-Danes M., Hart M., 2018, "All grown up ? The fate after 15 years of a quarter of a million UK firms born in 1998", *Journal of Evolutionary Economics*, vol. 28, n° 1, p. 45-76.

Arzubiaga U., Kotlar J., De Massis A., Maseda A., Iturralde T., 2018, "Entrepreneurial orientation and innovation in family SMEs : Unveiling the (actual) impact of the Board of Directors", *Journal of Business Venturing*, vol. 33, n° 4, p. 455-469.

Barney J.B., 2018, "Why resource-based theory's model of profit appropriation must incorporate a stakeholder perspective", *Strategic Management Journal*, vol. 39, n° 13, p. 3305-3325.

Brown R., Mawson S., Mason C., 2017, "Myth-busting and entrepreneurship policy : The case of high growth firms", *Entrepreneurship & Regional Development*, vol. 29,n° 5-6, p. 414-443.

Castillo-Vergara M., García-Pérez-De-Lema D., 2021, "Product innovation and performance in SME's : The role of the creative process and risk taking", *Innovation*, vol. 23, n° 4, p. 470-488.

Della Corte V., Del Gaudio G., Sepe F., 2018, "Innovation and tradition-based firms : A multiple case study in the agro-food sector", *British Food Journal*, vol. 120, n° 6, p. 1295-1314.

Demir R., Wennberg K., McKelvie A., 2017, "The strategic management of high-growth firms : A review and theoretical conceptualization", *Long Range Planning*, vol. 50, n° 4, p. 431-456.

Enzing C.M., Pascucci S., Janszen F.H.A, Omta S.W.F., 2011, "Role of open innovation in the new product short and long-term market success : Evidence from the Dutch food and beverages industry", *Journal of Chain and Network Science*, vol. 11, n° 3, p. 235-250.

Garcia-Alvarez-Coque J.-M., Roig-Tierno N., Sanchez-Garcia M., Mas-Verdu F., 2021, "Knowledge Drivers, Business Collaboration and Competitiveness in Rural and Urban Regions", *Social Indicators Research*, vol. 157, n° 1, p. 19-27.

Gerschewski S., Lindsay V.J., Rose E., 2016, "Advancing the entrepreneurial orientation construct : The role of passion and perseverance", *Review of International Business and Strategy*, vol. 26, n° 4, p. 446-471.

Morretta V., Syrett S., Ramirez L.S., 2020, "Territorial capital as a source of firm competitive advantage : Evidence from the North and South of Italy", *European Planning Studies*, vol. 28, n° 12, p. 2390-2408.

OCDE, 2019, *OECD SME and Entrepreneurship Outlook 2019*, Paris,OECD Publishing.

Pascucci S., Royer A., Bijman J., 2011, "Should I make or should I buy ? Innovation strategies and governance structures in the Italian food sector", *International Journal on Food System Dynamics*, vol. 2, n° 2, p. 167-180.

Park Y., Chung Y., Son H., 2022, "Configurational paths for SMEs' innovation : Focusing on information resources, absorptive capacity, and government support », *Technology Analysis & Strategic Management*, Published online. doi :10.1080/09537325.2022.2028766

Paturel R., 2007, « Démarche stratégique et performance des PME », in L.-J. Filion (éd.), *Management des PME : de la création à la croissance*, Montréal, Renouveau pédagogique, p. 429-443.

Reboud S., Lequin S., Tanguy, C., 2021, « Digitalisation des PME de l'agroalimentaire : vers une évolution des modèles d'affaires et des processus d'innovation », *Innovations*, vol. 64, n° 1, p. 119-151.

Rieutort L., 2017, « Les différentes formes d'ancrage de l'agriculture. Exemples en Auvergne-Rhône-Alpes », *Systèmes alimentaires / Food Systems*, vol. 2, p. 81-101.

Saunila M., 2020, "Innovation capability in SMEs : A systematic review of the literature", *Journal of Innovation & Knowledge*, vol. 5, n° 4, p. 260-265.

Stam E., Bosma N., 2015, "Local policies for high-growth firms", in Audretsch D., Link A, Walshok M. (ed.), *Oxford Handbook of Local Competitiveness*, Oxford University Press.

Tefera H., Gebremichael A., Abera N., 2013, "Growth determinants of micro and small enterprises : Evidence from Northern Ethiopia", *Journal of Economics and Sustainable Development*, vol. 4, n° 9, p. 127-135.

Vedula S., Kim P.H., 2019, "Gimme shelter or fade away : The impact of regional entrepreneurial ecosystem quality on venture survival", *Industrial and Corporate Change*, vol. 28, n° 4, p. 827-854.

Yin R.K., 2017, *Case study research and application : Design and methods*, New York, Sage publications.

LE TRAVAIL INSTITUTIONNEL DE DÉSTABILISATION DE LA FERME DES 1000 VACHES

Roland CONDOR
EM Normandie

INTRODUCTION

La ferme des 1000 vaches (FMV), installée dans le département de la Somme et présentée dans la presse comme l'une des plus grandes exploitations laitières de France, a définitivement arrêté son activité de production de lait en décembre 2020[1]. Très controversée tout au long de son exploitation, fortement chahutée par des associations prônant un autre modèle agricole, faisant l'objet de procédures judiciaires et de recours administratifs empêchant le modèle d'affaires de s'exprimer pleinement, les propriétaires de l'entreprise ont dû se rendre à l'évidence : il n'était plus possible de poursuivre l'activité. Ce cas est emblématique des controverses autour de l'élevage intensif, modèle permettant d'offrir une nourriture bon marché au plus grand nombre mais jugé par ses détracteurs comme préjudiciable à l'environnement et au bien-être animal.

L'objectif de cet article est de comprendre les raisons de l'échec de la FMV en recourant au concept de travail institutionnel de déstabilisation (Audebrand et Brûlé, 2009 ; Humphreys *et al.*, 2017 ; Lawrence et Suddaby, 2006). Celui-ci renvoie à des tactiques utilisées par des opposants pour renverser une institution en place ou pour empêcher

1 http://www.web-agri.fr/actualite-agricole/economie-social/article/coup-d-arret-definitif-pour-la-ferme-de-1000-vaches-1142-174349.html (consulté le 15/06/2022).

une nouvelle de s'imposer. Or, dans le cas de la FMV, plusieurs actions ont été menées par les opposants pour mettre en échec l'entreprise (manifestations, actions en justice, blocages du site, etc.). Bien que ce travail de déstabilisation ne soit pas la seule explication à l'arrêt de la production laitière, il a pesé dans la décision des dirigeants.

Dans cet article, il s'agit de comprendre comment les opposants ont réussi à mettre en échec l'entreprise en analysant leurs tactiques et le contexte dans lequel elles ont été déployées ? En analysant la documentation publiée entre 2011 et 2021 et en nous appuyant sur les recherches sur le travail institutionnel, nous montrons comment les opposants ont contribué à déstabiliser la FMV. Plus précisément, nous montrons que les opposants ont suivi quatre tactiques pour déstabiliser l'entreprise : presser, amoraliser, décrédibiliser et affaiblir. Nous montrons également que l'agenda politique n'a pas été favorable à l'entreprise, suggérant que l'analyse des travaux institutionnels doit intégrer une analyse contextuelle.

Notre contribution est double : elle touche à la fois au néo-institutionnalisme et à l'agriculture industrielle. En ce qui concerne le néo-institutionnalisme, il est reconnu aujourd'hui que les travaux institutionnels menés par les acteurs jouent un rôle important dans la création, le maintien et la déstabilisation des institutions (Lawrence et Suddaby, 2006 ; Lawrence *et al.*, 2009). Cependant, alors que les travaux de création et de maintien sont largement étudiés, peu de recherches s'intéressent aux actions de déstabilisation. Nous contribuons à ce manque en analysant un cas issu de l'agriculture, secteur économique particulièrement encadré. À la marge, nous rapprochons la littérature sur les travaux institutionnels de celle sur la cartographie des controverses, laquelle a été employée pour analyser l'acceptabilité de la population française à l'égard des élevages intensifs (Roguet *et al.*, 2020). Celle-ci s'intéresse aux joutes argumentaires sur des théâtres d'opérations institutionnels. Cependant, elle s'intéresse assez peu aux tactiques et aux actions des acteurs sur le terrain. Notre recherche montre que les chercheurs sur les controverses pourraient s'appuyer sur les travaux institutionnels pour aller plus loin dans l'analyse des rapports de force.

En ce qui concerne l'agriculture industrielle, les recherches montrent que cette forme d'agriculture se développe en France mais dans une moindre mesure que dans d'autres pays (Roguet *et al.*, 2017). L'agriculture industrielle se caractérise par son modèle d'affaires basé sur la productivité, les économies d'échelle et la maîtrise des coûts (Daviron, 2021). Sur un plan stratégique et organisationnel, c'est une agriculture qui repose sur la standardisation, la spécialisation (horizontale et verticale), la concentration géographique et, dans certains cas, sur l'innovation technologique et, en particulier, la robotisation. Pour Roguet *et al.* (2017), si la France n'a pas suivi le chemin des autres pays, c'est parce que l'agriculture industrielle fait l'objet d'une contestation grandissante de la société sur des questions de développement durable et de bien-être animal. Notre recherche fournit ainsi une illustration de la manière dont une exploitation agricole laitière de type industriel peut être mise en échec par des opposants. Elle complète la littérature française portant sur l'acceptabilité dans des filières comme le porc ou la volaille et ouvre le champ à des recherches appliquées dans d'autres filières comme le lait. Elle questionne également l'acceptabilité de l'agriculture de firme, concept non équivalent mais proche de l'agriculture industrielle.

Pour aboutir à ces conclusions, nous rappelons l'historique de la FMV avant d'analyser son échec en termes de travaux institutionnels puis d'en tirer des enseignements.

1. HISTORIQUE DE LA FMV

Deux périodes sont retenues pour présenter l'historique de l'entreprise : le lancement qui s'est accompagné des premières attaques par les associations militantes et l'exploitation de la ferme qui s'est accompagnée d'une forte activité de déstabilisation.

1. – Méthodologie de la recherche

Cette recherche repose sur une revue de presse réalisée à la suite des annonces d'arrêt d'activité de la ferme ainsi que sur des sources d'informations complémentaires comme le visionnage de vidéos, des recherches sur internet et sur les réseaux sociaux. La revue de presse, qui est la source principale de l'étude empirique, a été réalisée sur la base de données Factiva sans mention de limites de date, pour comprendre toute l'histoire du projet : de sa conception à son échec, en passant par les décisions judiciaires et les communiqués de presse des associations militantes. En tant que base de données généraliste, Factiva était adapté à cette recherche portant sur les tactiques d'opposants cherchant à sensibiliser l'opinion publique sur les dérives d'une ferme. Ce type de source est assez courant dans les recherches cherchant à analyser les travaux institutionnels (Audebrand et Brulé, 2009 ; Lambert *et al.*, 2020). Il est également employé dans les recherches reposant sur l'analyse des controverses (Venturini, 2008 ; Zerguini, 2016).

La revue de presse a été réalisée à partir des mots-clés « ferme » et « 1000 vaches » ou « mille vaches », termes qui renvoient au vocable utilisé par les opposants et la presse. La dénomination juridique de l'entreprise (SCEA Côte de la justice) a également été utilisée mais elle renvoyait à très peu d'articles. Elle a été plus utilisée pour obtenir des données officielles comme des procès-verbaux ou des documents d'enquêtes publiques. La revue de presse a permis de constituer un dossier d'environ 130 articles (excluant les doublons) dans des journaux nationaux, régionaux et locaux. Trente sources ont ainsi été identifiées. En nombre, les publications provenaient pour un tiers du *Courrier Picard* et pour un quart de deux journaux nationaux, *L'Humanité* et *Le Parisien*. Notons également qu'un peu plus de 50 % des articles ont été publiés en 2014 et 2015.

Le corpus a fait l'objet d'une analyse qualitative, c'est-à-dire d'une lecture, d'une prise de notes et d'une classification de données sur tableur. Le recours à un tableur a notamment permis de classer les sources, les faits par date, d'identifier les actions des militants et de retenir des verbatim ou des discours de presse illustratifs.

1.1. LES DÉBUTS DE LA FMV (2008-2013)

Le projet est élaboré dès la fin des années 2000 par Michel Ramery, un entrepreneur du bâtiment et des travaux publics (BTP) bien connu dans le nord de la France, né en 1949 et décédé en 2016. Michel Ramery était fils de paysan. Il a commencé sa carrière d'entrepreneur en louant du matériel agricole. Il a fait fortune en créant l'entreprise Ramery en 1972, puis en la développant jusqu'à créer un groupe de BTP embauchant près de 3500 personnes, réalisant 541 millions d'euros de chiffre d'affaires et gérant des projets dans plusieurs pays. L'idée de la FMV – sans doute profondément ancrée en lui en raison de son enfance dans le secteur – est mûrie au moment de la crise du lait vers 2008. L'entrepreneur défend d'ailleurs son projet en expliquant qu'il s'agit d'une solution destinée à « une filière en grande difficulté » (Communiqué AFP, 6 mai 2016). Une commission d'enquête dira également : « [Le département de] la Somme présente un manque de production de lait de l'ordre de 27 millions de litres par an par rapport aux capacités dont il dispose (...). Face à la suppression des quotas, à la libéralisation du marché, et de fait à la concurrence européenne, ce type de ferme est une réponse pour faire face aux importations de lait (Allemagne, Danemark) » *(L'Humanité*, 25 février 2016). Michel Ramery propose, en fait, un regroupement de plusieurs fermes sur un même site. Il estime que c'est la seule solution pour réduire les coûts et permettre à des agriculteurs de vivre correctement de leur travail.

Les premières critiques à l'encontre de la ferme apparaissent avant même la délivrance du permis de construire en 2013. Dès 2012, la Confédération paysanne alerte sur « l'aggravation certaine de la pollution des eaux et des sols par ce système intensif de production », expliquant que « on peut s'attendre à une déstructuration de toute la filière laitière française : des élevages agro-industriels décomplexés, la concentration des moyens de production, des paysans seulement salariés, l'accaparement des terres et leur détournement à des fins non-alimentaires [...] » (*News Press*, 25 juin 2012). La FMV est alors présentée comme un symbole de l'agriculture industrielle, une agriculture qui se traduit – dans la filière lait – par un abandon du pâturage, un élevage permanent dans des bâtiments et une nourriture importée par des firmes spécialisées (Valiorgue et Hollandts, 2019).

Dans le cas de la FMV, c'est le projet de méthanisation à la ferme qui cristallise les premiers débats. En effet, le modèle d'affaires repose en partie sur la construction d'une unité de méthanisation qui va traiter les déchets de la ferme et des alentours pour produire de l'énergie et la revendre sur les réseaux d'électricité ou de gaz. « Ce projet d'une ferme-usine de 1000 vaches couplée à un méthaniseur près d'Abbeville est une véritable bombe à retardement en matière de santé et d'environnement : d'un côté des vaches massivement traitées aux antibiotiques, nourries aux OGM et aux aliments bourrés de pesticides donneront du lait puis de la viande de piètre qualité. De l'autre, le méthaniseur produira des milliers de tonnes de boues résiduelles qui menaceront les nappes phréatiques et font craindre le développement d'algues vertes en Baie de Somme » (*News Press*, 07 janvier 2014). Beaucoup suspectent en fait une « fausse » activité agricole, c'est-à-dire l'exploitation d'un cheptel à des fins énergétiques, à l'image de certaines fermes allemandes qui produisent du maïs pour alimenter leurs méthaniseurs. L'entreprise

Ramery qui a aussi des activités liées à l'environnement resterait, d'une certaine façon, dans son cœur de métier.

1.2. LA PHASE D'EXPLOITATION (2014-2020)

L'entreprise vise un chiffre proche de 1000 vaches et de 750 veaux. Mais le plan ne va pas se réaliser comme prévu du fait d'un accroissement des actions contre la ferme et notamment d'actions en justice. D'abord, le permis de construire n'est accordé que pour 500 vaches (arrêté préfectoral du 1er février 2013), la surface d'épandage n'étant pas jugée suffisante pour envisager plus. Cette décision est alors pénalisante pour la ferme qui explique qu'avec cette limite, le modèle d'affaires n'est pas rentable. Ensuite, des associations anti-ferme vont émerger et plusieurs actions vont être menées telles que des manifestations et des actions en justice, notamment un référé déposé auprès du Tribunal administratif d'Amiens en 2013, puis une demande de l'État de démonter certains bâtiments jugés illégaux et, enfin, une demande de suspension du permis de construire sollicitée en début d'année 2014.

Finalement, les premières vaches à lait arrivent et sont traites en septembre 2014. Le lait est acheté par Sénagral, entreprise rachetée plus tard par Agrial. Mais une pétition est lancée par les opposants à la ferme en novembre 2014. Agrial se rétracte en avril 2015 en annonçant la rupture du contrat. La ferme s'oriente alors vers un acheteur belge qui se déplace dans la Somme pour s'approvisionner auprès de la FMV.

Au fil des années, le nombre d'associations anti-ferme augmente, de même que les actions coup de poing, les recours en justice, les pétitions en ligne, etc. C'est, en particulier, l'autorisation préfectorale d'exploiter 500 vaches qui pose des problèmes de fond et de forme et qui va aboutir à une longue procédure judicaire de 2014 à 2021, allant jusqu'au Conseil d'État. Des personnalités politiques sont également impliquées dans l'affaire d'autant que pas moins de trois élections ont lieu entre 2014 et 2015 : européennes et municipales en 2014, régionales fin 2015. À celles-ci s'ajoutent la préparation puis le vote de la loi d'avenir pour l'agriculture en octobre 2014.

Malgré ce contexte, et après plusieurs recours des associations, la ferme gagne plusieurs batailles juridiques stratégiques. Certains militants sont ainsi condamnés pour dégradations du matériel de la ferme. Les attaques se feront plus calmes à partir de 2016 sans que nous puissions établir de liens avec le décès du fondateur. À la suite de son décès, c'est son fils Mathieu qui reprend les rênes en septembre 2020 (après une période de transition avec le directeur général) avant que la décision d'arrêter la production laitière ne soit prononcée quelques mois plus tard. Le Conseil d'État enterre le projet avec une décision défavorable à la FMV en septembre 2021.

2. ANALYSE DU CAS

Le cas de la FMV illustre bien les travaux de déstabilisation tels qu'exposés par les chercheurs en sociologie ou en sciences politiques. Nous revenons brièvement sur les rares recherches qui ont tenté de catégoriser ces travaux.

2.1. LE PRISME DU TRAVAIL INSTITUTIONNEL DE DÉSTABILISATION

L'approche par le travail institutionnel est un courant du néo-institutionnalisme qui reconnaît la force du collectif dans la dynamique des institutions : des collectifs d'acteurs œuvreraient de façon plus ou moins volontaire et plus ou moins coordonnée à modifier ou sauvegarder les frontières d'un champ organisationnel (Zietsma et Lawrence, 2010). Ils recourraient pour cela à différentes tactiques, appelés « travaux institutionnels », lesquels peuvent être différents selon qu'il s'agisse de 1) créer, 2) maintenir ou 3) déstabiliser une institution (Lawrence et Suddaby, 2006). En d'autres termes, les opposants d'une institution n'utiliseraient pas le même arsenal de travaux institutionnels que les défenseurs de cette institution (Lambert *et al.*, 2020 ; Humphreys *et al.*, 2017).

Les tactiques de déstabilisation utilisées par les opposants sont assez peu développées dans la littérature portant sur les travaux institutionnels. À l'origine, Lawrence et Suddaby (2006), considérés comme les initiateurs du courant de recherche sur le travail institutionnel, distinguent trois types de travaux de déstabilisation (ou de disruption) : 1) ceux consistant à déconnecter les sanctions et les récompenses des pratiques, des règles et des technologies ; 2) ceux visant à dissocier les pratiques, les règles et les technologies de leurs fondations morales ; et 3) ceux relevant d'une remise en cause des présupposés et des croyances. Mais leur typologie souffre d'illustrations variées qui ne prennent pas en compte les spécificités du contexte institutionnel. Leur proposition de distinguer les travaux institutionnels selon l'objectif des acteurs est également critiquable car un même travail peut potentiellement être employé pour à la fois créer, maintenir ou déstabiliser une institution.

Quelques auteurs ont approfondi les recherches sur les travaux institutionnels de déstabilisation. C'est le cas d'Audebrand et Brûlé (2009), dans le registre des organismes génétiquement modifiés (OGM) en agriculture et celui de Humphreys *et al.* (2017) dans le cadre des marchés contestés. Les premiers évoquent les actions menées par les opposants aux OGM en France entre 1996 et 2007. Ils s'intéressent non pas à une institution en place mais à un ensemble d'innovations qui cherchent à s'imposer. Analysant les stratégies discursives des promoteurs et des opposants aux OGM, ils mettent ainsi en avant plusieurs tactiques « rhétoriques » d'opposants : la banalisation, l'exotisation, l'abstractisation et la réification. Ils montrent que les opposants vont utiliser ces tactiques à différents moments de la contestation et selon les enjeux. Ils montrent également qu'il n'y a pas de tactiques d'opposants d'un côté et de tactiques de promoteurs de l'autre. Les tactiques sont les mêmes : elles vont simplement être utilisées à des fins différentes et pour différents enjeux.

La recherche de Audebrand et Brulé (2009) est intéressante pour analyser le cas de la FMV car elle se rapporte à l'agriculture dans le cadre d'une contestation et avec des opposants qui sont sensiblement les mêmes que dans le cas de la FMV. Toutefois, elle se limite aux stratégies discursives ou à la théorisation, ce qui ne reflète pas l'ensemble des travaux institutionnels pouvant être menés par les opposants à une institution (création de nouvelles normes, lobbying, manifestations sur la voie publique, etc.).

Humphreys *et al.* (2017) dépassent cette approche en analysant les travaux institutionnels de déstabilisation dans le cas de marchés contestés. Ils identifient huit travaux de déstabilisation : trois à dimension cognitive (diabolisation, idéalisation et exonération), trois à consonance normative (fédération, dissociation entre les pénalités et les récompenses et création d'un discours alternatif) et, enfin, deux en rapport avec la régulation (mobilisation et désobéissance). Cette typologie s'inspire de celle de Lawrence et Suddaby (2006) mais elle est plus fine et moins figée. Dans leur typologie de travaux institutionnels de déstabilisation, les auteurs intègrent notamment des travaux institutionnels de création et de maintien issus de la typologie de Lawrence et Suddaby (2006), confirmant l'idée que toutes ces tactiques peuvent être employées en fonction de la position des acteurs par rapport à l'institution (opposants ou défenseurs) et de leurs objectifs. Nous nous appuyons sur ces différents travaux pour construire notre analyse du cas.

2.2. LE TRAVAIL DE DÉSTABILISATION DANS LE CAS DE LA FMV

Sur les huit travaux institutionnels de Humphreys *et al.* (2017), nous en relevons quatre dans le cas de la FMV : un en relation avec le pilier cognitif (diabolisation de la FMV), un avec le pilier normatif (création d'un argumentaire contre l'agriculture industrielle) et les deux travaux du pilier régulatoire (mobilisation d'opposants divers et d'élus ainsi qu'actions de désobéissance). Les tactiques visant à attaquer la FMV sont ainsi privilégiées par rapport aux travaux de revendication d'une nouvelle institution.

Ces quatre travaux ne sont cependant pas suffisants pour comprendre les logiques d'action des opposants. En effet, il manque une dimension juridico-politique, très présente dans le cas de la FMV. Par exemple, les opposants n'hésitent pas à mobiliser des élus autour de leur cause ; les recours en justice sont également nombreux. Les représentants de la FMV ne sont pas en reste puisque des décisions juridiques en leur défaveur sont elles-mêmes attaquées. Humphreys *et al.* (2017) évoquent bien le lobbying comme action pouvant être menée dans la cadre de la « mobilisation » mais les recours juridiques apparaissent assez peu dans leur recherche. Lawrence et Suddaby (2006) évoquent également le lobbying mais en tant que travail institutionnel de création. Ils évoquent également le recours à l'appareil d'État parmi les actions de déstabilisation mais ils l'intègrent dans le travail institutionnel de déconnection des sanctions. Le cas de la FMV montre que les recours en justice peuvent être considérés comme un travail institutionnel de déstabilisation à part entière, destiné à la fois à attirer l'attention du public et du législateur et à attaquer la FMV sur des questions de respect du droit.

Nous constatons également un travail visant à affaiblir le modèle d'affaires de l'entreprise en bloquant ou en perturbant les flux d'entrée et sortie de matière. Ces constats nous invitent ainsi à adapter les typologies existantes et à proposer une typologie de travaux autour de quatre intentions : presser, amoraliser, décrédibiliser et affaiblir (tableau 1).

TAB. 1 – Les travaux institutionnels des opposants à la FMV.

Actions	Exemples ou démonstration
Presser	**Manifestations** (Abbeville, 18 février 2012 ; Amiens, 23 juin 2012 ; Paris, le 03 mars et 15 novembre 2013 ; Amiens, 17 février 2014 ; France, 29 mai 2014 ; Buigny-St-Maclou, le 30 mai 2015 ; Amiens, 17 juin 2015…). **Opérations « coup de poing » sur le chantier** (« Masques blancs », le 04 avril 2013 ; « Occupation du chantier », le 22 avril 2013 ; introduction illégale sur le chantier, le 12 septembre 2013 ; blocage des engins de chantier, le 09 juillet 2013 ; enchaînements le 16 janvier 2014 ; démontage du matériel de traite, le 28 mai 2014…). **Pétitions** (Drucat-Le Plessiel et Buigny-St-Maclou, octobre-novembre 2011 ; pétition en ligne à partir du 17 mai 2012…). **Distribution de tracts** dans les deux villages de Drucat et Buigny-St-Maclou à partir de 2012 ; puis dans la baie de Somme, Abbeville, Amiens, Paris, etc. **Mobilisation d'élus** (plusieurs dizaines d'élus locaux et de membres du gouvernement rencontrés à partir de décembre 2011). **Recours juridiques** (contre l'enquête publique, le 05 décembre 2011 ; contre le permis de construire en mai puis septembre 2013 ; contre l'autorisation d'exploiter en septembre 2014 ; contre la maltraitance d'animaux en mars 2016…).
Amoraliser	**Attaque de la FMV sur différentes controverses** (*via* la presse écrite, radio ou télévisuelle) : développement durable, bien-être animal, santé humaine et désagréments pour la population environnante. **Mobilisation d'écrivains et d'intellectuels** comme Alain Finkielkraut.

Décrédibiliser	**Montrer les intentions cachées du dirigeant :** « Sous un prétexte écologique fallacieux, cette structure vise la mise en place d'une usine de méthanisation permettant à un groupe industriel de produire du biogaz à pari des déjections animales [...]. La production laitière ne sert ici que d'alibi pour la construction d'usine et de support pour leur permettre d'accéder à des financements publics écologiques liés aux subventions agricoles », *News Press*, 25 juin 2012.
Affaiblir	Pression auprès des pouvoirs publics **pour limiter la puissance du méthaniseur à 0,6 mégawatts et le nombre de vaches à 500** (septembre 2014). Lancement d'une pétition en ligne pour savoir si le lait vendu en grande distribution est issu de la FMV (novembre 2014), conduisant à une **rupture de contrat entre Agrial et la FMV** (*LSA*, 20 avril 2015). Alerte du média Reporterre qui conduit à une **réduction du cheptel à 500 vaches** (juin 2015).

Source : Auteur.

L'acte de presser consiste à attaquer la ferme de manière régulière, en utilisant différents moyens et en mobilisant de plus en plus d'opposants au projet. L'arme juridique est notamment particulièrement utilisée à la FMV. Plusieurs contrôles sont également menés par la préfecture et des commissions d'enquête sont créées.

Concernant l'action d'amoraliser les pratiques, le cas des 1000 vaches est également très illustratif. En effet, les opposants ont régulièrement montré que les pratiques de la ferme étaient moralement condamnables. D'abord, c'est le modèle d'affaires de la ferme qui a été remis en question sous prétexte qu'il conduisait à des dérives sur le plan environnemental, sanitaire et, plus tard, sur le bien-être animal. Il s'agissait également de démontrer que cette forme d'agriculture avait pour objectif de faire du profit alors qu'une agriculture moderne doit nourrir la population, faire vivre les agriculteurs et préserver les paysages.

Concernant la décrédibilisation, les opposants ont cherché à démontrer que le propriétaire mentait sur ses intentions, que le projet n'était pas un projet agricole mais un projet de production d'énergie. Ils ont ainsi retourné le lien moyen-fin : la finalité n'est pas de produire du lait mais de générer des profits grâce à l'énergie issue du processus de méthanisation.

En ce qui concerne l'affaiblissement, il s'agit d'empêcher la ferme de faire grossir son cheptel voire physiquement d'empêcher l'approvisionnement en vaches laitières. Il s'agit également de dissuader les acheteurs de lait de travailler avec la ferme, en les menaçant ou en portant atteinte à leur image. La ferme se retrouve alors refermée sur elle-même, incapable d'augmenter sa production et de vendre son lait, le but ultime des opposants étant de ruiner le projet et de faire en sorte que la FMV disparaisse.

Cette intention est affichée clairement lors d'une assemblée générale de Novissen, l'une des associations les plus actives contre la FMV : « Avec 3225 membres, l'association Novissen ne désarme pas. Elle compte maintenir le cap jusqu'à la fermeture – qu'elle espère encore – de la ferme des Mille vaches [...]. Tous les membres seront responsables et auront des tâches précises au sein de l'association [...]. Le but lui ne change pas : combattre la ferme des 1000 vaches. 'Il faut que les vaches sortent et que les camions arrêtent d'emporter le lait. 27 000 litres de lait partent chaque jour en Belgique', précise le président Francis Chastagner » (*Le Courrier Picard*, 6 décembre 2018).

Les opposants utilisent la même tactique pour l'unité de méthanisation en bloquant les flux de matière pour faire fonctionner la FMV en sous-capacité et en cherchant par le biais de la réglementation à réduire la taille de l'unité.

2.3. UN TRAVAIL DE DÉSTABILISATION COLLECTIF

La manière dont sont coordonnés les travaux institutionnels est assez peu étudiée dans la littérature. Celle-ci émet d'ailleurs des doutes quant à l'existence de logiques coordonnées voire intentionnelles de travaux institutionnels (Leca *et al.*, 2009).

Le tableau 2 montre que deux acteurs mènent le travail de déstabilisation : l'association Novissen (au départ, simple association de riverains) et la Confédération paysanne. La première a un ancrage local. Elle a d'ailleurs été créée dans le seul de but de faire avorter le projet. Elle est composée à son maximum de près de 3000 membres qui refusent la création de cette ferme à proximité de chez eux. La Confédération paysanne a un ancrage local, national et même international. Elle cherche à faire échouer le projet et, plus globalement, à mettre fin à l'agriculture intensive. Sa stratégie consiste à montrer que le projet n'est pas isolé mais qu'il s'inscrit dans une dynamique d'essor de l'agriculture industrielle. Ces deux acteurs sont complémentaires : la Confédération paysanne permet d'insérer le cas de la FMV dans un ensemble plus vaste (l'agriculture industrielle), permettant une décontextualisation locale, une meilleure visibilité médiatique et en mobilisant un plus grand nombre d'opposants.

TAB. 2 – Organisations et personnes impliquées dans les actions contre la FMV.

Type	Nom	Actions
Syndicats agricoles	Confédération paysanne	Organisation de manifestations (de soutien, de protestation, pacifistes, etc.). Actions « coup de poing » (démontage de matériels, blocages du site, enchainements, etc.). Recours en justice et défense des prévenus. Mobilisation d'élus et de membres du gouvernement. Lancement de pétitions.
	Coordination rurale	Soutien des opposants dans les manifestations et la presse.
Association de riverains	Novissen	Organisation de manifestations. Recours en justice. Mobilisation d'élus locaux. Lancement de pétitions. Organisation de conférences, de projections-débats, etc.
Associations écologistes et altermondialistes	Agir pour l'environnement, Alternatiba, Attac, Collectif Notre-Dame-des-Landes, Écologie sans frontières, France Nature Environnement, Les amis de la terre, Picardie Nature, etc.	Participation aux manifestations et, à la marge, recours en justice.

Associations de protection des animaux	Fondation Brigitte Bardot	Participation aux manifestations. Prise en charge des animaux à la suite de décisions de justice.
	L214	Participation aux manifestations. Recours en justice pour maltraitance.
	30 millions d'amis	Remise d'un prix à Christian Laborde (auteur d'un livre dénonçant les FMV).
Partis politiques	Europe-Écologie-Les Verts (EELV), Front de gauche, Parti communiste, Nouveau Parti Anticapitaliste (NPA)	Participation aux manifestations. Soutien des opposants dans la presse. Mobilisation d'élus.
Syndicats de travailleurs	CGT	Participation aux manifestations.
Intellectuels et écrivains	Alain Finkielkraut	Écriture d'un ouvrage. Animation d'émissions de radio. Participation à des émissions de télévision. Interviews dans la presse. Soutien de son épouse (avocate de L214 et Écologie sans frontières).
	Christian Laborde et Catherine Zambon	Écriture de livres et promotion des idées dans la presse ou auprès du grand public.
Journalistes	Reporterre	Enquêtes et alertes.

Source : Auteur.

Comme le montre la colonne de gauche, les actions de la Conf' sont très nombreuses et très variées, allant de l'organisation de manifestations à des actions coup de poing en passant par des actions en justice. Novissen enrichit progressivement sa palette de travaux institutionnels et sa particularité est d'être bien ancrée dans le territoire. Ces deux organisations pilotes sont entourés d'une vaste constellation d'acteurs : des associations écologiques ou de protection des animaux, des intellectuels, des parties politiques, des syndicats, etc. La présence de certains acteurs politiques est motivée par une adhésion aux valeurs défendues par les opposants mais aussi par les élections, lesquelles sont nombreuses au moment où la ferme démarre son exploitation.

2.4. UN AGENDA POLITIQUE DENSE

La figure 1 reprend quelques dates phares du projet. Les événements en gris clair sont défavorables à la ferme tandis que ceux en gris foncé sont favorables. Le début de la frise (2011-2013) est relativement vierge, de même que les quatre dernières années (de 2017 à 2021). Les explications sont que l'autorisation préfectorale d'exploiter et l'obtention du permis de construire sont notifiés en 2013, ce qui induit peu d'événements auparavant si ce n'est la création de l'association Novissen. Le calme apparent des dernières années est dû aux recours juridiques : c'est sur le terrain judiciaire que se joue l'avenir de la ferme, d'autant que plusieurs militants de la Confédération paysanne sont attaqués devant les tribunaux pour dégradations de matériels. Cela rend probablement la Conf' plus prudente dans ses actions, à moins que plusieurs fronts judiciaires créent une dispersion des efforts et de la médiatisation de l'affaire.

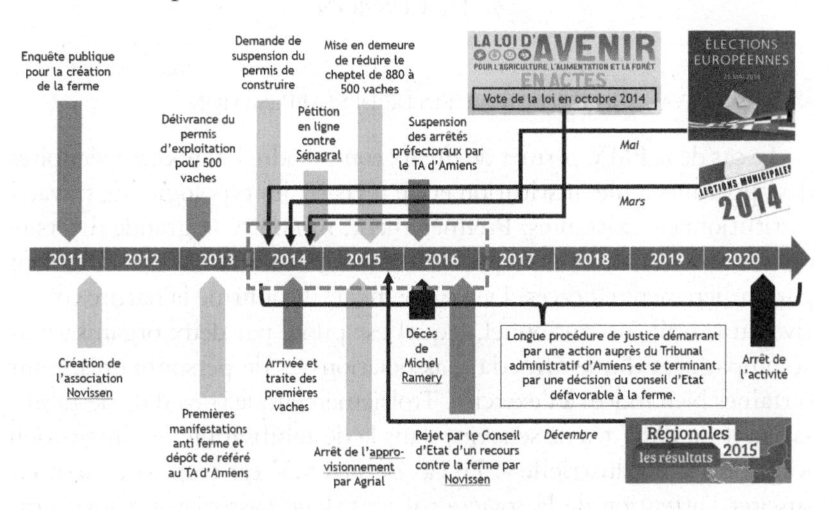

FIG. 1 – Frise chronologique du projet (*Source* : Auteur).

Les principales actions sur le terrain se concentrent en fait entre 2013 et 2016. Cela s'explique par les décisions préfectorales et peut-être indirectement par le décès de M. Ramery. Toutefois, un élément de contexte peut expliquer l'emballement des actions : les élections. Pas moins de trois élections ont lieu entre 2014 et 2015 tandis que la loi d'avenir sur l'agriculture est votée au parlement en octobre 2014. D'après certains opposants, les actions contre la FMV étaient aussi un moyen d'inciter les élus à prendre des mesures contre les fermes usines. C'est ainsi que la Confédération paysanne, par exemple, soutenue par Europe-Écologie-Les Verts (EELV) organise plusieurs rassemblements en France le 7 janvier 2014 pour dénoncer le projet de la FMV alors que le projet de loi d'avenir sur l'agriculture est présenté le jour même à l'Assemblée nationale.

On voit ainsi qu'au-delà des travaux institutionnels, un concours de circonstances ou un agenda défavorable a contribué à l'échec de la FMV. Le résultat aurait-il été de même sans cet agenda ? On ne peut pas l'affirmer.

3. DISCUSSION

3.1. LES TRAVAUX INSTITUTIONNELS DE DÉSTABILISATION

Le cas de la FMV permet de mieux comprendre les modes opératoires des opposants à une institution et de revisiter les typologies de travaux institutionnels existantes. Premièrement, il montre la grande diversité des travaux institutionnels qui, additionnés les uns aux autres, semblent particulièrement efficaces. Deuxièmement, il confirme la nature collective du travail institutionnel, lequel est piloté par deux organisations accompagnées d'une armada d'associations et de personnalités, pour certaines bien rodées à l'exercice. Troisièmement, le travail de déstabilisation de la FMV n'a de sens que dans la déstabilisation de l'institution « agriculture industrielle ». Le cas de la FMV est trop localisé pour susciter l'attention de la société : il faut donc l'associer à d'autres cas du même type. Inversement, les opposants à l'agriculture industrielle ont besoin de cas concrets comme la FMV pour fournir du sens et une illustration de leur action. Quatrièmement, le cas montre l'importance de la mobilisation de l'appareil d'État, non seulement sous forme de lobbying (ou plus généralement de la mobilisation d'élus) mais aussi de recours en justice. Enfin, cinquièmement, il confirme l'idée qu'il n'y a pas de travaux de création d'un côté, de travaux de maintien ou de déstabilisation de l'autre. Les travaux institutionnels doivent plutôt être considérés comme une boîte à outils que les opposants d'une institution vont utiliser en fonction de leurs objectifs et de leurs compétences.

Le cas montre également un accroissement des actions de déstabilisation à mesure que le projet avance : le nombre d'opposants augmente tandis que les actions se font de plus en plus virulentes et qu'elles prennent une tournure judiciaire. Cette montée en puissance a été mise en avant dans le cadre d'une étude portant sur un projet de production d'eau potable en Californie par Binz *et al.* (2016). Nous confortons les résultats de ces auteurs mais en suggérant une courbe en U inversée. La revue de presse sur la FMV indique une montée en puissance des actions de déstabilisation jusqu'en 2016 environ, avant que celles-ci ne s'estompent progressivement. Notre recherche fournit deux explications non-exhaustives de cette situation. Premièrement, au vu de la chronologie des événements, les élections ont sans aucun doute amplifié le mouvement de contestation. L'affaire constituait, en effet, une tribune pour certains candidats aux élections ou du moins permettait une meilleure visibilité. Deuxièmement, il est possible que les sanctions signifiées par les tribunaux à l'encontre des opposants aient pu faire ralentir ce mouvement à partir de 2016. Il serait intéressant de creuser cet aspect voire que des travaux dans d'autres domaines s'intéressent à cette évolution dans le temps.

3.2. RÉPERCUSSIONS EN TERMES D'ACCEPTABILITÉ DES MODÈLES AGRICOLES

Notre travail fait écho aux recherches sur l'acceptabilité des modèles agricoles s'inspirant de la firme. Dans cette recherche, nous nous sommes focalisés sur un cas d'entreprise agricole industrielle ou s'en rapprochant mais nos résultats peuvent aussi inspirer les chercheurs sur l'agriculture de firme (Purseigle *et al.*, 2017).

L'agriculture industrielle peut se confondre avec l'agriculture de firme mais ces deux concepts sont différents. Adoptant une posture managériale (au sens large, incluant la gouvernance), les chercheurs de ce courant mettent en avant un effritement du modèle de gouvernance familiale des exploitations agricoles au profit de modèles à gouvernance ouverte n'excluant pas l'entrée de certains États dans le capital ainsi que l'exclusion des fondateurs du processus de décision stratégique (Hervieu et Purseigle, 2012 ; Purseigle, 2012). L'agriculture de firme se caractérise également par un mode de contractualisation et de management différent du modèle familial, avec un recours prononcé à l'externalisation de certaines activités liées à la production (délégation). Si l'ouverture du capital et la délégation ne vont pas systématiquement de pair avec la mise en place de procédés industriels, les deux approches (industrielle et de firme) reposent sur des modes de fonctionnement issus du monde de l'entreprise non agricole, lesquels peuvent se rencontrer à des degrés divers en agriculture en fonction des objectifs que se fixent les propriétaires. Certaines caractéristiques de l'agriculture de firme et de l'agriculture industrielle peuvent ainsi se retrouver communément dans certains modèles agricoles.

La question de l'acceptabilité des modèles s'inspirant de la firme peut ainsi tout autant se poser à l'agriculture de firme qu'à l'agriculture industrielle. En effet, comme le montre le cas de la FMV, plusieurs acteurs défendent une agriculture à taille humaine, ancrée dans son territoire, délivrant des services à la collectivité et centrée sur sa mission de fournir une alimentation de qualité à sa population environnante. Ces valeurs ne sont pas sans aller à l'encontre de celles prônée par certains acteurs de l'agri-firme telles que les décrivent les chercheurs : des acteurs cherchant à s'approprier des ressources – et notamment la terre – pour sécuriser les approvisionnements, réaliser des profits ou investir dans un foncier amené à prendre de la valeur. Comment les opposants à l'agriculture industrielle n'ont-ils pas pu à réagir à ce phénomène d'agriculture de firme que décrivent les chercheurs depuis une quinzaine d'années ?

À notre connaissance, peu de travaux se sont penchés sur l'acceptabilité des modèles de l'agriculture de firme ce qui nous amène à proposer quelques réflexions dans ce sens. D'abord, la différence majeure entre l'agriculture industrielle et l'agriculture de firme repose sur leur point de fixation. Dans le cas de l'agriculture industrielle, les chercheurs et les observateurs s'intéressent à la manière de produire, à « l'exploitation » agricole, avec toute les dérives que notre corpus de presse décrit. Dans le cas de l'agriculture de firme, c'est le financement et la gouvernance des exploitations qui sont les principaux points de fixation, l'agriculture de firme ne remettant pas en cause un modèle de production mais un modèle de gouvernance (familial).

Ce point de fixation a notamment deux conséquences. La première est que la société en général (et donc les consommateurs) est plus concernée par la production que par la gouvernance. Elle est donc plus sensible à la rhétorique entourant l'agriculture industrielle qu'à celle de l'agriculture de firme : qualité des aliments, bien-être animal, respect de l'environnement, etc. La seconde est qu'en fixant l'attention sur le financement et la gouvernance, le « prisme institutionnel » change, de même que l'identité des défenseurs et des opposants. L'institution remise en question par les modèles d'agriculture de firme n'est plus l'agriculture paysanne mais l'agriculture familiale. Par conséquent, les opposants ne sont pas strictement les mêmes. Si les défenseurs de l'agriculture de firme peuvent être identiques aux défenseurs de l'agriculture industrielle (des entreprises attirées par le profit et/ou le foncier), les opposants ne sont plus (seulement) des citoyens lambda mais des agriculteurs craignant de voir disparaitre leur modèle familial (entre autres).

Ces mêmes agriculteurs se retrouvent également dans les controverses autour de l'agriculture industrielle mais alors que, dans le cas de l'agriculture industrielle, les controverses touchent la société en général, dans le cas de l'agri-firme, elle concerne principalement les professionnels de l'agriculture. Cela expliquerait ainsi pourquoi l'agriculture de firme ne soulève pas autant de débats que l'agriculture industrielle qui est plus ancrée dans les débats de société. Mais jusqu'à quand ? Alors que l'agriculture se territorialise et qu'elle devient un sujet d'intérêt pour tous les citoyens, il est probable que des militants se mobilisent contre un modèle de fonctionnement inspiré de la firme et que l'agriculture industrielle et de firme ne fasse plus qu'un dans le discours des acteurs. Le documentaire *Les raisins de la misère*[2] semble d'ailleurs aller dans ce sens. Ce documentaire montre comment des citoyens (dont certains ouvriers agricoles) s'insurgent contre le mode de management pratiqué par les entreprises chargées de la délégation par de grands groupes viticoles.

2 https://www.dailymotion.com/video/x8ajns4 (15/06/2022).

CONCLUSION

Notre travail montre ainsi que les travaux institutionnels de déstabilisation font bien partie de l'arsenal destiné à empêcher une institution de s'imposer. Toutefois, les typologies existantes doivent être adaptées au contexte du cas étudié. D'une part, tous les travaux mentionnés par les chercheurs ne semblent pas s'appliquer. D'autre part, ce qui apparaît pour certains comme un travail de création ou de maintien d'une institution peut tout à fait être employé à des fins de déstabilisation. Cette recherche renforce ainsi la nécessité d'explorer encore davantage les travaux institutionnels de déstabilisation, lesquels ne sont pas anecdotiques dans le secteur agricole (réactions au barrage de Sivens, cas Notre-Dame-des-Landes, etc.). Elle invite à analyser un peu plus les changements en agriculture sous le prisme de l'action collective.

La principale limite de ce travail réside dans le choix délibérément pris par l'auteur d'analyser l'échec sous l'angle de la déstabilisation institutionnelle. Il va de soi que l'échec de la FMV ne repose pas uniquement sur le travail d'activistes. Une étude empirique multi-angulaire permettrait d'analyser plus largement les causes de l'échec.

RÉFÉRENCES BIBLIOGRAPHIQUES

Audebrand L.K., Brûlé É., 2009, « Changement institutionnel et stratégies discursives. Le cas des OGM en France (1996-2007) », *Revue française de gestion*, n° 4, p. 83-104.

Binz C., Harris-Lovett S., Kiparsky M., Sedlak D.L., Truffer B., 2016, "The thorny road to technology legitimation – Institutional work for potable water reuse in California", *Technological Forecasting and Social Change*, n° 103, p. 249-263.

Daviron B., 2021, « Aux origines de l'agriculture industrielle ». In Bricas *et al.*, *Une écologie de l'alimentation*, QUAE, p. 71-81.

Hervieu B., Purseigle F., 2009, « Introduction ». *Études rurales*, n° 183, p. 1-5.

Hervieu, B., et Purseigle, F., 2012, « Les fermes du monde : un kaléidoscope », *Cahier Demeter*, n° 12, p. 87-97.

Humphreys A., Chaney D., Slimane K.B., 2017, "Megamarketing in contested markets: The struggle between maintaining and disrupting institutions", *Thunderbird International Business Review*, vol. 59, n° 5, p. 613-622.

Lambert C., Condor, R., Prével M., 2020, « Le travail institutionnel sur les pratiques agroécologiques das la filière du paysage en France », *Économie rurale*, n° 3, p. 5-22.

Lawrence T.B., Suddaby R., 2006, "Institutions and institutional work". In Stewart R. Clegg, Cynthia Hardy, Walter R. Nordpar, *Handbook of organization studies*, p. 215-254, Sage, London.

Lawrence T.B., Suddaby R., Leca B., 2009, "Introduction: Theorizing and studying institutional work". In T.B Lawrence, R. Suddaby, B. Leca (ed.), *Institutional Work: Actors and Agency in Institutional Studies of Organizations*, p. 1-27.

Nguyen G., Purseigle F., 2012, « Les exploitations agricoles à l'épreuve de la firme : l'exemple de la Camargue », *Études rurales*, n° 190, p. 99-118.

Purseigle F., Nguyen G., Blanc P., 2017, *Le nouveau capitalisme agricole. De la ferme à la firme*, Paris, Les Presses de Sciences Po (Économie politique).

Roguet C., Delanoue E., Dockès A.C., Magdelaine P., van Tilbeurgh V., Grannec M.L., 2020, « ACCEPT-Acceptabilité des élevages par la société en France : cartographie des controverses, mobilisations collectives et prospective », *Innov. Agron*, n° 79, p. 315-329.

Roguet C., Duflot B., Rieu M., 2017, « Évolution des modèles d'élevage de porcs en Europe et impacts sur les performances technico-économiques », *Économie rurale, Agricultures, alimentations, territoires*, n° 357-358, p. 73-86.

Valiorgue B., Hollandts X., 2019, *Combien de fermes de 1000 vaches pour nourrir les français ?* https://theconversation.com/combien-de-fermes-de-1-000-vaches-pour-nourrir-les-francais-111872. Consulté le 13 juin 2022.

Venturini T., 2008, « La cartographie des controverses », *Colloque CARTO 2.0*, Paris, 3 avril.

Zerguini N., 2016, « Cartographie de la controverse d'exploration et d'exploitation du gaz de schiste en Algérie », *Éthique publique. Revue internationale d'éthique sociétale et gouvernementale*, *18*(1). Mis en ligne le 9 mai 2017, consulté le 13 juin 2022. URL : http://journals.openedition.org/ethiquepublique/2562.

Zietsma C., Lawrence T.B., 2010, "Institutional work in the transformation of an organizational field: The interplay of boundary work and practice work", *Administrative science quarterly*, vol. 55, n° 2, p. 189-221.

CHRONIQUE DES CHERCHEURS

REGARDS CROISÉS SUD ET NORD SUR LES SYSTÈMES ALIMENTAIRES

Rubrique animée par Foued CHERIET
(Institut Agro Montpellier, UMR MoISA)

MIGRATIONS ET SÉCURITÉ ALIMENTAIRE

Interviews de Michele Nori[1] et Mohamed Saib Musette[2]

Migration et alimentation entretiennent des liens séculaires. Historiquement, migrer pour assurer sa sécurité alimentaire est un des premiers actes de mobilité humaine. De nos jours, la globalisation des échanges économiques, le développement des moyens de transport et de communication, la standardisation des processus de production et de consommation alimentaires, et certains évènements extrêmes (guerres et conflits, changements climatiques, crises) font se croiser encore davantage hommes, aliments, produits agricoles ; ces liens constituent des thématiques de recherche importantes pour comprendre les enjeux des systèmes alimentaires (Freguin-Gresh *et al.*, 2015) et tenter d'inspirer de nombreuses politiques publiques (Castagnone et Termine, 2018).

---

1 Michele Nori est agronome tropical (Université de Florence, Italie) avec une spécialisation supplémentaire en sociologie rurale (doctorat à l'Université de Wageningen) et une expertise spécifique sur la gestion des ressources et les systèmes de subsistance des communautés agro-pastorales. Intégrant la pratique sur le terrain, la recherche universitaire et le conseil politique, il a développé une « carrière horizontale », basée sur plus de vingt-cinq ans de travail dans différentes régions du monde avec diverses organisations, notamment la société civile, les agences des Nations Unies, les instituts de recherche, les entreprises agricoles et les bureaux des donateurs, y compris l'Union européenne et ses délégations. Ses publications vont d'articles scientifiques à des notes techniques et des documents de plaidoyer basés sur une analyse solide des réalités et des pratiques sur le terrain. Cet effort est entrepris notamment à travers le programme PASTRES, financé par l'European Research Council de l'Union européenne, en partenariat avec le Centre Robert Schuman de l'Institut universitaire européen.

2 Mohamed Saib Musette est sociologue et directeur de recherche au Centre de recherche en économie appliquée au développement (CREAD) à Alger. Responsable de l'équipe de recherche « Migrations et mobilités », il est l'auteur de nombreux ouvrages, articles académiques et rapports d'expertise sur ces questions auprès des institutions algériennes, maghrébines et internationales. Ses travaux portent sur les problématiques des migrations et du travail, de l'insertion professionnelle et des mobilités des compétences. Grand spécialiste des questions migratoires auprès d'organismes internationaux (BIT, PNUD, agences des Nations Unies), il est membre fondateur du réseau des universitaires sur les migrations en Afrique (ICMDP – 2019) et membre du réseau *Global Migration Policy* basé à Genève depuis 2016.

L'ONU a estimé à 281 millions le nombre de migrants internationaux dans le monde en 2020, soit 3,6 % de la population mondiale (UNDESA, 2021). À cela s'ajoutent, et de plus en plus, les migrants « internes » et déplacés dans leurs propres pays ou encore les migrants en situation irrégulière non comptabilisés par les agences de l'ONU. La dernière crise sanitaire a fait émerger d'autres problématiques liées à la disponibilité des produits mais aussi celle du recours au travail agricole des migrants (crise en Espagne ou dans le sud de l'Italie, par exemple) (Triandafyllidou, 2022). L'actualité récente de la guerre Russie-Ukraine fait encore ressortir les enjeux croisés entre migrations et alimentation : déplacement de près de 4 millions de personnes et effets importants sur les industries alimentaires nationales et les échanges internationaux de nombreux produits agricoles de base (blé, maïs, orge).

Les liens sont multiples. Cela va de la « mobilité » des pratiques culinaires à la pérennité des pratiques agricoles, à l'élevage, à la disponibilité des terres et des produits agricoles mais aussi à des enjeux de développement rural (Nori, Farinella, 2020), de lutte contre la pauvreté et d'amélioration de l'accès à l'alimentation (Essomba *et al.*, 2010 ; Lacroix, 2012 ; Crush et Caesar, 2016). Pour comprendre ces liens entre migrations et sécurité alimentaire, deux experts ont accepté de répondre à nos questions et de croiser leurs regards sur ces thématiques.

Foued Cheriet : Quels sont les liens entre migration, agriculture et sécurité alimentaire ?

Mohamed Saib Musette : Trois types de lecture peuvent être relevés dans la littérature sur les liens entre migrations, agriculture et sécurité alimentaire, sans pour autant remettre en cause les objectifs fixés par l'Agenda 2030 des Nations Unies (FAO, IFAD, IOM. WFP, 2018). Si la réduction des inégalités reste un idéal, l'implémentation du Pacte des migrations internationales ne fait pas encore l'unanimité.

(1) Les rapports entre ces trois concepts ne sont pas figés dans le temps ni dans l'espace. On se souvient que des théories élaborées sur les migrations se sont fondées sur des observations des flux migratoires entre la campagne et la ville, la croissance urbaine et l'industrialisation allant de pair avec le déclin de l'agriculture et la paupérisation des populations

rurales. Cette vision primaire a donné naissance à toute une littérature sur les effets néfastes des migrations sur le développement rural.

(2) Les rapports ne sont plus les mêmes entre les migrations internationales et le développement de l'agriculture. L'argument principal est lié au changement du profil des migrants qui proviennent pour la plupart du monde rural. Depuis ce millénaire, il est fait état de l'impact des transferts de fonds (formels/informels) sur la réduction de la pauvreté et, par conséquent, sur le développement des pays d'origine. Ces transferts sont estimés plus importants et seraient même plus efficaces que le niveau de l'aide au développement, dans la mesure où ils sont perçus directement par les non-migrants restés dans le pays.

(3) De nos jours, une troisième lecture est apparue. Le profil des migrants a changé. La migration internationale a un coût, difficilement soutenu par les plus pauvres. Les migrants proviennent des couches urbaines et les transferts d'argent sont peu utilisés pour l'alimentation, pour la scolarisation ou la santé ; la tendance à transformer les transferts en investissement est aussi soutenue par les autorités comme par les agences internationales.

Michele Nori : La polarisation des politiques de développement et des investissements qui a caractérisé les dernières décennies a creusé les disparités et les inégalités existantes entre et au sein des territoires, comme en témoigne une série d'indicateurs économiques, sociaux et démographiques. La modernisation du secteur agricole, qui résulte de l'intégration globale des économies locales, a contribué à l'intensification de la différenciation sociale et spatiale dans le monde rural. La modernisation de l'agriculture s'est principalement traduite par une intensification de l'utilisation des terres dans les zones à fort potentiel, et l'abandon progressif des zones à faible potentiel/marginales. Globalement, ces processus ont largement contribué à l'expulsion d'une grande partie de la population rurale et ont modifié l'économie politique et les relations sociales dans les campagnes. Le nombre de petites et moyennes exploitations agricoles n'a cessé de diminuer tandis que les conditions de vie et les perspectives des travailleurs agricoles se sont réduites au fur et à mesure de la mécanisation et de la réduction de leurs droits. Dans la région méditerranéenne, les changements environnementaux intenses ont amplifié la vulnérabilité des moyens de subsistance des ruraux et favorisé la différenciation entre les communautés régionales disposant de ressources naturelles historiquement distinctes. En conséquence, les facteurs climatiques et démographiques ont des impacts visiblement différents sur les territoires et les populations. Cela se reflète, entre autres, dans l'intensification des flux migratoires Sud-Nord ainsi qu'Est-Ouest vers l'UE.

Un facteur clé qui a contribué à amortir la diminution de la population rurale et des travailleurs agricoles en Europe est l'afflux important d'étrangers dans les campagnes de l'UE ; aujourd'hui, les migrants – en situation légale ou illégale – constituent une part importante de la main-d'œuvre rurale et leur travail a grandement contribué à la survie de nombreuses exploitations agricoles de l'UE dans des périodes difficiles et critiques. Les activités agricoles dans l'UE sont en fait de plus en plus souvent le fait de nouveaux arrivants, et l'immigration contribue à remédier à l'inadéquation sociale et économique des marchés du travail ruraux en comblant les vides laissés par la population nationale. Dans l'ensemble, les travailleurs migrants jouent aujourd'hui un rôle déterminant dans la gestion de deux fonctions sociétales fondamentales telles que la production de denrées alimentaires et la gestion des ressources naturelles dans l'UE, ainsi qu'un rôle clé dans le maintien et la reproduction d'un certain nombre de caractéristiques traditionnelles du monde rural de l'UE (produits, paysages, culture). D'autre part, les zones rurales et le secteur agricole de la UE présentent un certain nombre de caractéristiques qui pourraient les caractériser comme des zones d'entrée/transit commodes pour les migrants irréguliers, car elles offrent des degrés d'invisibilité, d'informalité et d'illégalité, ainsi que des possibilités de logement et de nourriture moins chères et des chances plus faciles d'obtenir des moyens de subsistance de base pour les personnes souvent issues d'un milieu rural et capables de travailler dans des activités agricoles. Dans l'ensemble, ces espaces ruraux représentent une zone grise où des degrés d'informalité et d'invisibilité offrent aux travailleurs migrants des possibilités de soutien aux moyens de subsistance, mais aussi d'exploitation brutale.

F. C. : Existe-t-il des différences d'enjeux migratoires et de sécurité alimentaire entre le Nord et le Sud ?

M. N. : Les défis des dimensions Nord et Sud sont complémentaires et imbriqués. Dans une perspective régionale méditerranéenne, la dynamique climatique et les changements environnementaux, ainsi que les transformations socio-économiques et l'évolution des domaines politiques, génèrent des incertitudes significatives qui remettent en question la durabilité des systèmes agro-pastoraux méditerranéens. D'une part, les zones arides d'Afrique du Nord et du Moyen-Orient accueillent un nombre croissant d'animaux pour les activités d'élevage dans des conditions climatiques qui affectent de plus en plus les conditions de pâturage et la disponibilité en eau. D'autre part, le nombre d'animaux diminue de façon spectaculaire sur les pâturages plus verts d'Europe, où les politiques de l'UE semblent inefficaces pour contrer l'exode rural. Les schémas actuels d'abandon des terres agricoles en Europe et de dégradation intense des terres dans les pays de la région du Moyen-Orient et de l'Afrique du Nord (MENA) offrent des scénarios dramatiques et appellent un cadre politique intégré qui tienne mieux compte de l'évolution des modèles économiques, des changements environnementaux, des marchés du travail et des schémas migratoires dans une perspective régionale.

M. S. M. : Deux précisions sont importantes. La première porte sur la distinction entre le Nord et le Sud. Cette distinction reste encore marquée par des observations faites il y a plus de 50 ans, reprises dans le dernier rapport mondial sur la sécurité alimentaire (FAO, 2021). Les pays du Sud ne sont pas homogènes. La deuxième est relative à l'acception de la notion de sécurité alimentaire. La crise sanitaire actuelle a mis en évidence notamment la durabilité de la sécurité alimentaire. Ces précisions faites, comment se présentent les flux migratoires entre le Nord et le Sud ? Les estimations des Nations Unies portent sur le stock des migrations régulières, relevées par les recensements. Les migrations Sud-Sud sont plus importantes que les migrations Sud-Nord selon les données des Nations Unies. Cette configuration n'intègre pas les migrations irrégulières ou encore les migrations saisonnières, alternantes, car ces migrations sont estimées non-pertinentes sur le plan des statistiques. Pourtant, l'observation empirique indique que ces types de mouvements sont importants partout dans le monde et plus encore entre les pays du Sud. La 18e Conférence internationale des statisticiens du travail de l'Organisation internationale du travail (OIT) revient sur la nécessité de mesurer les migrations frontalières et saisonnières, même inférieures à 3 mois.

F. C. : Quels sont les mécanismes déployés dans les pays du Sud et dans les pays du Nord pour gérer les mouvements migratoires et ses effets sur la sécurité alimentaire ?

M. S. M. : Trois constats sur les mécanismes de gestion des mouvements migratoires :

1. Les flux migratoires réguliers sont régis par des dispositifs institutionnels, mais la décision de migrer relève d'une pluralité de facteurs, maitrisables sous certaines conditions ; d'autres sont inattendus donc imprévisibles, comme les pseudo « crises migratoires » en conséquence des conflits et des violences, impliquant souvent des puissances étrangères.
2. L'un des dispositifs, de loin le plus important, est celui de la gestion des transferts de fonds des pays d'accueil vers les pays d'origine. Cette gestion est soumise à des conditions de plus en plus rigoureuses, pour des raisons dites de « traçabilité » ou de transferts estimés illicites.
3. La conjugaison des mécanismes de gestion des flux avec le niveau des transferts (formels/informels) doit être contextualisée pour situer son impact sur la sécuritaire alimentaire dans les pays les moins avancés et les États fragiles. Cette configuration est plus précise que celle des pays du Sud, de manière globale. Ces pays sont dépendants non seulement des transferts mais aussi de l'aide au développement.

M. N. : À l'heure où la société européenne perçoit l'immigration comme une menace pour la culture et les traditions locales, les données recueillies dans les contextes ruraux montrent au contraire que les immigrants jouent un rôle important dans le maintien et la reproduction des sociétés locales et de leur patrimoine, notamment par leurs contributions économiques, leurs fonctions sociales essentielles et leurs services écologiques. Plusieurs expériences et pratiques ont été mises en place et ont évolué ces dernières années en Europe en vue de contrer l'exploitation des conditions locales des travailleurs immigrés et de renforcer leur intégration. La société civile a été active dans la proposition et la mise en œuvre de pratiques ascendantes d'intégration et d'agriculture coopérative, basées sur des relations équitables et des chaînes d'approvisionnement courtes ; ces expériences ascendantes visent à promouvoir de meilleures conditions de vie et de travail pour les travailleurs agricoles et à soutenir leur inclusion dans la société locale. Ces expériences sont limitées mais significatives car elles tentent de proposer un modèle alternatif, basé sur l'agriculture paysanne et sur les réseaux alimentaires alternatifs et les chaînes d'approvisionnement courtes. L'idée est de promouvoir une agriculture reconnectée à l'environnement local, capable de valoriser la réciprocité des relations, plus orientée vers une « économie morale » où la nourriture n'est pas qu'une simple marchandise et où les relations entre les personnes ne passent pas uniquement par les mécanismes du marché.

En outre, des pratiques et des expériences plus orientées vers les politiques ont visé à reconnaître et à améliorer les droits, les conditions de travail et de vie des travailleurs agricoles étrangers et des immigrants ruraux et à soutenir leur intégration dans la société locale. L'amélioration de l'intégration des travailleurs immigrés dans des postes et des rôles moins précaires et à plus long terme dans le monde agraire offre une occasion unique de revitaliser les zones rurales en voie de dépeuplement et de soutenir les activités agricoles manquant d'opérateurs jeunes, qualifiés et motivés. Dans un tel cadre, l'agriculture et le développement rural durables ne peuvent pas être le simple résultat de subventions, de programmes et d'incitations, mais doivent être le fruit d'un cadre politique intégré complet qui exige une cohérence entre les politiques agricoles, migratoires et du marché du travail. Une prise de décision adéquate et des investissements stratégiques sont nécessaires pour garantir que les migrations rurales apportent des avantages mutuels à toutes les parties prenantes et reflètent la vision d'Europe 2020 pour un « développement intelligent, durable et inclusif ».

RÉFÉRENCES BIBLIOGRAPHIQUES

Castagnone E., Termine P., 2018, « Migration des jeunes ruraux méditerranéens : déterminants socio-économiques, défis et opportunités pour l'élaboration de politiques ciblées », in *Mediterra 2018*, chapitre 7, Ciheam-Sciences Po Presses, Paris, p. 147-167.

Crush J., Caesar M., 2016, "Food remittances : Migration and food security in Africa", *Migration Policy Series*, 72, p. 1-51.

Essomba J.M., Edjenguèlè M., Pasquet P., Hubert A., 2010, « Migrations et pratiques culinaires », *Hommes et migrations*, 1283, p. 136-149.

FAO, 2021, *The state of food security and nutrition in the world*, FAO, Rome, 194 p.

Freguin-Gresh S., Cortes G., Sourisseau J.M., Guetat-Bernard H., 2015, « Le système familial multilocalisé. Proposition analytique et méthodologique pour interroger les liens entre migrations et développement rural au Sud », *Mondes en développement*, 43(172), p. 13-32

Lacroix T., 2012, *Migration, rural development, poverty and food security : A comparative perspective*, University of Oxford, FAO/International Migration Institute, 53 p.

Nori M., Farinella D., 2020, "Migration, Agriculture and Rural Development : The case study of agro-pastoralism in Mediterranean Europe", International Migration, Integration and Social Cohesion (IMISCOE) Short Readers on Migration. Springer Open Access.

https://www.imiscoe.org/publications/library/8-imiscoe-short-readers-on-migration/136-migration-agriculture-and-rural-development (15/06/2022).

ACTUALITÉS SCIENTIFIQUES

COMPTE RENDU DU COLLOQUE INTERNATIONAL « ESSOR DE LA COMMERCIALISATION DU LAIT DE CHAMELLE EN MÉDITERRANÉE »

Montpellier, 15 et 16 novembre 2021

Foued CHERIET
UMR MoISA,
Institut Agro Montpellier

La production de lait de chamelle a connu une forte croissance durant les vingt dernières années en Méditerranée. Selon les données de la FAO, cette production a été de l'ordre de 28 000 tonnes au Maghreb en 2020. Certaines projections estiment le marché à près de 10 milliards d'US $ en 2027. Néanmoins, ce développement de la production s'est caractérisé par une « déconnexion » du système d'élevage pastoral des stratégies de transformation-commercialisation, et par l'émergence de nouveaux acteurs et bassins de production. Elle s'est également traduite par des efforts conséquents, mais encore insuffisants, des pouvoirs publics en matière de régulation des filières et des entreprises, de nouveaux modes de commercialisation et de développement de produits.

C'est autour de cette thématique qu'un colloque international a été organisé à Montpellier les 15 et 16 novembre 2021, par le CIRAD, les unités mixtes de recherche Selmet et MoISA, l'université Al Farabi (Kazakhstan), avec le soutien de la Key Initiative MUSE (Montpellier Université site d'excellence) Food & Health et le dispositif Make It (Montpellier Advanced Knowledge Institute of Transition). Ce colloque a regroupé près de 140 chercheurs et professionnels et une vingtaine de conférenciers issus de dix pays (France, Italie, Espagne, Maroc, Algérie,

Tunisie, Turquie, Émirats arabes unis, Jordanie, Kazakhstan, Mauritanie) autour de trois sessions thématiques et de deux tables rondes.

La première session a été consacrée à un panorama sur l'état des connaissances sur le lait de chamelle en matière de transformation, de conservation et de qualités nutritionnelles et médicales. Il en ressort que ce produit est reconnu pour ses effets potentiels importants sur la santé, mais que des recherches complémentaires devraient être menées afin de mieux caractériser ses impacts bénéfiques.

La seconde session thématique a porté sur l'émergence du produit, le développement de nouveaux modèles de production-commercialisation et les nouveaux marchés en Méditerranée. Les exposés et débats ont montré que le lait de chamelle est en phase d'émergence et que les attentes des consommateurs portent sur les effets thérapeutiques supposés bénéfiques. Par ailleurs, la production semble s'intensifier et s'élargir à de nouveaux bassins au nord de la Méditerranée (Italie, Espagne, France et Pays-Bas). Enfin, le marché international a connu un essor important basé essentiellement sur la commercialisation sur Internet de la poudre de lait de chamelle et l'arrivée de nouveaux acteurs (plateformes marchandes) nécessitant la mise en place de cadres de régulation et de normes à l'échelle internationale.

Concernant les enjeux des systèmes de production, de transformation et de commercialisation, abordés dans la troisième session, une des principales conclusions concerne la périurbanisation de l'élevage et d'une dynamique de la filière pour un rapprochement des aires de production avec les zones de consommation. Par ailleurs, les conférenciers ont insisté sur la nécessité d'innovations dans les technologies de transformation et de conservation des produits, notamment par rapport aux propriétés fonctionnelles spécifiques des constituants du lait de chamelle.

Les différentes conférences, illustrées par les témoignages de nombreux professionnels, ont été l'occasion de mettre en lumière l'hétérogénéité des situations et des enjeux de cette filière. Finalement, ce colloque a permis de faire le point sur l'état des connaissances et de dresser un véritable agenda de recherche pluridisciplinaire autour du lait de chamelle en Méditerranée.

Pour accéder au programme détaillé et aux présentations, merci de consulter : https://muse.edu.umontpellier.fr/2021/10/21/news-evenement-de-gaukhar-konuspayeva-lessor-de-la-commercialisation-du-lait-de-chamelle-dans-le-basin-mediterraneen-opportunites-daffaires-et-pistes-de-developpe/.

NOTES DE LECTURE

UN MONDE SANS FAIM : GOUVERNER LA SÉCURITÉ ALIMENTAIRE

sous la direction d'Antoine Bernard de Raymond et Delphine Thivet, Paris, Presses de Sciences Po, 2021, 306 p.

Antoine Bernard de Raymond, chercheur à l'Inrae, et Delphine Thivet, enseignante-chercheuse à l'université de Bordeaux, nous proposent un ouvrage collectif traitant, à partir d'un titre évocateur, de la lancinante question de l'insécurité alimentaire mondiale. Massimo Montanari, professeur à l'université de Bologne, considère à juste titre que « l'alimentation embrasse l'histoire tout entière de notre civilisation ». On peut alors faire le triste et accablant constat – pour « notre civilisation » – que le problème de la faim demeure non résolu à ce jour. Cette question est abordée à partir de la crise financière de 2007-2008 caractérisée par une très forte volatilité des prix des denrées alimentaires de base (triplement en quelques semaines des cours des céréales et des oléagineux) et une incapacité des gouvernements à l'endiguer. L'approche adoptée par les auteurs est résolument multidisciplinaire. Elle mobilise les sciences humaines et sociales (sociologie, anthropologie, politique, économie, droit, histoire, géographie principalement). Cela procède d'un choix tout à fait pertinent, s'agissant d'une crise globale et multifactorielle, et donc d'un objet de recherche polysémique.

L'ouvrage, écrit par 16 scientifiques confirmés, est organisé en une introduction, 9 chapitres et une postface, en 297 pages. Il alterne analyses conceptuelles et empiriques sur l'essentiel du sujet : sémantique mouvante de la sécurité alimentaire, scénarios de prospective sur les futurs alimentaires, dynamique des régimes alimentaires, structures et acteurs de l'offre, évolution des ressources en terres, gouvernance de la sécurité alimentaire aux échelles nationales et internationales, aide alimentaire. Deux études de cas très instructives menées dans des pays émergents – le Brésil et l'Inde – viennent étayer le propos. Le programme « Faim zéro » mis en place par le président Lulla au début des années 2000 au Brésil constitue depuis 2015 le 2e objectif du développement durable (ODD) 2030 des Nations Unies. Dans les deux cas, on peut parler avec Florence Pinton et Yannick Sencébé[1] de *Grandeur et revers d'une politique*. En Inde, Delphine Thivet apporte un point de vue critique sur les programmes publics d'aide alimentaire et les tentatives d'institutionnalisation du droit à l'alimentation. La postface de François Collart Dutilleul interpelle le lecteur de façon convaincante sur les droits humains fondamentaux dont le droit à l'alimentation, inscrit à l'article 25 de la Déclaration universelle des droits de l'Homme des Nations Unies de 1948, constitue une priorité absolue, puisque sans aliments il n'y a pas de vie possible.

Le fil conducteur du livre se déroule en caractérisant et en discutant la controverse contemporaine sur les voies et moyens d'assurer la sécurité alimentaire dans un contexte de crise systémique. En simplifiant[2], 2 paradigmes contrastés débouchent sur 2 types de préconisations stratégiques. Le 1er scénario, fondé sur le couple « technologie d'artificialisation plus marché optimisateur », prône une intensification chimique, génétique et mécanique conduisant à une hausse de la productivité des facteurs (capital et travail). Dans le second, c'est la trilogie du développement durable (équité, environnement, économie) qui est mobilisée à travers des technologies s'appuyant sur les écosphères et une régulation capable d'atténuer les défaillances de marché et de réduire les inégalités sociales. En confrontant dans les différents articles de l'ouvrage ces 2 visions du futur, les auteurs démontrent que le scénario 2 que l'on peut qualifier d'alternatif au scénario 1 (dit « tendanciel »), est le plus apte à générer des progrès en termes de sécurité alimentaire.

La gouvernance sectorielle a beaucoup évolué depuis le 1er sommet mondial de l'alimentation (Rome, 1973) en sophistiquant – souvent

---

1 Les auteurs rappellent que Josué de Castro (1908-1973), professeur à la Faculté de médecine de l'université fédérale de Salvador da Bahia, géographe et homme politique, auteur de l'ouvrage *Géographie de la faim. Le dilemme brésilien : pain ou acier* (Rio de Janeiro, 1946) est « le premier à établir le lien entre le sous-développement de la région du Nordeste, soumise à des épisodes de sècheresse récurrents, et la faim dont souffrent ses populations rurales ».

2 Voir dans cette revue Rastoin J.-L., 2021, « Éditorial. Prospective des systèmes alimentaires : futur souhaitable ou exercice sous influences ? », *Systèmes alimentaires / Food Systems*, nº 6, 2021, p. 17-24.

inutilement si ce n'est pour des raisons de consensus a minima – la définition de la sécurité alimentaire et en multipliant les instances chargées de la gérer. L'aboutissement – provisoire – en est la création, en 1974, du Comité de la sécurité alimentaire mondial (CSA), réformé et complété en 2009 par le Groupe d'experts de haut niveau sur la sécurité alimentaire et la nutrition (HLPE). Ce dispositif prend aujourd'hui une forme incluant toutes les parties prenantes : organisations internationales, société civile (dont ONG) et entreprises[3]. Il en résulte des asymétries de pouvoir aujourd'hui plus favorables aux très grandes entreprises de l'agrofourniture et de l'agroalimentaire disposant de moyens financiers considérables qu'aux autres partenaires des institutions de gouvernance. Autre signe de dysfonctionnement du mode de gouvernance, l'explosion du phénomène d'accaparement des terres à la suite de la crise financière de 2007-2008[4]. Ce « pillage foncier » conduit à un modèle de production agroindustriel épuisant les ressources naturelles… et humaines en accélérant l'exode rural.

Finalement, cet ouvrage remarquable constitue une solide base scientifique pour contribuer à l'accélération de la transition socio-écologique présente aujourd'hui dans les narratifs des politiques, de certains chefs d'entreprises et d'une majorité d'organisations de la société civile. Ce livre est donc un pont potentiel entre *verbatim* et action. Nous lui souhaitons une large audience auprès des nombreux acteurs des systèmes alimentaires. Certains lecteurs pourraient souhaiter un recours plus large aux données quantitatives et à la littérature francophone. Dans cette perspective, *Un monde sans faim* appelle la communauté scientifique à ouvrir, dans son sillage, un nouveau chantier de recherche justifié par l'actualité de deux événements d'ampleur mondiale : la pandémie covid-19 et la guerre en Ukraine déclenchée par la Russie le 24 février 2022. Ces crises, encore plus que celle de 2008, aggravent l'insécurité alimentaire. Elles risquent, comme en témoignent certaines orientations politiques perceptibles aujourd'hui, de différer des décisions pourtant urgentes en matière de changement climatique et d'inégalités sociales. On peut diagnostiquer dès à présent que des efforts considérables devront

3 Chapitre 5 de l'ouvrage : « Fragmentation et privatisation de la gouvernance mondiale de la sécurité alimentaire. Le retour du paradigme productiviste », par Pierre-Marie Aubert.

4 Chapitre 6 : « L'engouement international pour les terres agricoles. Vers un nouveau front productif? », par Matthieu Brun et Sina Schlimmer.

être consentis pour améliorer la sécurité alimentaire mondiale car, en 15 ans, peu de chemin a été parcouru. Le dispositif de gouvernance de la sécurité alimentaire des Nations Unies constitue un lieu de concertation indispensable, il doit à présent renforcer son effectivité pour aller vers un « monde sans faim » et une alimentation durable.

Jean-Louis RASTOIN
Institut Agro Montpellier, UMR MoISA

ÉCONOMIE CIRCULAIRE ET UNIVERS AGRICOLE

Camal Gallouj et Céline Viala, Paris, Éditions France Agricole, avril 2021, 341 p. (TerraAgro)

La Commission européenne a présenté le 30 mars 2022 un projet de règlement sur l'écoconception des produits durables visant à « mettre fin au modèle qui veut qu'un consommateur achète un produit, l'utilise, le détériore ou s'en lasse, puis le jette ». En France, le Salon international de l'agriculture (SIA) de 2019 avait mis en avant l'économie circulaire : biogaz, produits biosourcés, agroécologie, recyclage, proximité, coopération des acteurs au sein de filières territorialisées. L'impératif de la sobriété économique, les nombreux appels à consommer mieux et moins, les défis de la neutralité carbone en 2050 (Accord sur le climat de Paris de 2015) ont mis en lumière les enjeux de l'économie circulaire. L'ambition est clairement affichée : passer du « jeter mieux » (tri sélectif et recyclage) à une réflexion sur les systèmes de production et de consommation.

Dans le secteur agricole, et depuis quelques années déjà, les initiatives se multiplient. De plus en plus d'acteurs des territoires (exploitations, coopératives, institutions, associations) sont engagés dans des projets de responsabilité sociale et environnementale, d'autonomie énergétique (biogaz, méthanisation), de valorisation des flux de matières premières et d'optimisation de la gestion de l'eau et des territoires.

L'économie circulaire en agriculture est un ensemble d'engagements et constitue une réponse adaptée aux attentes des consommateurs : un renouvellement des modes de consommation, des demandes de garantie en matière de de proximité avec le produit et entre les producteurs, les consommateurs et les citoyens dans la gouvernance des systèmes économiques localisés (dispositifs d'échanges, Amap, etc.) (Dubuisson-Quellier, 2014). Fondamentalement, il s'agit de repenser les rapports aux objets-produits, aux autres, au temps, à l'espace et au monde. L'économie circulaire vise donc à préserver et restaurer le capital naturel, optimiser l'usage des ressources et limiter les externalités négatives (Ezvan, 2020).

Sur un plan conceptuel (Madelrieux *et al.*, 2017), l'économie circulaire a comme « mission » de faire le lien entre économie et écologie des activités humaines. Les auteurs avaient déjà pointé la profusion des définitions, de concepts et de cadres d'analyse : économie, écologique, bio-économie, agroécologie, écologies circulaire, territoriale, institutionnelle. De nouveaux liens devraient se focaliser sur l'ancrage, la dépendance, et les empreintes. En termes d'ancrage territorial, plusieurs travaux se sont intéressés à des échelles méso-économiques (territoire, villes, région, etc.) afin de rendre compte des interactions entre les acteurs et les organisations, et montrer l'optimisation des flux (ressources, déchets, information, valeur, etc.). Par exemple, Ben Chedly *et al.*, (2016) ont analysé le projet « Poeete » (polyculture, élevage à l'échelle des exploitations du territoire) pour montrer l'importance des coopérations entre les acteurs. Cette éco-ingénierie traduit le passage d'une biotechnique à des bio ressources... et enfin une bio économie.

De nombreux travaux sur l'économie circulaire en agriculture ont porté sur la gestion des déchets et des ressources et l'agriculture en milieu urbain. Ainsi, Aubry et Adoue (2018) signalaient que les flux agricoles et alimentaires dans les villes étaient fortement exogènes (moins de 2 % d'autonomie pour les centres urbains en France). Dans ce sens, des initiatives mises en place tentaient de valoriser les déchets (le déchet devient une ressource) à travers l'optimisation de la gestion de l'eau et de l'espace : recyclage du marc de café pour la production de champignons dans des sous-sols urbains abandonnés, recyclage de l'eau et élevage piscicole sur les toits, ou encore production maraichère dans des serres sur les toits des bureaux (Morel-Chevillet, 2018). Loin d'être anecdotiques, ces initiatives interrogent le rôle des institutions et des politiques publiques à différentes échelles territoriales sur des enjeux importants en agriculture : les coproduits, la gestion des ressources et les questions de gaspillage alimentaire (Renaud, 2019).

Le récent ouvrage de Camal Gallouj[1] et Céline Viala[2] apporte une réelle contribution sur l'économie circulaire en milieu agricole et rural.

---

1 Camal Gallouj est professeur de sciences de gestion à l'Université Sorbonne Paris Nord et directeur de recherche à HEC Maroc. Il est aussi propriétaire d'une petite exploitation dans le rif marocain où il applique les principes d'agroécologie et d'économie circulaire.

2 Céline Viala est maîtresse de conférences à l'Université Paris Sorbonne (Laboratoire CERN-CNRS) et directrice de Dream Takeoff, premier e-incubateur/accélérateur collaboratif européen.

Loin de toute position dogmatique, il s'agit d'un travail de questionnement sur la place de l'économie circulaire par rapport à d'autres alternatives, avant de la ré-interroger au vu des spécificités des terrains d'application. Les auteurs portent ainsi un regard argumenté et documenté pour répondre à la question « Comment nourrir les hommes, créer de la valeur et préserver les ressources ? ». En revenant sur les fondements théoriques de l'économie circulaire et les évolutions de la société postindustrielle, et sur les ancrages territoriaux des activités économiques agricoles ou en milieu rural, ils inscrivent leur réflexion dans une démarche de questionnement itératif à la fois sur les modèles à adopter, les dynamiques entrepreneuriales et d'innovation en action et sur les actions collectives et les politiques publiques à mettre en œuvre.

Cet ouvrage, original voire unique en termes de terrain d'application, vient compléter d'autres travaux portant sur l'économie circulaire (Aurez et Georgeault, 2019 ; Gallaud et Laperche, 2016 ; Sauvé *et al.*, 2016). Tout au long des 340 pages regroupées en 10 chapitres, le lecteur pourra apprécier la multitude d'exemples et d'applications, les nombreuses présentations (encadrés) de cas d'entreprises et d'organisations, la centaine de tableaux de synthèse et de figures, ainsi que l'appui sur des statistiques nationales et internationales actualisées. Dans un style accessible, l'ouvrage est abondamment illustré. Les auteurs réussissent le pari d'une approche holistique et pragmatique de l'économie circulaire.

Dans un premier chapitre, les auteurs retracent les grandes étapes des mutations sociétales contemporaine et situent la place de l'agriculture (en « filigrane », selon les auteurs) : l'évolution vers la société post industrielle ; les risques-incertitudes et la complexité de la société néo-industrielle et, enfin, l'économie de services et l'agriculture numérique. Le second chapitre revient sur les notions clés (définitions, origine et fondements théoriques) de l'économie circulaire. Selon les auteurs, le concept est plus flou encore (« des fondements sans fondement ? », selon l'expression des auteurs), lorsqu'il s'agit de l'appliquer à l'univers agricole avec de nombreux référentiels : économie régénérative, écologie industrielle, bio-mimétisme, économie bleue et économie circulaire. Une analyse critique est également portée sur l'opposition entre linéarité et circularité. Le troisième chapitre revient sur les piliers et domaines d'action de l'économie circulaire en les inscrivant dans une lecture d'offre des acteurs, de comportement des consommateurs, à travers notamment la question du recyclage et la gestion des déchets.

Le questionnement autour de l'économie circulaire et les univers agricoles débute au chapitre 4, en abordant la question de la place de l'économie circulaire dans le passage de l'agriculture intensive aux agricultures « autrement » (raisonnée, durable, bio paysanne, agroécologie, etc.). Au-delà de l'opposition de ces deux grands modèles, les auteurs poussent la réflexion pour interroger le rôle de l'agriculture circulaire parmi ces agricultures alternatives. Quelles complémentarités ? Quels risques de concurrence et… de redondances ? Quels cheminements vers une bioéconomie circulaire ? Dans le chapitre 5, les auteurs tentent de répondre à ces questionnements à travers des illustrations pratiques visant à comprendre le poids de cette agriculture circulaire, entre expérimentations intégrées et pratiques isolées. Plusieurs exemples sont ainsi présentés (modèles intégrés Organic-Vallée et parc agroindustriel autour de Saules dans le Luragais ; pratiques émergentes en univers agricole – méthanisation multi-partenariale dans le Pays de Fougères, filière laine à Saugues près de Tourcoing, circuit court dans le Bassin de Thau). Ce chapitre est conclu par une analyse de l'agriculture circulaire tout au long de la filière (industrie, commerce et distribution).

Les 4 chapitres suivants développent chacun une thématique agricole importante : la proximité et les circuits courts pour le chapitre 6 ; les promesses de l'agriculture urbaine pour le chapitre 7 ; la question des déchets, du gaspillage et des co-produits, de l'agriculture énergétique et la méthanisation dans le chapitre 8 ; les innovations (technologiques, servicielles, organisationnelles, sociales et territoriales) dans le chapitre 9. Pour chacune de ces 4 thématiques, et à travers de nombreuses illustrations, est questionné la place de l'économie circulaire.

Les auteurs concluent leur ouvrage par un chapitre portant sur l'action publique. En s'inspirant de l'exemple des Pays-Bas, ils dressent une véritable feuille de route de l'agriculture circulaire en détaillant le rôle du gouvernement et des politiques publiques territoriales pour aller vers une véritable culture de circularité agricole, au-delà de la simple réglementation, des actions incitatrices ou des programmes pilotes.

Les contributions de l'ouvrage sont indéniables, notamment pour restituer les expériences réussies en milieu agricole. Néanmoins, il aurait été pertinent d'aborder les critiques de l'économie circulaire. Certains auteurs ont fait cet exercice (Corvellec *et al.*, 2021). En examinant une centaine de contributions académiques, ils suggèrent une synthèse des critiques adressées à l'économie circulaire, à la fois sur les plans théoriques (définitions multiples, concepts peu précis, cadres théoriques éloignés), et celui des finalités (mesure et réplicabilité des effets sociaux et environnementaux). Des questions restent donc posées quant à la généralisation de ce modèle (acceptation, transformation des institutions, adaptation des modèles) et de son échelle d'application (territoires, échanges, produits). Cette remise en cause peut suggérer des pistes futures de réflexion sur la pertinence des modèles d'économie circulaire spécifiquement en milieu agricole.

Pour ceux qui s'intéressent aux enjeux agricoles et aux modèles alternatifs, aux chercheurs qui souhaiteraient approfondir leurs analyses, aux citoyens engagés voulant apprendre davantage sur les autres possibilités agricoles, cet ouvrage est un véritable plaidoyer pour une agriculture circulaire respectueuse des ressources, des hommes et des territoires. Cet ouvrage est à ne pas douter, une référence incontournable : à lire sans attendre !

Foued CHERIET
Institut Agro Montpellier, UMR MoISA

RÉFÉRENCES BIBLIOGRAPHIQUES

Aubry C., Adoue C., 2018, « Agricultures urbaines et économie circulaire », *VertigO*, en ligne, hors série n° 31, [https://doi.org/10.4000/vertigo.21594, consulté le 15 juin 2022].

Ben Chedly H., Brunschwig G., Veysset P., Pierret P., Astier M., Goron J.-P., Chapuis D., 2016, « Le concept d'économie circulaire au service des systèmes agricoles comme levier d'optimisation du fonctionnement d'un groupe d'exploitations au niveau d'un territoire », *École des chercheurs-acteurs du PSDR*, Toulouse, novembre.

Corvellec H., Stowell A.F., Johansson N., 2021, "Critiques of the circular economy", *Journal of Ecological Industry* [https://doi.org/10.1111/jiec.13187, consulté en ligne le 22 juin 2022].

Dubuisson-Quellier S., 2014, « Les engagements et les attentes des consommateurs au regard des nouveaux modes de consommation : des opportunités pour l'économie circulaire », *Annales des Mines*, vol. 4, n° 76, p. 28-32.

Ezvan C., 2020, « Promesses et défis de l'économie circulaire », *SER, série 'Études'*, n° 4270, avril, p. 41-51.

Madelrieux S., Buclet N., Lescoat P., Morine M., 2017, « Écologie et économie des interactions entre filières agricoles et territoires : quels concepts et cadre d'analyse ? », *Cahiers Agricultures*, vol. 26, n° 2, p. 24-34.

Morel-Chevillet G., 2018, « L'économie circulaire : une source d'innovation pour les agriculteurs urbains », *VertigO*, en ligne, hors-série n° 31, [https://doi.org/10.4000/vertigo.21753, consulté le 15 juin 2022].

Renaud B., 2019, « Les coproduits de l'industrie agroalimentaire au regard des politiques publiques : bioéconomie, économie circulaire, gaspillage alimentaire, » in *Le Déméter* (collectif), Paris Iris Éditions, p. 277-296.

AUTRES OUVRAGES SUR LA MÊME THÉMATIQUE

Aurez V., Georgeault L., 2019, *Économie circulaire : système économique et finitude des ressources*, Louvain, De Boeck, 573 p.

Gallaud D., Laperche B., 2016, *Économie circulaire et développement durable : écologie industrielle et circuits courts*, London, ISTE Éditions, 152 p.

Sauvé S., Normandin D., McDonald M., 2016, *L'économie circulaire : une transition incontournable*, Presses de l'Université de Montréal, 19 p.

RÉSUMÉS/*ABSTRACTS*

Jean-Louis RASTOIN, « Éditorial. Pour une sécurité alimentaire durable : refonder la gouvernance de nos systèmes alimentaires »

Les objectifs de développement durable et le concept « une seule santé » conduisent à recommander un changement en profondeur du modèle de consommation et de production agroindustriel. Ceci suppose une nouvelle forme de gouvernance des systèmes alimentaires dont les piliers reposent sur une information complète et transparente, un renforcement de la régulation par les États, un équilibre entre les acteurs, un redéploiement des institutions de recherche et de formation et de nouveaux statuts d'entreprise.

Mots-clés : gouvernance, système alimentaire, prospective, développement durable, initiative.

Jean-Louis RASTOIN, *"Editorial. For sustainable food security: Refurbishing the governance of our food systems"*

The Sustainable Development Goals and the "one health" concept led to recommending a profound change in the consumption and agroindustrial production model. This presupposes a new form of governance of food systems whose pillars are based on complete and transparent information, a strengthening of regulation by the States, a balance between the actors, a redeployment of research and training institutions and new enterprise's statutes.

Keywords: governance, food system, foresight, sustainable development, initiative.

Gabriel COLLETIS, Osanne BILLAND, « La VAT et les SAT. Deux concepts pour orienter les politiques de développement »

Le contexte actuel de crises rend nécessaire la co-construction par le monde académique, le monde des institutions publiques et celui de l'entreprise, de nouveaux concepts de politique publique. Cet article présente et met en dialogue deux concepts plus ou moins récents : celui de système alimentaire territorialisé (SAT) et celui de valeur ajoutée territoriale (VAT). Ces concepts nous invitent à repenser le modèle économique dominant pour répondre aux enjeux de la transition écologique.

Mots-clés : valeur ajoutée territoriale, système alimentaire territorialisé, transition écologique, politique publique, co-construction.

Gabriel COLLETIS, Osanne BILLAND, "*TAV and TFS. Two concepts to guide development policies*"

In the current context of crises the academic world, the world of public institutions and the world of business have to co-construct new public policy concepts. This article presents and puts into dialogue two more or less recent concepts: "Territorialized Food System" and "Territorial Added Value". These concepts invite us to think otherwise the dominant economic model to meet the challenges of the ecological transition.

Keywords: territorial added value, territorialized food system, ecological transition, public policy, co-construction.

Fabrice CASSOU, Marie-France GAUTHIER-PEIRO, Bruno MAZIÈRES, « Légitimité territoriale des grandes surfaces alimentaires et vente de produits locaux »

Les consommateurs de produits locaux fréquentent entre autres lieux les grandes surfaces alimentaires. Dans la mesure où ils perçoivent les GSA comme ayant une légitimité territoriale pour proposer cette offre, leur comportement est impacté. Cela implique des effets directs ou indirects : 1) l'intention de revenir dans ce point de vente ; 2) la recommandation de la GSA à leur entourage ; 3) l'intention d'effectuer leurs futurs achats de produits locaux dans ce point de vente.

Mots-clés : produit local, légitimité territoriale, intention comportementale, achat futur, grande surface alimentaire.

Fabrice CASSOU, Marie-France GAUTHIER-PEIRO, Bruno MAZIÈRES, "*Retailers' territorial legitimacy and local food product sales*"

Local food product consumers attend different points of sale including large food retailers. We argue that consumers' behavior could be impacted as retailers are perceived as having a territorial legitimacy in marketing local food. This leads to direct or indirect effects such as: 1) willing to return to this store; 2) recommending their retail store to people they know; 3) willing to purchase their local food products in this retail store in the future.

Keywords: local food product, territorial legitimacy, behavioral intention, purchase intention, large food retailer.

Tuuli ORASMAA, Guillaume DUTEURTRE, Christian CORNIAUX, "The role of milk artisanal value chains in local employment creation in Burkina Faso"

This study investigates the contribution of artisanal milk value chains in employment creation in the city of Bobo-Dioulasso. A survey of 31 small-scale processors revealed that the dairy processing sector employed 481 people, and generated 122 additional jobs upstream in collection and production activities. Wages received by employees were just above the country's minimum income. Given the competition of powder milk imports, we discuss the creation of local jobs in the artisanal sector.

Keywords: milk, value chain, micro-entrepreneurship, employment, milk powder imports, Burkina Faso, Africa.

Tuuli ORASMAA, Guillaume DUTEURTRE, Christian CORNIAUX, « *Le rôle des chaînes de valeur laitières artisanales dans la création d'emplois au Burkina Faso* »

Cette étude s'intéresse au rôle des chaines de valeur laitières artisanales dans la création d'emploi dans la ville de Bobo-Dioulasso. Une enquête conduite auprès de 31 mini-laiteries montre que le secteur de la transformation laitière employait 481 personnes et générait 122 emplois dans les activités de collecte et de production. Les salaires perçus par les employés des mini-laiteries étaient légèrement supérieurs au revenu minimum. L'étude discute des enjeux de création d'emploi locaux dans ces filières artisanales.

Mots-clés : lait, chaîne de valeur, entrepreneurs, emploi, importation de lait en poudre, Burkina Faso, Afrique.

Agathe MARIE, Gaëlle PANTIN-SOHIER, Céline GALLEN, « Comment l'expérience antérieure avec les insectes favorise l'acceptation de l'entomophagie »

En mai 2021, l'Union européenne autorise la vente de vers de farine séchés alors que les insectes sont considérés comme non comestibles en France. Cet article s'intéresse à l'acceptation cognitive, affective et conative des insectes en France et à la façon dont elle pourrait être influencée par une expérience de consommation antérieure. Une étude sur 110 répondants montre que le fait d'avoir déjà consommé des insectes a bien une influence sur les trois dimensions de l'acceptation.

Mots-clés : comportement alimentaire, entomophagie, insecte, représentation, comestibilité, risque perçu, dégoût, attitude, acceptation, familiarisation.

Agathe Marie, Gaëlle Pantin-Sohier, Céline Gallen, *"How having previously experienced insects as food promotes the acceptance of entomophagy"*

In May 2021, the European Union authorizes the sale of dried mealworms while the insects are considered as inedible in France. This article explores the cognitive, affective and conative acceptance of insects in France and to what extent it could be influenced by a previous consumption experience. A study based on 110 respondents shows that having already consumed insects does indeed have an influence on the three dimensions of acceptance.

Keywords: eating behavior, entomophagy, edible insect, representation, edibility, perceived risk, disgust, attitude, acceptance, familiarization.

Maryline Filippi, "Is ISO 26000 enough to boost responsibity in food chains? French wine coops'case"

This article analyses how actors are committing to social responsibility in agri-food chains. The ISO 26000 standard is examined before focusing on French wine co-ops' exploratory case study. The results confirm that social responsibility has to be the backbone of radical changes combining various standards. Because it is voluntary, the role played by managers is crucial for supporting owner-members and coordinating all stakeholders for creating an ecosystem that may reconciles "business in society".

Keywords: wine coop, corporate social responsibility, ISO 26000, stakeholder, sustainability.

Maryline Filippi, « *L'ISO 26000 suffit-elle pour être responsable ? Cas de coopératives viticoles françaises* »

Cet article étudie l'engagement en responsabilité des acteurs des filières agroalimentaires. La norme ISO 26000 est étudiée avec un cas exploratoire de coopératives viticoles françaises. Les résultats confirment que la RSE doit être l'épine dorsale de changements radicaux combinant différentes normes. Parce que volontaire, le rôle du dirigeant est souligné pour inciter les associés et coordonner toutes les parties prenantes afin de créer un écosystème responsable réconciliant « entreprise et société ».

Mots-clés : coopérative viticole, responsabilité sociale des entreprises, ISO 26000, partie prenante, durabilité.

Iciar PAVEZ, Louis-Antoine SAÏSSET, Leïla TEMRI, Zouhair BOUHSINA, "Agrifood chain characteristics and sustainability signalling"

Sustainability is an increasing concern for agrifood firms because of consumer requirements, leading to a wide range of related signals on the food. Considering three different food chains (apple and mango purees, wine), we aim to explain differences in sustainability signalling in food chains. Using a qualitative and a quantitative methodology, we provide an overview of existing signals and show that differences result primarily from governance and the institutional framework.

Keywords: new institutional economics, transaction cost economics, sustainability, standards, food chains, apple, mango, wine.

Iciar PAVEZ, Louis-Antoine SAÏSSET, Leïla TEMRI, Zouhair BOUHSINA, « *Caractéristiques des chaînes agroalimentaires et signalisation de la durabilité* »

La durabilité est une préoccupation grandissante des entreprises agroalimentaires et des consommateurs, menant à de nombreux signes spécifiques sur les aliments. Étudiant trois chaînes (purée de pomme et de mangue, vin), nous souhaitons expliquer les différences entre filières. Grâce à une méthodologie quantitative et qualitative, nous brossons un tableau des signes existants et montrons que les différences proviennent principalement du cadre institutionnel et de la gouvernance.

Mots-clés : nouvelle économie institutionnelle, théorie de coûts de transaction, durabilité, norme, chaîne agroalimentaire, filière, pomme, mangue, vin.

Foued CHERIET, « Entrepreneuriat rural et agricole, un champ en plein essor. Introduction au dossier thématique »

Pour comprendre les bouleversements des modèles actuels et répondre aux attentes sociétales et environnementales, le champ de l'entrepreneuriat agricole et rural tente de renouveler ses ancrages théoriques, ses démarches empiriques et ses méthodes d'analyse. Au croisement d'une discipline académique, d'un focus géographique (territoire) et d'un objet d'analyse (agriculture), les perspectives de développement de ce champ sont importantes, pour des analyses pertinentes des systèmes alimentaires.

Mots-clés : entrepreneuriat, agriculture, innovation, rural, transition.

Foued CHERIET, "*Rural and agricultural entrepreneurship, research issues. Introduction to the thematic file*"

To understand the changes taking place in current models and to meet societal and environmental expectations, the field of agricultural and rural entrepreneurship is trying to renew its theoretical roots, its empirical approaches and its methods of analysis. At the crossroads of an academic discipline, a geographical scale (territory) and an object of analysis (agriculture/rural), the development of research issues' are important, for relevant analyzes of food systems.

Keywords: agriculture, entrepreneurship, rural, innovation, transition.

François PURSEIGLE et Geneviève NGUYEN, « Pour un programme de recherche renouvelé autour de la grande entreprise agricole »

Cet article propose un programme de recherche renouvelé autour de la grande entreprise agricole. Il revient sur la nécessité de poursuivre le travail de caractérisation des nouvelles formes d'organisation de la production agricole, de comprendre leur dynamique d'évolution et les conséquences induites au prisme des changements qui se sont opérés au niveau des filières agricoles et agroalimentaires.

Mots-clés : grande entreprise agricole, changement organisationnel, nouveau métier, performance globale, filière agroalimentaire, programme de recherche, interdisciplinarité.

François PURSEIGLE et Geneviève NGUYEN, "*Large agricultural farm towards a renewed research agenda*"

This article proposes a renewed research agenda on large agricultural firm. It returns to the need to continue the work of characterizing new forms of organization of agricultural production, to understand their evolutionary dynamics and the consequences induced by the changes that have taken place in the agricultural and agri-food sectors.

Keywords: large agricultural farm, organisational change, new profession, global performance, agrofood chain, research agenda, interdisciplinarity.

Élodie BRÛLÉ-GAPIHAN, Audrey LAUDE, « Comment s'implanter en circuits courts façonne son environnement »

Cet article soutient que le choix de s'implanter en circuit court alimentaire (CCA) a une portée institutionnelle, dans la mesure où cette pratique s'accompagne d'un changement de l'environnement institutionnel des entrepreneur·e·s agricoles concerné·e·s. Cet environnement est défini, en référence aux théories néo-institutionnelle et de la dépendance des ressources, en pressions socio-économiques, en pressions réglementaires, ainsi qu'en pressions liées aux croyances et à la nature.

Mots-clés : circuit court alimentaire, stratégie, pression institutionnelle, entrepreneur, méthodologie.

Élodie BRÛLÉ-GAPIHAN, Audrey LAUDE, *"How setting up short circuits shapes its environment"*

This article argues that the choice to set up a short food chain has an institutional impact, insofar as this practice is accompanied by a change in the institutional environment of the agricultural entrepreneurs concerned. This environment is defined, referring to neo-institutional theory and resource dependency theory, into socio-economic pressures, regulatory pressures, and those related to beliefs and nature.

Keywords: local food supply chain, strategy, institutional pressure, entrepreneur, methodology.

Sana ELOUAER-MRIZAK, "Exploring the potential role of crowdfunding for agri-food transition"

In this article, we explore how crowdfunding could boost the agri-food transition. We have mobilized the multi-level perspective that considers transitions as the result of a dynamic process triggered by innovations and adopted by a set of user-consumers, leading to the implementation of new practices. We find that, crowdfunding is considered as an educational tool to raise awareness of transition's challenges. In addition, its success has attracted various actors that can foster the transition.

Keywords: agri-food transition, crowdfunding, multilevel perspective, qualitative study, semi-structured interview.

Sana ELOUAER-MRIZAK, « *Explorer le rôle potentiel du crowdfunding pour la transition agroalimentaire* »

Notre objectif est d'étudier comment le crowdfunding peut aider la transition agroalimentaire. Nous mobilisons la perspective multi-niveaux qui considère que les transitions sont le résultat d'un processus dynamique déclenché par des innovations adoptées par un ensemble d'utilisateurs-consommateurs. Nous trouvons que le crowdfunding est considéré comme un outil éducatif pour sensibiliser les individus aux défis de la transition. En outre, son succès a attiré divers acteurs susceptibles de favoriser la transition.

Mots-clés : transition agroalimentaire, financement participatif, perspective multi niveaux, étude qualitative, entretien semi-directif.

Josée ST-PIERRE, Annie ROYER, Crispin A. ENAGOGO, « Écosystème en région rurale et capacité d'innovation des PME agroalimentaires québécoises »

Les activités de transformation agroalimentaire peuvent présenter un fort degré de nouveauté et requérir des ressources dont ne disposent pas toujours les PME. Celles-ci peuvent-elles compter sur leur écosystème pour les épauler ? Pas toujours selon l'étude de trois PME québécoises localisées en région rurale, alors que les lacunes de leur écosystème imposent aux entrepreneurs de faire preuve de créativité, de persévérance et de capacités d'apprentissage.

Mots-clés : innovation, PME, région rurale, secteur agroalimentaire, écosystème, croissance.

Josée ST-PIERRE, Annie ROYER, Crispin A. ENAGOGO, *"Role of the ecosystem on the innovation capacity of Quebec agri-food SMEs in rural areas"*

Agri-food processing activities can be highly innovative and require resources that SMEs do not always have. Can they count on their ecosystem to support them? Not always, according to the study of three Quebec SMEs located in rural areas, where the shortcomings of their ecosystem require entrepreneurs to demonstrate creativity, perseverance and learning skills.

Keywords: innovation, SME, rural region, agri-food sector, ecosystem, growth.

Roland CONDOR, « Le travail institutionnel de déstabilisation de la ferme des 1000 vaches »

L'article analyse l'échec de la ferme des 1000 vaches en prenant appui sur le concept de travail institutionnel de déstabilisation. Il montre comment les opposants ont déstabilisé cette entreprise considérée par ses détracteurs comme le symbole de l'agriculture industrielle. Il propose une typologie de travaux et montre qu'il est nécessaire de comprendre le contexte de l'affaire pour prendre toute la mesure des travaux institutionnels menés.

Mots-clés : agriculture industrielle, déstabilisation, échec, ferme des 1000 vaches, travail institutionnel.

Roland CONDOR, "*The institutional work of destabilization of the 1,000-cows farm*"

The paper analyzes the failure of the 1,000-cows farm using the concept of institutional work of destabilization. It shows how activists have destabilized this firm considered by its critics as the symbol of industrial agriculture. It proposes a typology of works and shows that it is necessary to understand the context of the case to take full measure of the institutional work carried out.

Keywords: industrial agriculture, destabilization, failure, farm of 1000 cows, institutional work.

ADRESSES DES AUTEURS

Osanne Billand
Université de Toulouse 1 Capitole, LEREPS
Manufacture des Tabacs
21 allée de Brienne
31685 Toulouse cedex 6 (France)

Zouhair Bouhsina
INRAE, UMR MoISA
2 place Viala – Bât. 26
34060 Montpellier cedex 2 (France)

Élodie Brûlé-Gapihan
Université de Reims Champagne-Ardenne (EA 6292 REGARDS) – IUT de Reims
rue des Crayères
51100 Reims (France)

Fabrice Cassou
IRGO, Université de Bordeaux
35 avenue Abadie
33072 Bordeaux (France)

Foued Cheriet
Institut Agro Montpellier, UMR MoISA
2 place Viala – Bât. 26
34060 Montpellier cedex 2 (France)

Gabriel Colletis
Université de Toulouse 1 Capitole, LEREPS
Manufacture des Tabacs
21 allée de Brienne
31685 Toulouse cedex 6 (France)

Roland Condor
EM Normandie
20 quai Frissard
76600 Le Havre (France)

Christian Corniaux
Cirad, UMR Selmet (Univ. Montpellier, Cirad, Inrae, Institut Agro)
TA 112/A, Campus international de Baillarguet
34380 Montpellier (France)

Guillaume Duteurtre
Cirad, UMR Selmet (Univ. Montpellier, Cirad, Inrae, Institut Agro)
TA 112/A, Campus international de Baillarguet
34380 Montpellier (France)

Sana Elouaer-Mrizak
Centre de recherche sur l'innovation et les stratégies industrielles, ULCO – IUT TC
220 avenue de l'Université
59140 Dunkerque (France)

Crispin A. Enagogo
Local 1403, Pavillon Hydro-Québec
Université du Québec à Trois-Rivières
3351 boulevard des Forges
Trois-Rivières, Québec (Canada) G8Z 4M3

Maryline Filippi
Agro Campus INRAE UMR SADAPT
22 place de l'Agronomie
91120 Palaiseau (France)

Fatiha Fort
Institut Agro Montpellier, UMR MoISA
2 place Viala – Bât. 26
34060 Montpellier cedex 2 (France)

Céline Gallen
IAE Nantes, Laboratoire LEMNA
Chemin de la Censive du Tertre
44312 Nantes cedex 3 (France)

Marie-France Gauthier-Peiro
CREOP, Université de Limoges
5 rue Félix Éboué
87031 Limoges (France)

Audrey Laude
Université de Reims Champagne-Ardenne
(EA 6292 REGARDS)
57 rue Taittinger
51100 Reims (France)

Agathe Marie
IAE Angers, Laboratoire GRANEM
13 allée François Mitterrand – BP 13633
49036 Angers cedex 01 (France)

Bruno Mazières
CREOP, Université de Limoges
5 rue Félix Éboué
87031 Limoges (France)

Geneviève Nguyen
ENSAT, UMR AGIR
Chaire GERMEA
BP 31326
31326 Castanet Tolosan (France)

Michele Nori
Robert Schuman Center
European University Institute
Via della Badia dei Roccettini, 9
50014 Fiesole FI (Italie)

Tuuli Orasmaa
Ministry of Agriculture and Forestry of Finland
Hallituskatu 3 A, Helsinki, PL 30
00023 Valtioneuvosto (Finlande)

Gaëlle Pantin-Sohier
IAE Angers, Laboratoire GRANEM
13 allée François Mitterrand – BP 13633
49036 Angers cedex 01 (France)

Iciar Pavez
Institut Agro Montpellier, UMR MoISA
2 place Viala – Bât. 26
34060 Montpellier cedex 2 (France)

François Purseigle
ENSAT, UMR AGIR
Chaire GERMEA
BP 31326
31326 Castanet Tolosan (France)

Jean-Louis Rastoin
Institut Agro Montpellier, UMR MoISA
Chaire Unesco en Alimentations du monde
2 place Viala – Bât. 26
34060 Montpellier cedex 2 (France)

Annie Royer
Département d'économie agroalimentaire et sciences de la consommation
Pavillon Paul-Comtois
2425 rue de l'Agriculture
Université Laval, Québec (Canada) G1V 0A6, QC

Mohamed Saib Musette
CREAD
rue Djamel Eddine El-Afghani
El Hammadia B.P.197, Rostomia,
Bouzaréah Alger (Algérie)

Louis-Antoine SAÏSSET
Institut Agro Montpellier, UMR MoISA
2 place Viala – Bât. 26
34060 Montpellier cedex 2 (France)

Leïla TEMRI
Institut Agro Montpellier, UMR MoISA
2 place Viala – Bât. 26
34060 Montpellier cedex 2 (France)

Josée ST-PIERRE
Chaire de recherche en gestion de la performance et des risques des PME
Université du Québec à Trois-Rivières
3351 boulevard des Forges, CP 500
Trois-Rivières, Québec (Canada) G9A 5H7

Achevé d'imprimer par Corlet,
Condé-en-Normandie (Calvados),
en Octobre 2022
N° d'impression : 178146 - dépôt légal : Octobre 2022
Imprimé en France

Bulletin d'abonnement revue 2023

Systèmes alimentaires / Food systems

1 numéro par an

M., Mme :

Adresse :

Code postal : Ville :

Pays :

Téléphone : Fax :

Courriel :

Prix TTC abonnement France, frais de port inclus		Prix HT abonnement étranger, frais de port inclus	
Particulier	Institution	Particulier	Institution
39 €	49 €	45 €	58 €

Cet abonnement concerne les parutions papier du 1er janvier 2023 au 31 décembre 2023.

Les numéros parus avant le 1er janvier 2023 sont disponibles à l'unité (hors abonnement) sur notre site web.

Modalités de règlement (en euros) :

- Par carte bancaire sur notre site web : www.classiques-garnier.com
- Par virement bancaire sur le compte :
  Banque : Société Générale – BIC : SOGEFRPP
  IBAN : FR 76 3000 3018 7700 0208 3910 870
  RIB : 30003 01877 00020839108 70
- Par chèque à l'ordre de Classiques Garnier

Classiques Garnier
6, rue de la Sorbonne – 75005 Paris – France
Fax : + 33 1 43 54 00 44
Courriel : revues@classiques-garnier.com

mis à jour le 01/09/2022

Abonnez-vous sur notre site web :
www.classiques-garnier.com